ESPOSAS DE ROMA

Una novela de las vírgenes vestales

DEBRA MAY MACLEOD

ESPOSAS DE ROMA

Una novela de las vírgenes vestales

bóveda

Título original: *Brides of Rome*

Primera edición: 2020

This edition is published by arrangement with David Black Literary Agency through International Editors' Co.

Avda. San Francisco Javier, 22
41018 Sevilla
Teléfono 95 465 23 11. Telefax 95 465 62 54
www.editorialboveda.com
ISBN: 978-84-18175-00-8
Depósito legal: SE. 1.214-2020
Impreso en España-Printed in Spain

Índice

Nota de la autora

Al principio del libro, encontrarás una ilustración simplificada del Forum Romanum, así como de los edificios que aparecen en la historia.

Al final del libro, he incluido un *dramatis personae*, o elenco de personajes. También encontrarás referencias de fácil lectura: los nombres de los dioses y figuras míticas mencionados en el libro, un glosario de palabras latinas y otros términos importantes, y varias ilustraciones relacionadas con la trama, que creo que te resultarán fascinantes.

Gracias por leer.

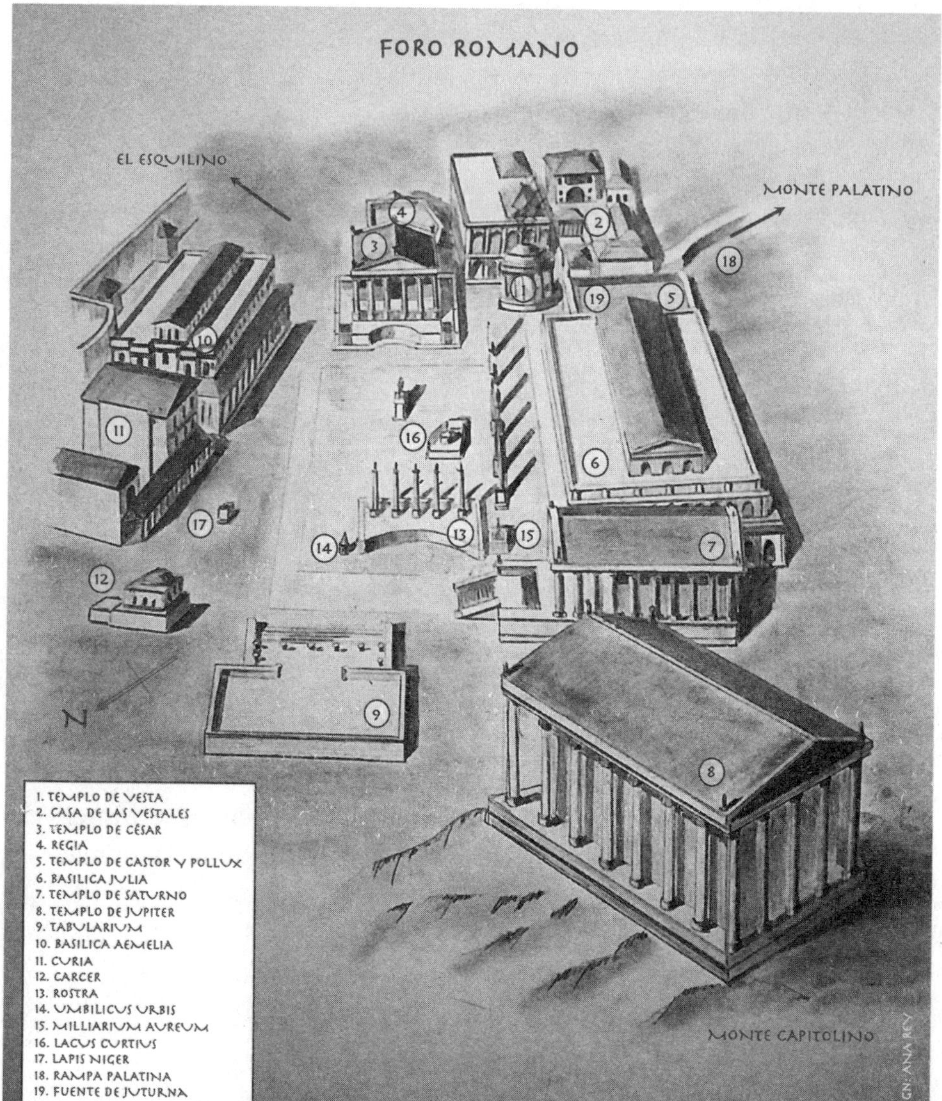
FORO ROMANO
EL ESQUILINO
MONTE PALATINO
MONTE CAPITOLINO
N
1
2
3
4
5
6
7
8
9
10
11
12
13
14
15
16
17
18
19
1. TEMPLO DE VESTA
2. CASA DE LAS VESTALES
3. TEMPLO DE CÉSAR
4. REGIA
5. TEMPLO DE CASTOR Y POLLUX
6. BASILICA JULIA
7. TEMPLO DE SATURNO
8. TEMPLO DE JUPITER
9. TABULARIUM
10. BASILICA AEMELIA
11. CURIA
12. CARCER
13. ROSTRA
14. UMBILICUS URBIS
15. MILLIARIUM AUREUM
16. LACUS CURTIUS
17. LAPIS NIGER
18. RAMPA PALATINA
19. FUENTE DE JUTURNA
DESIGN: ANA REY

Prólogo

El Campus Sceleratus

(El Campo de los Desalmados)

Roma. 113 a. C.

Licinia probó la amenaza de vómito agrio que ascendía por su garganta. Los cipreses verdes salpicaban el paisaje, y el cielo azul nadaba entrando y saliendo de su campo de visión mientras luchaba por mantener el equilibrio. Tragó con fuerza, pero tenía la boca seca por el denso calor veraniego y su propio terror. Sentía como si le hubieran perforado la parte posterior de la garganta con una espada.

Una espada. Había suplicado a la diosa que le diera una espada. Hasta a los criminales y los gladiadores se les permitía una muerte rápida propiciada por el filo de una espada o una daga, mientras que, a ella, una venerada sacerdotisa de Vesta, se le había negado aquella merced. Sus guardias habían sido tan amables como el puesto se lo permitía, pero ninguno de ellos se atrevió a introducir una espada de contrabando en su habitación, por mucho que les rogó.

Ninguno de ellos se había arriesgado a darle lo que necesitaba para acabar con aquel sufrimiento de inmediato, incluso cuando en los peores momentos de pánico se había llegado a ofrecer a deshonrarse a sí misma y a su virginal servicio a la diosa complaciéndoles y dejándoles hacer lo que quisieran con ella, a cambio de los más sórdidos cuchillos de cocina.

Sin duda habían visto a su supuesto amante desollado en el Forum.

Las manchas de sangre roja empapada a través de la estola de lino blanco aferrada a su cuerpo, el azote agarrándose a su espalda, abriéndose una vez más. El Pontifex Maximus la agarró del brazo y la arrastró hacia un enorme agujero negro del suelo.

A su alrededor se hallaban varios sacerdotes sombríos y dos de sus compañeras vestales, la dócil Flavia y la obediente Suma Vestal Tullia, con los ojos húmedos y las palmas de la mano trenzadas en súplica a la diosa.

Se encontraba en la boca del agujero negro. Licinia miró al vacío y sintió una rancia neblina de frío, aire húmedo elevándose desde sus profundidades, aferrándose a su cara. Constreñida de terror y llena de una macabra fascinación, parpadeó ante la oscuridad. Apenas podía distinguir el primer peldaño de la escalera que se extendía hacia abajo, hasta el final de su vida.

—*Protege me, Dea* —se oyó gritar a sí misma—. ¡Protégeme, diosa!

—Que la madre Vesta sea contigo.

Fue Tullia quien habló. Iba contra las normas que hablara por una vestal condenada a muerte por incesto —rompiendo su voto de castidad— pero el Pontifex Maximum no estaba de humor para recordar a la austera Vestalix Maxima las reglas del decoro. Aquel asunto feo acabaría pronto, pero todavía tenía trabajo que hacer. No tenía sentido empeorar las cosas.

El sumo sacerdote retrocedió un paso y asintió gravemente ante el verdugo, un Hércules devastado por la Guerra cuyo cuerpo ocupaba el espacio de dos hombres. Dudó durante un instante —después de todo, estaba ante una sacerdotisa de Vesta—, y luego extendió una mano cierta hacia ella, urgiéndola a descender por la escalera y rezando a Marte para que se fuera voluntariamente.

Ella le atacó verbalmente:

—No me toquéis —dijo escupiendo las palabras—. Sirvo a la diosa inmaculada.

Él apartó la mano.

—Has servido bien a la diosa —dijo la Vestalis Maxima. Que continúes haciéndolo.

Licinia sintió que su garganta se tensaba, pero inhaló bruscamente para detener las lágrimas. Miró a Tullia a la cara —sin inexpresiva ante el sol deslumbrante— y luego se recogió los bajos de la estola en el brazo, sujetando la tela para poder bajar por la escalera sin pisársela.

Deslizó un pie enfundado en su sandalia en el vacío negro y sintió el aire fresco y húmedo sobre la piel desnuda hasta la espinilla. Un escalofrío subió por su columna vertebral cuando el pie encontró el primer peldaño de oscuridad. Su otro pie la siguió. Bajó el segundo peldaño, sintiendo las crudas heridas de la espalda azotando y sangrando una vez más. Se encontró frente a frente a con la negra suciedad, manchándose los dedos de tierra al aferrarse a la tierra. A la vida.

Era tan extraño estar en aquel ángulo: viendo las sandalias de la gente que, al cavar su deber, volverían a Roma en sus literas con el aire fresco todavía en sus pulmones, para continuar con su día, hablando, comiendo, durmiendo y despertando a la luz del amanecer de una nueva mañana. Cuán extrañas e imposibles les parecían aquellas cosas ahora.

Con el cuerpo sumergido hasta el cuello en el Hades, Licinia apartó la vista. No quería que su última imagen fueran las sandalias mal atadas y torcidas de un sacerdote. Qué esclavos tan idiotas debía tener. O eso, o despreciaban secretamente a su amo.

Abrió los ojos de par en par, hambrienta de luz, conforme iba descendiendo, peldaño a peldaño, por la escalera de aquella fosa cada vez más oscura, hasta que sus pies aterrizaron en tierra firme. Miró hacia arriba. La apertura del mundo superior parecía el disco de una luna llena brillando contra el cielo negro.

El corazón le latía tan fuerte que la espalda y el pecho le dolían por la presión. No podía respirar hondo: era como si tuviera una cuerda atada alrededor del tronco. Se encontraba en pie, como una estatua en mitad de la oscuridad, sintiendo las piernas flacuchas de un insecto invisible correteándole por el pie, y aterrorizada al mirar a su alrededor. Aquello lo hacía todo demasiado real. Todavía no estaba preparada.

De repente retiraron la escalera desde la superficie, tan rápido que ya no hubo posibilidad de que pudiera agarrarse a ella. La vio ascender para desaparecer después en la deslumbrante levedad de arriba, y luego, vio una canasta pendiendo de una cuerda descendiendo hacia ella. Se estiró para cogerla con los brazos y cogió los objetos que contenía, tan rápido como ellos con la escalera.

Una hogaza redonda de pan. Una pequeña ánfora de agua. Una lámpara de aceite que ardía con una pequeña pero firme llama.

Al mirar la llama, oyó un sonido chirriante desde arriba y notó que le llovía una fina arenilla sobre la cabeza velada. Acaban de sellar su tumba.

Alzó la mirada. La luna llena que había visto arriba dio lugar a una media luna, después a un cuarto creciente conforme la última tira de luz se desvanecía, dejándola a solas con su miedo latente y su llama parpadeante. Tullia tenía razón —Vesta estaba con ella. La Vestalis Maxima debía haber encendido la lámpara de aceite con la Sagrada llama del templo.

Acunó la lamparita en su alma y se giro lentamente, como si sintiera la presencia de un fantasma tras de sí, para contemplar el silencioso agujero negro.

El hoyo era más grande de lo esperado, y más o menos rectangular, con paredes de tierra lisas. A su izquierda, a pocos pasos de ella, había un pequeño diván y frente a él, en el suelo... Gritó. ¡Un cuerpo!

Iba vestido con una estola final similar a la suya, pero desaliñada y ajada, recortándose contra la carne podrida y los huesos expuestos a la vista. Tenía los brazos y las piernas separados, y se le veía el cráneo y un mechón de cabello largo. La boca estaba abierta.

Sintiendo que la sangre dejaba de llegarle a la cabeza, Licinia fue lentamente inclinándose sobre sus rodillas. Si se desmayaba —y le faltaba poco— derramaría la lámpara de aceite y se quedaría sin la única fuente de luz que tenía.

Inhaló el aire estancado unas cuantas veces y sintió que se le pegaba a las fosas nasales como una película asquerosa.

A su derecha, algo le llamó la atención. Había dos cuerpos más contra la pared. Aquellos estaban colocados en una pose más Digna, con las estolas ajadas enrolladas cuidadosamente, y los velos cubriéndoles los rostros. Se podía apreciar el hueso seco a través de la tela.

Las palabras de la suma sacerdotisa vestal resonaron en su mente. «Has servido bien a la diosa. Que continúes haciéndolo.»

Depositó cuidadosamente la lámpara de aceite sobre el suelo de tierra y se arrastró hacia el cuerpo partido de la vestal. Colocó cuidadosamente los brazos huesudos, dobló el torso, y dio forma a las piernas descompuestas.

Tiró cautelosamente de la vieja tela delicada para cubrir el cuerpo, haciendo lo que pudo para envolver a la vestal de dignidad. Tras ello, hizo rodar el cuerpo hacia el lugar en que descansaban las otras sacerdotisas. Luego cubrió el rostro de la vestal difunta con el lino amarillento de su velo.

Volvió con determinación hasta donde se encontraban el agua y el pan, llevándolos hacia la lámpara de aceite, y se sentó frente a ella con las piernas cruzadas. Arrancó un pequeño trozo de la hogaza recién hecha y lo desmenuzó sobre la llama.

—Madre Vesta, tu humilde sacerdotisa, quien te ha servido durante quince años con pureza y reverente deber, te honra con esta ofrenda. Por favor, ilumina mi camino hacia el más allá.

El calor del verano era ya un recuerdo lejano ahora que la piel de sus brazos desnudos hormigueaba al contacto con el aire frío de la fosa negra. El silencio ensordecedor de su tumba le taladraba la cabeza, pero incluso a través del estruendo, fue capaz de oír las palabras de Anaxilao, su médico griego.

«No prolongues el sufrimiento bebiéndote el agua que te den. Muéstrale al Hades que estás listas para que te lleve cuanto antes. Incluso él puede ser piadoso... A su manera.»

Inclinó el ánfora y observó el agua derramada filtrándose en la tierra de camino al inframundo.

«Perdóname, diosa», pensó, «pero mi última ofrenda debe ser para Hades».

Capítulo I

Veni, Vidi, Vici

(Llegué, vi, vencí - Julio César)

Roma. 45 a. C.

(Sesenta y ocho años después)

Un legionario de capa roja situado bajo el Aquila, la dorada Águila de Roma suavemente posada sobre el alto báculo militar. Hizo sonar el cuerno y gritó.

—¡Abrid todos paso al general Cayo Julio César!

El Forum Romanum era centro de la vida política, económica y religiosa de Roma. Podía estar abarrotado y ser una locura incluso en el curso del más tranquilo de los días, pues todo el mundo, desde senadores con su mejor toga blanca hasta esclavos de sandalias destrozadas, deambulaban de aquí para allá ocupados con sus asuntos.

Aquel, sin embargo, no era un día tranquilo. Era un día histórico. El día en que las masas iban a poder ver por fin a su nuevo gobernante pasando por la Via Sacra de la Curia, la Casa del Senador de Roma, de camino al Templo de Vesta, con los altísimos templos multicolores de mármol y la enorme basílica de dos plantas, cuya larga arcada de tiendas se extendía calle abajo.

La multitud se había echado a las calles para verle pasar por el empedrado del Forum, al amparo del Águila, como si fuera el dueño del mundo. De hecho, era suyo. Los poderes que le investían así lo confirmaban.

Flanqueado por sus guardaespaldas lictores y rodeado por lo que parecía un pequeño ejército de soldados legionarios armados de pies a cabeza, César saludaba entre la muchedumbre a los que lanzaban flores a su paso, e ignoraba a los que no lo hacían.

Algunos le amaban. Otros le odiaban. A la mayor parte de la gente le daba igual; mientras tuvieran el estómago lleno y hubiera vino para beber, mientras los malditos galos barbudos no berrearan gritos de guerra a las puertas de la ciudad, podía decirse que llevaban una buena vida.

A medida que la robusta procesión de César pasaba por la Basilica Aemilia, varios soldados bien situados iban desplegando banderas escarlatas desde los arcos y las columnas de la arcada. Los estandartes caían como cortinas de teatro, cada una con un medallón de oro de Venus en el centro, la diosa de la que César decía descender.

—¡Verdaderamente, César está dando todo un espectáculo! —dijo una impresionada mujer a su amiga.

Esta se inclinó hacia ella.

—¿Has oído la canción que sus soldados cantan sobre él?

—No, pero me la puedo imaginar…

—Dice así: «A casa traemos al galán calvo. Romanos, encerrad a vuestras esposas. Todo el oro que le prestaste, lo dilapidó en revolcarse con diez mujerzuelas».

Las mujeres rieron al unísono, abriéndose paso entre la multitud, chocando con los cuerpos y levantando sus estolas para evitar que se mancharan en el suelo empedrado hasta que llegaron a la parte frontal del templo circular de mármol blanco de Vesta. Coronas de laurel verde colgaban de cada una de las veinte columnas estriadas que lo rodeaban.

Dentro del santuario, donde solo a las vírgenes vestales se les permitía estar, ardía la llama de Vesta, diosa de la casa y el hogar. La suya era la Llama Eterna protectora de la Ciudad Eterna. Mientras ardiera el fuego, Roma viviría; así que las sacerdotisas de Vesta cuidaban el fuego día y noche.

Intrincados pedestales de mármol tallado se erigían a lo largo de la sinuosa Via Sacra y alrededor de la zona sagrada cerca del templo fuertemente custodiado. En la parte superior de cada uno de ellos yacía un cuenco de bronce en cuyo interior ardía el fuego candente de la llama eterna del santuario. Las mujeres se abrieron paso entre la muchedumbre hasta llegar a uno de los cuencos ardientes. Era un agradable día de febrero, pero cuando las nubes cubrían el sol helaba. Seguro que a la diosa no le importaba que se calentaran las manos mortales sobre su llama inmortal.

La que había cantado volvió a cantar.

—«Julio César sabrá cómo complacerla...».

Pero se detuvo a mitad de canción nada más abrirse una de las puertas de bronce en relieve del templo y ver salir a una majestuosa mujer vestida con una estola blanca y la cabeza cubierta por un velo, descendiendo por la escalinata. Ambas sabían quién era. Todo el mundo sabía quién era. Era la suma sacerdotisa Fabiana, quien había servido como *Vestalis Maxima*, la cabeza de la orden vestal de las últimas décadas. Las mujeres y todos los presentes se arrodillaron. Nada más llegar la jefa vestal al final de la escalera, la flanquearon dos centuriones armados, cada uno a un lado, con sus capas rojo escarlata enmarcando la estola blanca de la vestal.

El soldado de mayor rango se quitó el caso de plumas rojas e inclinó la cabeza.

—Gran señora —dijo—. ¿Nos permitís acompañaros?

—Sí —respondió ella. Su voz pesaba menos que sus setenta y seis años—. Gracias.

El espléndido trío se dirigió hacia el pórtico de columnas de la adyacente Casa de las Vestales, el gran y lujosa mansión situada a pocos pasos del templo donde vivían las sacerdotisas durante sus años de servicio en Roma. Al paso de la vestal, hombres y mujeres se postraban ante ella sobre el empedrado, mostrando las palmas de las manos vacías. Un coro de murmullos se elevó en el aire.

«Por favor, Madre Vesta, protege a mi hijo que está sirviendo en Galia…».

«Cuida de mi familia, suma sacerdotisa…».

«Bendice el matrimonio de mi hija…».

«Mi niño está enfermo. Por favor, dile a la diosa que lo salve…».

La vestal se remangó la *palla* de lino enrollada alrededor de sus hombros revelando un puñado de obleas sagradas en la palma de la mano, la ofrenda tradicional de harina salada que se le solía hacer a la diosa. Conforme se deslizaba entre los suplicantes arrodillados, todavía acompañada por sus centuriones resplandecientes, fue depositándolas en las manos que se abrían ante ella.

—Hace vuestras ofrendas a la viva flama —instruyó—. A la llama viva.

Los suplicantes se levantaron y fueron hacia los cuencos para realizar sus ofrendas.

Un cuerno volvió a sonar cuando la impresionante procesión de César llegó al pórtico de la Casa de las Vestales al mismo tiempo que la sacerdotisa.

—¡Abrid paso al general Cayo Julio César! —ordenó un soldado, aunque la vestal entornó los párpados, como diciendo «sí, ya lo hemos visto todos».

Entraron más soldados haciendo retroceder a la multitud mientras César, vestido con una toga blanca de borde púrpura como símbolo de su estatus y poder, extendía sus brazos hacia la vieja vestal. Sus ojos entrecerrados se suavizaron hasta transformarse en una sonrisa seguida por un abrazo. Para ella no era un dictador. Era de la familia.

Las adornadas puertas de madera de la Casa de las Vestales —de color rojo intenso, con rosetas blancas y azules— se abrieron y los centuriones montaron guardia mientras César y la vestal las cruzaban a través del vestíbulo.

Al hacerlo, uno de los centuriones se giró para guiñarle un ojo a las dos mujeres que seguían compitiendo por hacerse con el mejor puesto entre la multitud de la calle. Su peto ajustado reverberaba al sol, mientras él sacaba pecho.

—*Mea Dea* —suspiró una de las mujeres—. ¿Quién necesita a esos gladiadores sudorosos reptando por la arena? —Dio un codazo a su amiga—. Me imaginaré a este brillante par de centuriones cuando mi marido se me acerque esta noche.

* * *

Julio César descansaba en un banco de mármol acolchado en el exuberante patio abierto al cielo de la casa de varias plantas en la que vivían las vestales. Sonrió para sus adentros ante la impresionante reunión de senadores, sacerdotes de alto rango y otros invitados patricios, quienes habían aceptado su invitación para encontrarse con él en los jardines vestales, a fin de celebrar el nuevo poderoso estatus.

—Contadme, Julio —dijo Fabiana—. ¿Debo llamaros rey ahora?

Él sonrió con aires de superioridad.

—¿Pretendéis que me maten, Gran Tía?

—Si os quisiera muerto, estarías muerto. Pasadme una copa de vino, por favor.

El dictador cogió una copa dorada de la bandeja de una esclava y se la pasó a la Vestalis Maxima, quien permanecía sentada junto a él.

—Sacerdotisa Fabiana, necesito vuestra ayuda.

—Lo sé —dijo Fabiana con naturalidad—. Habéis sido nombrado o, mejor dicho, habéis conseguido nombraros a vos mismo, como *dictator in perpetuum*. Dictador perpetuo. Felicidades, emperador. —Le miró por encima del borde su copa mientras bebía, los ojos negros mostrando una chispa de la temeridad con la que era conocida. Siempre era así con la suma sacerdotisa. Era amable, pero la embargaba un filo de impaciencia y franqueza, como resultado de tantas décadas tratando con demasiada gente y personalidades.

—Es por el bien de roma —dijo César—. Ya sabéis cómo son los del Senado —habló en voz baja—. Un puñado de ricachones viejos cantando loas sobre las virtudes de la República, y sin otra razón que echarse más dinero a sus bolsas y malgastar tierra. Bajo mi mando, Roma será de verdad una república, más de lo que ha sido en décadas.

—Algunos no están tan seguros. Dicen que sois el rey Tarquinio renacido.

El centurión que hacía guardia junto al dictador abrió los ojos y apretó los labios. Si cualquier otra persona hubiera pronunciado aquellas palabras ante el general, su cabeza estaría ya colgando del palo mayor.

—Tarquinio, con toda su arrogancia, habría sido mejor senador que rey. Ya veréis, suma sacerdotisa… —Miró distraídamente por encima del hombro de la vestal mientras una floritura de susurros y una tenue excitación recorrían la reunión—. Ah, basta ya de hablar de reyes. Por ahí viene una reina.

Cleopatra VII Filopátor. La notoria reina de Egipto llevaba un año viviendo en Roma, en la cada de campo de César, junto a su joven hijo Cesarión, suscitando un manantial de chismorreos de lo más escandalosos y jugosos, de aquellos que la flor y nata de Roma llevaba generaciones sin disfrutar.

César no había reconocido —ni lo haría— al niño como suyo públicamente. La nariz aguileña del niño, los ojos pequeños, resultaban un reconocimiento en sí mismos. Eran un espejo del propio general romano.

Cleopatra entró en el patio como si le perteneciera, tal y como hacía allá donde iba, dibujando una franja de superioridad entre las camarillas de matronas y patricios romanos. El largo vestido dorado se aferraba a su delgada cintura, curvándose sobre sus caderas y extendiéndose por las piernas, emplumando el suelo. Llevaba los brazos desnudos, salvo por los brazaletes de oro que los serpenteaban.

Llevaba el cabello negro recogido en un moño en la parte posterior, la cabeza coronada por una diadema de oro con el símbolo de su monarquía en el centro, una cobra de ojos rubí. La cobra miraba al mundo como ella, regia y preparada para atacar en cualquier momento. Las pulidas perlas blancas y deslumbrantes piedras preciosas anidadas en su cabello le otorgaban el llamativo contraste que la caracterizaba.

No era una gran belleza exótica, con aquella nariz aguileña y sus grandes ojos; aún así, sus esclavas sabían cómo acentuar sus encantos y ocultar sus defectos. Se movía con la gracia de una gata y ronroneaba al hablar.

César y Fabiana se levantaron, y él tomó la mano de la reina cuando esta la extendió, como flotando, hacia él.

—Majestad —saludó—. Me alegra que os hayáis podido unir a nosotros.

—Hoy es tu gran día, mi amor —dijo ella—. Me siento honrada de poder compartirlo contigo. —Se giró hacia Fabiana, los ojos humeantes perfilados de kohl negro y los labios pintados de rojo entrecerrándose en una sonrisa—. Y en compañía de la suma sacerdotisa, nada menos.

—Me alegra volver a veros, reina Cleopatra —dijo Fabiana, sin molestarse en sonar convincente. Se estaba haciendo vieja para eso.

—¿Os ha contado César sus planes para construir una gran biblioteca aquí en el Forum? —le preguntó Cleopatra—. Se hará siguiendo el modelo de la Biblioteca de Alejandría. Miles de pergaminos para estudiar, un museo, jardines públicos…

—… y un edificio especial para la orden vestal, por supuesto —añadió César.

La vieja sacerdotisa estalló en carcajadas.

—El sacerdote Lucio me dice que también habéis prometido construir un enorme templo dedicado a Marte. ¿De dónde vais a sacar todo ese mármol?

—Bueno, si rehusáis pedírselo a Vesta de mi parte, se lo pediré a mi ancestro, Venus. O puedo decirle a Cleopatra que se lo pida a Isis.

—Las inmortales os quieren tanto como las mortales —sonrió Fabiana—. Tendréis el mármol, dadlo por seguro. Y me alegraré por ello, Julio. El conocimiento pertenece a los templos.

—En eso estamos totalmente de acuerdo, gran señora —dijo Cleopatra—. Sacerdotisa Fabiana, decidme la verdad: ¿qué opináis de la dictadura de César? Sois familia, le conocéis mejor que yo. ¿No es por el bien de Roma? Llevo tan solo un año en esta ciudad, pero ya he visto muchas mejoras. Las fuerzas policiales de César han hecho que las calles sean más seguras. Ha bajado los impuestos del pueblo llano. La amistad entre Egipto y Roma ha llenado los estómagos romanos de grano egipcio. Incluso habéis adoptado nuestro calendario…

—La reina Cleopatra nos ha dado mucho —interrumpió Fabiana—. ¿Quizás su majestad debería ser dictadora de Roma, además de faraón de Egipto?

César dio una palmadita en la pierna de su tía.

—Pues sí, también podría serlo. —Cogió una oliva rellena de la bandeja de un esclavo que pasaba por allí y se la llevó a la boca, abriendo los ojos al ver a una joven vestal familiar.

Como todas las vestales de la fiesta, iba vestida con la estola blanca y el velo cubriéndole el cabello. Su esclava personal, una belleza griega de cabello castaño cinco o seis años mayor que ella y vestida con un ligero vestido verde, permanecía de pie, obedientemente, detrás su ama.

—Ah, sacerdotisa Pomponia —dijo César—. Acercaos. Vos también estáis de celebración hoy, ¿verdad?

—Sí, César, me sorprende que os acordéis de algo así.

—¿Cómo podría olvidarlo? —Hizo un gesto a una sirviente para que le pasara a Pomponia una copa de vino—. Cleopatra, esta joven sacerdotisa cumple hoy diez años como vestal.

—¿Y eso es importante? —preguntó la reina.

—Las vestales sirven a la diosa durante treinta años, majestad —dijo Pomponia—. Nos dedicamos a estudiar durante nuestros primeros diez años como novicias. Después, nos volcamos de lleno a atender la llama sagrada y a ejecutar los rituales públicos.

A pesar de ser unos cuantos años menor que Cleopatra y de estar hablando ante una reina, no había rastro de subordinación en su voz.

César dio un trago a su copa de vino.

—La señora Pomponia y yo tenemos un vínculo especial —explicó de forma casual a Cleopatra—. Fui yo, como Pontifex Maximus, quien la recomendó para entrar a formar parte de la orden cuando apenas era una niña de siete años. —Se giró hacia Pomponia—. Recuerdo el día que tomasteis los votos —dijo—. Después de que la sacerdotisa Fabiana os cortase el pelo para poneros el velo, cogí los mechones, los llevé al árbol Capillata, y los colgué de las ramas. Todavía puedo verlos ondeando en la brisa.

—Es una tradición que favorece más a los pájaros que a las jovencitas —sonrió Pomponia—. Seguro que algún gorrión hizo un bonito nido con mi pelo. Desde entonces ha crecido, ya vuelve a estar largo. —Se retiró el velo hacia atrás para mostrar el cabello castaño y luego preguntó informalmente y sin pensar—: César, ¿dónde está la señora Calpurnia? —Se arrepintió inmediatamente de la pregunta. Todo el mundo sabía que la esposa de César, Calpurnia, evitaba los actos públicos cuando se daba la posibilidad de que la amante de su marido acudiera a los mismos.

Pomponia tragó saliva tan ruidosamente que Quinto, un joven sacerdote de Marte que estaba a un brazo de distancia levantó las cejas y la miró, regañándola con la mirada.

—Me temo que Calpurnia se encuentra indispuesta —informó César.

—Haré una ofrenda a la diosa por su salud —dijo Fabiana.

—Gracias —dijo César—. Qué amable. —Su mirada se dirigió hacia la esclava de Pomponia, quien permanecía en pie tras su ama, en silencio, la cabeza gacha y las manos juntas. Era más alta que Pomponia, con un bello rostro angular y rasgos marcados que impresionaban sin el toque de los cosméticos. —¿Y tú cómo estás, Medousa?

—Estoy bien, emperador.

Los labios de Cleopatra volvieron a apretarse en una sonrisa forzada.

—No sabía que tenías tanta familiaridad con las esclavas, César.

—Esta es especial. Yo mismo la compré en el Graecostadium la mañana que la sacerdotisa Pomponia tomó sus votos. Me pareció una esclava elegante para una vestal. Físicamente inmaculada y bien educada. —César se acercó para tocar el colgante de Medusa, una Gorgona con pelos de serpiente, que colgaba del cuello de la esclava—. La llamé Medousa, por el colgante que llevaba —explicó—. Medusa, para protegerse del mal. —Sus dedos trazaron un círculo alrededor del colgante.

A Pomponia la dio la impresión de que Cleopatra se estaba tensando de cuerpo entero, aunque no estaba segura.

—*Tempus fugit* —suspiró César dirigiéndose a Fabana—. El tiempo vuela. Qué no daría yo por volver diez años atrás. Estaba guerreando, pero la armadura no me estaba tan justa.

—Diez años atrás yo todavía podía subir las escaleras del templo sin que mis rodillas crujieran más fuerte que el fuego sagrado —dijo Fabiana.

Todos rieron.

Pomponia suspiró y miró por encima del hombro, intentando evitar el contacto visual de sus compañeros. Se fijó en el gran abogado y senador de Roma Marco Tulio Cicerón, quien se encontraba hablando con algunos hombres junto a uno de los estanques decorativos del patio. La saludó amablemente y ella correspondió con sus brillantes ojos de color avellana y las facciones de su rostro de aspecto relajado.

Le gustaba Cicerón. Había defendido exitosamente al hermano de una vestal años atrás, y se había pronunciado a favor de conceder todavía más privilegios y protecciones a la orden. Ella se había sentado junto a él en el durante una espectacular cacería de animales, siendo ella joven. Los juegos eran para celebrar una importante victoria militar de Pompeyo el Grande, e incluían la matanza de veinte elefantes. Pomponia todavía podía oír sus gritos. Alaridos, en realidad. Las gigantescas bestias tardaron un buen rato en morirse, y los mayores protegieron a los pequeños hasta el final.

Cuando Pomponia apartó la mirada, Cicerón le dio una palmadita en la mano.

«Estamos de acuerdo, jovencita Pomponia», le había susurrado Cicerón. «Los juegos tienen su propósito, pero a mí tampoco me gustan. De hecho, a menudo sospecho que los animales tienen mucho en común con la humanidad. Yo creo que esta carnicería no es del agrado de los dioses».

Cicerón, animal político de pies a cabeza, era uno de los senadores que había aceptado la invitación de César para asistir a aquella recepción. Como la mayoría de los senadores, veneraba la República romana y despreciaba el arribismo al poder de César, pero a diferencia de los otros, él estaba más que dispuesto a beber y cenar con el dictador de Roma con tal de seguir en el juego.

Pomponia se tensó cuando Marco Antonio —el brillante pero grosero general de César— se pavoneó ante el senador rodeándole con el brazo. Era un hombre inusualmente musculoso, de cuello grueso, una cabeza de pelo castaño oscuro rizado y una cara curtida por años de marcha bajo el sol en las campañas militares.

—Oye, Cicerón —gritó Marco Antonio—. ¿Qué es eso que he oído por ahí de que Cleopatra se niega a mandar unos libros que prometió devolver? ¡No se habla de otra cosa! Dioses, cualquiera diría que esta ciudad tiene problemas más grandes. ¿Qué hay de nuestro nuevo dictador y todo… —Tocó el hombro de Cicerón con el dedo y luego miró al otro lado del patio para ver si Cleopatra estaba escuchando.

—Un malentendido —dijo Cicerón. Echó la cabeza hacia atrás para esquivar el aliento a vino del general y sus ganas de armar camorra.

—Eso sí que es ser un buen hombre —ladró Marco Antonio—. Perdona y olvida, ¿eh?

—La elección de los sabios —dijo Cicerón, sabiendo que Antonio jamás perdonaba ni olvidaba. *Mea sententia,* general.

Pomponia se giró hacia sus acompañantes. Fabiana, César y la reina Cleopatra estaban inmersos en la cháchara política, el vino y la astronomía, así que decidió que era un buen momento para retirarse silenciosamente. La política era muy cansina.

Se refugió a través de los jardines, con Medousa a la zaga, y se refugió en el peristilo de columnas que circundaba el patio. Permaneció en un rayo de sombra proyectado por una estatua alta de una sacerdotisa vestal fallecida tiempo ha.

Y aunque no le dio el gusto de devolverle la mirada castigadora, sabía que los ojos críticos del joven sacerdote Quinto seguían observándola.

* * *

El último de los invitados ya se había marchado. Las sacerdotisas Fabiana y Pomponia estaban sentadas en el patio mientras las esclavas merodeaban limpiando en silencio, colocando las mesas y los sofás en su lugar y sacando la basura de los estanques del jardín.

—Está empezando a refrescar —dijo Fabiana, visiblemente cansada—. Creo que, por esta noche, me retiro.

—César jamás me perdonará —dijo Pomponia—. Pensará que me he pasado de lista.

Fabiana alisó el velo alrededor del tierno rostro de la joven vestal.

—César te conoce desde que eras una niña. Conoce tu corazón. Y ha corrido bastante mundo como para saber distinguir entre la juventud y la malicia.

—¿Por qué ha querido que la reunión tuviera lugar aquí? ¿Por qué no en su casa?

La anciana sacerdotisa suspiró antes de contestar.

—Estaba enviando un mensaje a la gente y al senado. Quiere que sepan que cuenta con nuestro apoyo. Debes recordar, Pomponia, que la llama eterna de Vesta es lo sostiene a Roma, y nuestra tarea es mantenerla encendida. Qué mas da lo que venga o vaya, qué importan los dictadores que asciendan o caigan, qué más dan las enfermedades o catástrofes que asolen nuestras calles. Podrán cambiar las cosas, pero el fuego seguirá ardiendo. Su fuego conforta a la gente. Les tranquiliza saber que la diosa sigue ahí, protegiéndolos, a ellos y a Roma. Es la única constante en un mundo cambiante. Por eso ha venido a pedirme ayuda. Quiere que la gente sepa que su mundo no va a cambiar bajo su dictadura.

—¿Qué quiere? —preguntó Pomponia.

—Que esté con él en la Rostra durante el discurso de mañana —contestó Fabiana.

—¿Lo harás?

—No.

—¿Por qué no? Si la gente nos necesita, ¿qué mal hay en ello? ¿No es César como de la familia para ti? Siempre ha apoyado nuestra orden.

—Nuestro deber es con la diosa, no con César —dijo Fabiana—. Debes recordarlo siempre. —Se retiró el velo con un suspiro, revelando los canosos cabellos cortos que había debajo. No era algo que la conservadora Vestalis Maxima hubiera hecho diez años antes, pero el patio era lo suficientemente privado, y la edad había ablandado su severa adhesión a la tradición—. La orden vestal es el sacerdocio más antiguo y venerado de la historia de Roma —continuó—, pero eso no ha impedido que algunas personas hayan querido utilizarla para sus propios intereses. —Dobló el velo en el regazo—. Jamás debemos permitir que se aprovechen de nosotras. Debemos proteger la llama sagrada... Y a los demás. —Hizo una pausa antes de proseguir—. Algún día te contaré la historia de la vestal Licinia y lo entenderás. —Fabiana se levantó lentamente—. Y ahora, me llevo mis viejos huesos a la cama. *Bonam noctem,* querida.

—*Bonam noctem,* suma sacerdotisa.

Pomponia se envolvió en la *palla* con más fuerza. Ya helaba. Echó un vistazo alrededor, en busca de Medousa, pero la esclava no estaba a la vista. Debía estar limpiando la cocina, o más bien supervisando el trabajo de limpieza de las otras esclavas. La vestal se levantó, cansada. Se quitó el velo y agradeció a la diosa por no tener que hacer guardia en el templo hasta la mañana siguiente.

Se marchó por los verdes de los hermosos jardines a través para deslizarse, a través del peristilo, y adentrarse en el grandor del hogar de las vestales, una residencia que rivalizaba en opulencia con cualquier *domus* de Roma.

Se agachó un momento para desabrocharse las sandalias, y luego siguió caminando descalza por los frescos y blanquecinos mosaicos naranjas del suelo de mármol, subió por las escaleras y, por fin, arrastró los pies hacia la privacidad interior de sus habitaciones, donde, nada más entrar, sintió el abrazo cálido del hipocausto caldeando la estancia amueblada. Entraron dos esclavas tras ella, cargadas con palanganas y ropa de cama limpia, y empezaron a desnudar y lavar a su ama.

En el exterior de la Casa de las vestales, en la ahora silenciosa calle empedrada del sombrío Forum, la gran *lectica* flotante de Julio César permanecía ociosa, con varios centuriones haciendo guardia a su alrededor y ocho portadores de basura esperando pacientemente. Las gruesas cortinas estaban bien cerradas.

Medousa yacía dentro, desnuda sobre un suave almohadón, con los ojos fijos en la rica tapicería que cubría el techo y el medallón de oro de Venus que la miraba desde arriba.

La parte posterior de su cuello ardía al contacto del collar de Medusa, clavándosele en la piel. César agarraba el colgante con las manos, retorciéndolo cada vez más con los dedos. Y entonces aquel dolor fue reemplazado por un dolor más fuerte entre sus piernas.

César incitó a la esclava de la vestal a abrir las piernas más, y ella obedeció, apretando los ojos cerrados para no gritar, mientras el dictador de Roma empujaba hacia dentro, descubriendo otra forma más de disfrutar de los placeres del poder único.

Capítulo II

Ut Sementem Feceris, Ita Metes

(Recoges lo que cosechas - Cicerón)

Roma. 44 a. C.

(un año después)

La mañana del 15 de marzo del 44 a. C. —los idus de marzo—, había empezado como cualquier otra. Desayuno. Vestimenta. Rezos. Lavar el pedestal de mármol del altar del templo con agua pura de manantial y ofrenda al fuego sagrado que ardía en lo alto del mismo. Llevar el inventario de documentos de las oficinas vestales y las cajas de caudales del templo.

A media mañana, la estola de Pomponia se empapó de un sudor repentino y temeroso. Una línea de sudor se formó a lo largo de su velo, goteándole en los ojos. Parpadeó para que se le pasara el picor.

«El dictador Julio César estaba muerto.»

Un mensajero del templo había aporreado con tanta fuerza la puerta de la Casa de las vestales que parecía que el propio Júpiter había lanzado un rayo.

—¡César ha sido asesinado! —gritó desde la calle, inclinándose con las manos sobre las rodillas y jadeando. Había corrido sin parar desde la Curia de Pompeyo, el edificio que estaban usando de forma provisional para celebrar las reuniones del Senado mientras remodelaban la antigua Curia del Forum con mármoles y mosaicos nuevos.

Pomponia lo llevó al atrio e, impaciente ante los intentos del muchacho por recuperar el aliento, le dio una bofetada en la cara.

—Habla con sentido común, maldito tonto.

—Sacerdotisa —dijo el mensajero—. Lo vi con mis propios ojos. Le han apuñalado en la Curia de Pompeyo. El senador Cimber le agarró de la toga tratando de hacerle caer. César se sorprendió. Se defendió gritando: *«Ista quidem vis est!»*. Pero el senador Casca intentó apuñalarle la garganta. —El mensajero tomó aire.

Pomponia volvió a pegarle en la cara.

—¿Y luego?

—César agarró el brazo de Casca, pero los otros senadores le ayudaron, y acabaron atacándole todos. No quedó uno sin apuñalarle, hasta Casio y Bruto. César salió de la cámara tropezando de allí, y una vez fuera cayó escalones abajo.

—¿Estás seguro de que está muerto? —preguntó Pomponio—. ¿Dónde estaba el general Marco Antonio?

—César está muerto, sacerdotisa. Eso seguro. Vi a Marco Antonio correr hacia el cuerpo de César, pero huyó en cuanto vio a los asesinos.

Pomponia hizo un gesto con la mano para indicar al mensajero que podía marcharse y el muchacho salió por la puerta. De inmediato, aparecieron sus dos guardias, Caeso y Publio, para escoltarla a la salida del templo. Sus ojos hicieron diana por doquier, a los gritos de «¡César ha muerto!» elevándose por el Forum.

Y luego el silencio cayó como una piedra. La gente corrió a encerrarse en casa con sus familias dejando las calles vacías.

¿Quién mandaba ahora en Roma?

Pomponia se unió a otras cuatro vestales en el interior del templo circular de Vesta. Se colocaron alrededor del fuego sagrado que ardía en el fogón, con las palmas de las manos abiertas en oración a la diosa. «Madre Vesta, tus fieles sacerdotisas te piden que protejas Roma.»

El crepitar del fuego respondió a sus oraciones en voz baja resonando en las prístinas paredes de mármol blanco. Pomponia cerró los ojos y sintió el calor de la llama eterna lamiendo el dorso de sus manos.

La suma sacerdotisa Fabiana irrumpió en el templo.

—Ve a por el testamento de César —dijo—. Entiérralo en el patio, cerca de la estatua de la suma sacerdotisa Tullia. Planta algunas flores encima. —Depositó un pergamino en manos de Pomponia—. Y pon esto en la bóveda, en su lugar.

Pomponia corrió hacia el *penus,* la bodega secreta del templo oculta en una zona de la pared interior.

Con manos temblorosas, abrió una gruesa puerta de mármol perfectamente disimulada en la arquitectura de la pared y sacó la última voluntad y testamento de Julio César, encerrado en un tubo de pergaminos, depositando en su lugar la copia como señuelo, un pergamino vacío, pero de aspecto oficial, al llevar el sello de César.

«Los asesinos no entrarán al templo», pensó. «Sería un sacrilegio tremendo, un escándalo. Perderían el apoyo de la gente».

Era costumbre que los hombres más importantes de Roma, generales, dictadores, ciertos senadores y cónsules, guardasen sus testamentos en la caja fuerte de la Casa de las Vestales o, en el caso de los hombres más importantes, en el mismísimo templo. Los tratados y otros documentos políticos vitales también se guardaban allí, así como los objetos más sagrados de roma, incluyendo la antigua estatua de Palas Atenea que Eneas había salvado durante la caída de Troya. No había un espacio más seguro ni más sagrado en el mundo romano. El Aedes Vestae llevaba en pie la tira de siglos, pero jamás hubo una sola violación de la tradición y santidad del templo.

Y teniendo en cuenta el violento pasado de Roma, ya era decir mucho.

Pomponia envolvió el testamento en la *palla*. Se movió apresuradamente por el templo, oyendo las instrucciones que Fabiana le estaba susurrando a las otras vestales que todavía permanecían alrededor del fuego. Se giró para mirar hacia atrás. Fabiana asintió secamente. «Hazlo. Deprisa.»

Empujó una de las puertas de bronce del templo y bajó corriendo los escalones de mármol, topándose de bruces con el sólido pecho del sacerdote Quinto.

—No me toquéis. —Frunció el ceño. Lo último que necesitaba era tener que lidiar con su impredecible desaprobación. En cada ritual público, en cada ceremonia o festival, siempre igual: Quinto, sacerdote de Marte, encontrando algún motivo para regañar a Pomponia, sacerdotisa de Vesta. No estaba de humor para que le levantara el dedo—. Apartad —dijo—. Tengo un encargo de la Vestalis Maxima.

—Sacerdotisa Pomponia —dijo Quinto—. Tenía el rostro desencajado por una tensa palidez, pero seguía siendo el mismo bicho prepotente—. Yo os acompañaré, es por vuestra propia seguridad.

—Tengo mi propia escolta —le reprendió—. No os necesito.

—Tengo permiso de vuestra escolta —replicó—. No hay tiempo para discutir. Haced lo que os digo.

Ella alzó la vista. Además de la habitual guardia de soldados romanos bien armados y los escoltas personales de cada vestal —dos soldados por sacerdotisa—, el templo estaba custodiado por una veintena de sacerdotes de diferente rango y distintas órdenes religiosas.

El superior de Quinto, el Flamen Martialis, sumo sacerdote de Marte estaba presente. También se encontraban el Flamen Dialis, el sumo sacerdote de Júpiter, así como el Rex Sacrorum, rey de los ritos sagrados. Todos iban armados con dagas.

Un número adicional de legionarios romanos hacía guardia. Los hombres de César. De momento, no tenían amo. César estaba muerto. Pero el deber los había llevado al Templo de Vesta para velar por el testamento de su general. Debían nombrar a su heredero. Si sus asesinos le ponían la mano encima, nada de eso sucedería.

Aferró la caja de pergaminos que llevaba bajo la *palla* y corrió hacia la Casa de las Vestales con Quinto pegado a su hombro, siguiendo el ritmo de sus pasos.

Ahora que se daba cuenta, no iba vestido con el atuendo sacerdotal, ni llevaba puesta la toga, sino una simple túnica abrochada que le llegaba por las rodillas. Había salido con prisas.

Caminaba junto a ella sin soltar la daga que llevaba en el cinto, a la altura de su cadera izquierda, inspeccionando con la mirada el Forum. Un niño corriendo con un perro ladrando, persiguiendo algo; fruta rodando por el suelo de una cesta que alguien había dejado caer, sin molestarse a recogerla; unos pocos hombros de aspecto sospechoso escondiéndose tras las columnas, esperando noticias o una oportunidad para sacar provecho de la anarquía.

Roma era una bestia con la cabeza cortada, una bestia que convulsionaría destructivamente hasta que, como a la Hidra, le creciera una nueva cabeza.

Pomponia y Quinto corrieron a través de la Casa de las Vestales e irrumpieron en el patio donde, increíblemente, había conseguido entrar un esclavo desarrapado. Estaba bebiendo de los estanques, las manos ahuecadas llevándose el agua a la boca, el líquido salpicándole la cara.

Quinto desenvainó la daga. Se precipitó sobre el hombre y alzó la espada para asestar la puñalada, cuando el esclavo se giró. Era Marco Antonio.

Quinto bajó la espada al momento.

—General —suspiró aliviado—. ¿Qué está pasando?

Marco Antonio se sentó dificultosamente en uno de los bancos que había junto al estanque. Llevaba la cara de alguien que estaba pensando mil cosas a la vez.

—*Futuo* —juró—. Todavía sigue allí tirado, como una cabra degollada. —Hizo una mueca de desdén—. Qué sacrilegio. —Alzó la vista hacia Pomponia, los ojos inyectados de sangre—. Manda a las esclavas del templo a por su cuerpo. Está en las escaleras de la Curia de Pompeyo. —El recuerdo de la imagen del cuerpo de César, el cuerpo de su amigo, el cuerpo del gran general de Roma tirado en un charco de sangre en lo alto de las escaleras inflamó su rostro—. Que lo lleven a su casa. Calpurnia estará esperando…

—Enviaré a Medousa —dijo Pomponia. Al susurro de su nombre, Medousa emergió de detrás de una columna del peristilo. Asintió ante su ama antes de correr como un rayo para pedir ayuda. Pomponia la vio marchar. «¿Había visto una sonrisa en su rostro, o se lo había parecido? No, seguramente era miedo…»

Marco Antonio entrecerró los ojos y sacudió la cabeza con gesto de incredulidad.

—Y yo que me reí de Calpurnia esta mañana —dijo—. Me *reí* de ella. Es una vieja pájara supersticiosa, lo reconozco, pero estaba tan segura de sí misma. Le advirtió que no fuera hoy… Dijo que había soñado con su muerte. —Miró directamente a Quinto—. ¡Un sueño! Dioses, ¿no es absurdo?

—Eso ya no importa —dijo Quinto—. Le llevarán el cuerpo. Ella se ocupará de él. Debéis esconderos.

Marco Antonio se levantó tan rápido que Quinto se sobresaltó, la mano empuñando instintivamente su daga. El general romano extendió la mano hacia Pomponia, señalando con la mirada el objeto cilíndrico que llevaba envuelto en la *palla*.

—Dadme el testamento de César.

Ella vaciló, pero Quinto asintió con la cabeza, instándola a hacerlo. Se esforzó por no fruncir el ceño. El joven sacerdote no parecía saber cuál era su sitio, como siempre. ¿Quién era él para darle órdenes? Y aunque odiaba hacerlo, obedeció.

* * *

Carmión, consejera y sirviente de Cleopatra, entró en estampida a la alcoba de la reina en la casa de campo de Julio Cesar, prescindiendo del protocolo y arrastrando sin gracia al niño de tres años que la seguía, Cesarión. Estaba en medio de una rabieta real, pero no le estaba prestando ninguna atención.

Lanzó un montón de ropa sucia sobre la cama de la reina.

—Su majestad debe ponerse esto de inmediato —dijo—. Y el príncipe también.

—¿Qué pasa? —preguntó la reina, conteniendo la respiración.

—César ha muerto —dijo Carmión—. Asesinado.

Cleopatra dejó caer el frasco de perfume de su mano. Se rompió en pedazos sobre el mosaico dorado del águila romana que se extendía por el suelo. Se sacó el vestido de seda por la cabeza y se dirigió, desnuda, al montón de ropa mientras Carmión vestía al travieso príncipe. Dos túnicas de lana áspera, sucias y apestando a estiércol.

—Se irá a caballo —dijo Carmión—. Una cuadrilla de caballos la está esperando a unos kilómetros de aquí. Debemos regresar a Egipto sin demora. Todos. —Carmión enrolló una cuerda deshilachada alrededor de la cintura del príncipe para sujetarle la túnica.

Cleopatra se agarró a la columna de la cama.

—¿Cuándo sucedió? ¿Cuánto tiempo tenemos?

—Ha sido esta mañana, tal vez hace un par de horas. Tenemos apenas unos minutos. Sus asesinos vendrán a buscarla.

La puerta de la alcoba se abrió de par en par. Ambas se pusieron tensas; pero era Apolonio, otro de los consejeros de confianza de la reina.

—El príncipe y vos cabalgaréis con Apolonio —dijo Carmión—. Yo iré en la litera real, como señuelo, para despistarles.

Un trazo de emoción emergió por fin en el rostro de Cleopatra. Miedo.

—No —dijo la reina—. Tú te vienes con nosotros.

Pero por primera vez en veinticinco años de servicio al faraón de Egipto, la esclava conocida como Carmión, no obedeció a su reina.

* * *

Las muchedumbres agolpadas en el Forum Romanum se separaron para abrir paso a la *lectica* de la vestal. Se trataba de un diván portátil llevado a hombros por ocho o incluso más esclavos —dependiendo del número de ocupantes—, y era el medio de trasporte privilegiado con el que las vestales y otras personalidades importantes se desplazaban por las calles del Forum de forma cómoda y privada. Apartarse para dejar pasar a una vestal no era solo una cuestión de respeto, sino de ley. Cualquiera que se negara a dar paso a una sacerdotisa, ya fuera a pie, en *lectica* o en un carruaje tirado por caballos, podía ser azotado y ejecutado públicamente. El mismo castigo se aplicaba si alguien osaba tocar a una vestal sin su permiso.

La *lectica* vestal recorrió la Via Sacra —la calle central que serpenteaba a través del Forum—para ir a parar junto a la gran Rostra de mármol, la alta plataforma de oradores, cerca de la Casa del Senado. Era en aquella amplia y decorada plataforma donde se habían pronunciado los discursos y anuncios históricos más célebres de Roma.

Medousa descorrió la cortina de la lectica de Pomponia para permitir que la vestal diera el primer paso con gracia.

—Podríamos haber ido andando, a pesar de las molestias —susurró la esclava—. Habría sido más rápido.

Flanqueada por sus dos guardias, Pomponia se paró sobre el suelo empedrado, apartándose un mechón de cálido pelo castaño de la cara dulcemente redondeada.

—La Vestalis Maxima quiere un espectáculo ceremonial para hoy —le dijo a Medousa—, pero si los crees prudente, puedo pedirle que consulte con mi esclava la próxima vez.

—Como vos queráis, *domina*. —A pesar de haber usado el apelativo deferencial de Domina, el nombre con el que los esclavos llamaban a sus amas femeninas, Medousa le propinó una expresión insolente.

Pomponia estudió su rostro.

—Medousa, estamos aquí por los rituales funerarios de César. Se supone que estamos pasando un mal momento, ¿no? Y tú llevas todo el día sonriendo como si el mismísimo Apolo te hubiera regalado secretamente la libertad y te hubiera pedido la mano en matrimonio.

—Estoy muy afligida, *Domina*. Disculpad mi comportamiento.

Una esclava con pinta oficial se inclinó ante Pomponia y la condujo a una plataforma elevada junto a la Rostra, sobre la cual estaban sentadas la suma sacerdotisa Fabiana y otras dos vestales, Nona y Tuccia, en sus respectivas sillas con almohadones rojos.

La vieja Nona permaneció, pero Tuccia, la mejor amiga de Pomponia dentro de la orden, le brindó un cálido saludo con la mano. Pomponia agradeció en silencio a Vesta por haberla elegido para asistir a la ceremonia, dejando a otras dos vestales atendiendo el fuego sagrado en el templo.

La orden vestal estaba compuesta un mínimo de seis sacerdotisas, así como por varias novicias. La regla, por largo tiempo establecida, estipulaba que siempre debía haber, por lo menos, dos vestales en el templo, día y noche, para mantener el fuego, ejecutar los rituales en honor a Vesta sobre las llamas y enseñar a las novicias a hacer lo mismo. Eso dejaba a las otras cuatro vestales libres para dedicarse a otros deberes religiosos y oficiales.

Pomponia se acomodó junto a Fabiana. Estaba a punto de decirle algo cuando vio los ojos rojos de la suma sacerdotisa. Para ella, aquello no era tan solo el funeral de un dictador. Para Fabiana, se trataba del funeral de un miembro de la familia, su sobrino nieto. César siempre había sido como una especie de mascota para ella, y todos sabían del afecto que el general le profesaba. Pomponia le apretó la mano, y la sacerdotisa apretó la suya en respuesta.

Miró alrededor. No podía recordar la última vez que había visto a tanta gente embutida en la plaza del Forum. Hombres y mujeres, vestidos con las estolas y togas más elegantes, así como las túnicas más raídas, permanecían de pie, hombro con hombro, asomándose a mirar por encima de las cabezas de los demás, los ojos fijos en la Rostra. Los más ambiciosos, creyeron erróneamente que podían trepar por los altos monumentos situados alrededor la Casa del Senado, solo para ser arrastrados por los tobillos por los soldados malhumorados a los que se les había encomendado mantener el orden.

Por encima de la expansiva Rostra de mármol, colgaban banderas rojas con la inscripción SPQR blasonada de oro en el centro: *Senatus Populusque Romanus*. El Senado y el pueblo romano. Era la frase que expresaba la filosofía de Roma: una gran ciudad, un gran poder, gobernado por la gente y para la gente.

En lo alto de la Rostra, yacía el cuerpo de Julio César, sobre una carroza labrada en marfil, cubierto por un manto púrpura oscuro que ondeaba silenciosamente con la brisa ligera. Cerca de la cabeza, había una efigie de cera del dictador, más grande de lo que había sido en vida, encumbrando un amplio pedestal. Habían tallado en la cera una veintena de puñaladas. Salía sangre de cada uno de los orificios.

«Marco Antonio habrá encargado hacerla con prisas», pensó Pomponia.

Sin embargo, a pesar de las imágenes dramáticas y de la ocasión, la multitud reunida en el Forum estaba demasiado callada. Reinaba un extraño silencio. La incertidumbre y expectación viajaban en el aire fresco de marzo. Roma no estaba tanto en un estado de violenta agitación, sino más bien en un estado de verlas venir sin compromiso.

Pero entonces sonó el cuerno y el segundo al mando de César, el general Marco Antonio, hizo acto de presencia. Cruzó la plataforma de la Rostra como si fuera el escenario del mundo y él su actor principal, envuelto en una ancha toga oscura, brazaletes de oro rodeando sus muñecas.

Para Pomponia, no era el mismo hombre que había estado el día anterior en el patio vestal, disfrazado con la sucia túnica de un esclavo, sorbiendo agua del estanque como un perro callejero.

En la Rostra, los sacerdotes ataviados de negro, servidores de Plutón, dios del inframundo y divino hermano de Vesta, se apartaron solemnemente de Marco Antonio. El humo flagrante de sus quemadores de incienso se elevó hacia los dioses, dando la sensación de que la plataforma de mármol era un gran altar de sacrificio. César era un inocente. Una víctima.

Acercándose al cuerpo de César con paso lento y grave, Marco Antonio, extendió de súbito los brazos, arrodillándose, estrujando el manto mortuorio entre sus manos y mirando al cielo con ojos húmedos.

—Dioses de las alturas —gritó—. Poderoso padre Marte, perdónanos por la muerte de tu bendito soldado, el gran vengador de Roma. ¡No pudimos protegerle como él a nosotros!

Los susurros de emoción recorrieron la masa de gente como una ola de agua. Jamás había visto a un gran general así, y su explosión de pena pareció encender la chispa de la suya. Ojos humedeciéndose, cabezas asintiendo. Empezaron a sonar gritos de «¡César! ¡César!».

—*Mea dea* —susurró Fabiana—. La canción no ha hecho más que comenzar y ya está tocando a la gente como si fuera una lira.

Pomponia se fijó en sí misma. La actuación de Marco Antonio le había hecho derramar una lágrima. Tenía tanto que aprender de la suma sacerdotisa. Suspiró y miró alrededor, advirtiendo la presencia de Quinto, de pie, al final de la Rostra, portando en alto estandarte el Aquila, el águila dorada de Roma.

Normalmente, la función de portar el estandarte habría correspondido a un legionario alistado de alto rango; sin embargo, Quinto ostentaba una posición única. No solo era un sacerdote de Marte, sino que además también había servido en el ejército de César, en la Galia, aunque tuvo que licenciarse al resultar gravemente herido en la batalla. Ahora era consciente de cada paso, cuidando siempre de ocultar la ligera cojera residual que le acompañaría de por vida. Sin duda lo veía como una señal de debilidad. Pero Pomponia lo había notado.

Marco Antonio recobró la compostura en la Rostra.

—No es apropiado, mis queridos compañeros romanos, que una sola voz cante la vida de César. —Extendió las manos hacia la gente—. Hablaré por todos nosotros. Cuando oigáis mi voz, oiréis la vuestra.

Empezó a enumerar las victorias militares de César y Pomponia aprovechó la oportunidad para estudiar a Quinto sin que este se diera cuenta. Llevaba el manto rojo e iba vestido con la armadura militar de hierro, pero sin el casco. Los cabellos cortos lucían bien peinados, el afeitado tan impecable que podía verlo incluso a cierta distancia desde su asiento, así como también podía ver la cicatriz que cruzaba su rostro ligeramente áspero, desde la parte posterior de su oreja derecha, en el cuero cabelludo. Ya desde niño, cuando se preparaban para llevar a cabo los deberes religiosos, las facciones de rostro parecían más duras de lo que había cabido esperar a su edad.

Debajo de la Rostra, a los pies de Quinto, una linda muchacha que obviamente estaba embarazada lo miró, encontrándose con una sonrisa coqueta pero discreta. Pomponia la había visto antes: era su joven esposa, una chica llamada Valeria. Llevaba en la cadera a una niña pequeña, su primogénita, saludando tímidamente al padre.

«Están orgullosas de él», pensó Pomponia. Pero entonces Quinto clavó en su familia la misma mirada castigadora que ella había recibido tantas veces durante sus funciones religiosas o sociales. Valeria respondió agarrando rápidamente la mano de la niña y se alejó de la Rostra. Quinto pareció complacido. ¿Por qué no podía el hombre ser un poco más agradable?, se preguntó Pomponia. ¿Por qué se sentía obligado a controlar y corregir a todo el mundo?

La sacerdotisa agitó la cabeza. No era de extrañar que tantas sacerdotisas vestales eligieran permanecer en la orden en lugar de casarse tras cumplir con sus años de servicio a la diosa. Si todos los maridos se comportaban así, mejor estar sola.

Y, sin embargo, habría esperado algo mejor de Quinto. A pesar de que los años le habían cambiado tanto que apenas podía invocar a la memoria, se acordó del día que le dijeron que su padre había muerto en combate. Ella era tan solo una novicia de nueve años. Contuvo las lágrimas —las sacerdotisas de Vesta no lloraban— y corrió al Forum para esconderse. Fabiana, las otras sacerdotisas, varios sacerdotes y senadores, se pasaron horas buscándola.

Fue el joven Quinto quien la encontró, agachada entre dos grandes lotes de ladrillos y materiales de construcción que habían ido apilando a lo largo de la sección del muro que rodeaba el Forum. Se arrastró sobre los ladrillos y los escombros raspándose las rodillas hasta sangrar, solo para sentarse a su lado. Avergonzada por sus lágrimas, Pomponia se cubrió la cara, pero Quinto no la castigó. Esa parte de él todavía no se había formado. En vez de eso, le dio un puñado de flores púrpuras que había robado del jardín sagrado que había en la parte trasera del templo de Juno.

—Mi madre llama a estas flores las lágrimas de Juno —dijo él—. Tal vez os sintáis mejor si sabéis que la diosa también llora vuestra pena.

Pero Pomponia sabía que la ternura de un joven no podía durar mucho, y Quinto no era una excepción. Su comportamiento se había ido endureciendo con cada año que pasaba. El servicio militar también le había cambiado, y a pesar de que el matrimonio había ablandado los corazones de muchos hombres romanos, no parecía haber surtido el efecto contrario en Quinto.

Cuando Marco Antonio estaba ya al final de su oración funeraria, se acercó a la Rostra. Ahora que había recordado a los miles de dolientes presentes cuántas campañas militares había ganador César, cuántos bárbaros había matado por Roma y cuántas veces había llenado las arcas de Roma con el botín de guerra, estaba listo para el apoteósico final. Para Pomponia, estaba claro que tenía otro interés, más allá que el de elogiar a César. Estaba orgullosa de sí misma por pensar así: Fabiana estaría encantada. Una vestal tenía que pensar por sí misma.

—Compatriotas —gritó Marco Antonio—. Escuchadme. Este hombre que ahora yace muerto en el altar os amaba muchísimo. Un gran hombre que muchos de vosotros conocíais solo con el gran apelativo que ahora gritáis: ¡César! ¡Sacrosanto César que sirvió como Pontifex Maximus, sumo sacerdote de Roma! Un hombre compasivo cuando estaba en paz, pero un fiero monstruo ardiente en tiempos de guerra, un soldado que supo defender el honor de Roma en tierras bárbaras, que pasó años en batallas sangrientas por la gloria de nuestra ciudad eterna.

Marco Antonio levantó en un movimiento rápido el manto púrpura que cubría el cuerpo de César, se apoderó de la toga ensangrentada que había debajo y la alzó en el aire. Arrebató el Aquila de las manos de Quinto y la usó para enarbolar la toga en el aire. Los pliegues blancos estaban empapados de sangre, la tela hecha jirones por las dagas de los asesinos.

La visión tuvo el efecto de un rayo cayendo sobre la multitud: se sobresaltaron, asustados y conmocionados, y un coro de gritos se elevó:

—*Homo homini lupus est!* —gritó Marco Antonio—. El hombre es un lobo para sus semejantes. Este soldado, este hijo de Roma, sobrevivió a las espadas de miles de enemigos en la batalla, ¡solo para ser descuartizado entre los colmillos de aquellos a los que llamaba amigos!

Los brazos musculosos del general sostenían la toga ensangrentada. Miró la efigie de César como si estuviera mirando la cara de un dios.

—Hasta el corazón de piedra de Júpiter debe haberse roto en añicos ante esta historia mortal de tragedia y traición. —La voz de Antonio se quebró.

Muchos de los que estaban entre la multitud empezaron a llorar a lágrima viva.

Bajó el estandarte y se llevó la toga hecha jirones al pecho, recorriendo la sangre seca con los dedos.

—¡La sangre de César, que tantas veces fue derramada en suelo extranjero, mancha ahora su toga en la Rostra! —Se ahogó en un sollozo, y luego taladró a la multitud con sus ojos—. Sus asesinos dicen que lo hicieron por proteger a Roma. ¡Pero yo digo que no! ¡César era el protector de Roma! ¡Oh, padre Júpiter, escúchame! —Marco Antonio volvió su vista hacia el Monte Capitalino, que miraba hacia el Forum, las colosales columnas de mármol rojo del Templo de Júpiter, recortándose impertérritas contra el cielo azul—. Vengaré a César y a la ciudad para la que vivió y por la que murió.

El general entornó los párpados. Pomponia y miles de dolientes presentes siguieron su mirada como si fuera una lanza que acababa de lanzar desde el Monte Capitolino haciendo diana en varios senadores de los que allí estaban, incluyendo a Bruto y Casio, sentados rígidamente junto a la Rostra. Sus rostros palidecieron, incrédulos.

Aquel no era el discurso diplomático y unificador que Marco Antonio les había prometido dar.

Pero entonces, con la misma rapidez con la que había abierto los ojos, el general volvió a elevar su mirada, esta vez hacia los cielos. Extendió el brazo, señalando una extraña estrella que había aparecido misteriosamente en el cielo, poco después del asesinato de César.

—Todos nos hemos quedado asombrados con esa estrella brillante que está colgando de la bóveda celestial, brillando intensamente, tanto de día como de noche. Ni los mejores astrónomos romanos, griego y egipcios han podido explicarlo, ¡pero nosotros, el pueblo, sabemos lo que es!

Pomponia alzó la vista. Era una extraña visión: una estrella con cola, suspendida en el cielo a todas horas. Los sacerdotes se habían estado devanando los sesos, estudiándola y especulando, tratando de desvelar sus augurios. Nadie podía dar una explicación; pero, Marco Antonio sí parecía tener una respuesta en mente.

—¡Es el *astrum* de César —exclamó—, la estrella de César! ¡No, la mismísima alma de César!

Una ovación de jaleos de asombro y júbilo se extendió por el Forum. El desapasionado estado de expectación había llegado a su fin. Ahora reinaba la pasión.

Marco Antonio no se rindió.

—¡Cayo Julio César, *Divus Julius!* ¡Antes hijo y padre de Roma, ahora un dios de Roma! ¡Hoy tiene un lugar entre los dioses, reinando en el cielo, por encima de nosotros! —Se llevó la mano al pecho como si con ello fuera a evitar que se le rompiera el corazón—. Debemos rendir homenaje a este nacimiento celestial. Los dioses lo exigen. ¡Por tanto, decreto que el mes de Quintilo, mes del nacimiento mortal de César, sea rebautizado en su honor como julio!

Una segunda ola de jaleos, esta vez palpitando en una extraña mezcla de duelo, ira y sobrecogimiento, emergió entre la multitud de espectadores. Se estaba haciendo historia en la Rostra, frente a ellos, y estaban allí, actuando como testigos. Formaban parte de ello. Estaban encantados.

Marco Antonio prosiguió. Le estaba saliendo mejor de lo que esperaba.

Respiró hondo a través de la nariz, inflando todavía más su ya de por sí amplio pecho y extendió el brazo. Un soldado depositó un pergamino en su mano. Pomponia lo reconoció al instante. Después de todo, lo había llevado escondido en la *palla*.

—Tengo en mis devotas manos la última voluntad y testamento de nuestro gran padre —dijo—. Ha estado custodiado por las vestales en el templo. —Lo desenrolló ante una multitud hambrienta de más—. Aquí tenemos el último deseo del divino César, que el pueblo romano, a quien él amaba como a su propia familia, hará efectivo en la vida que a él le fue negada.

Marco Antonio hizo un gesto con la cabeza a un grupo de soldados que permanecía junto a la Rostra, y al punto le llevaron, no sin cierto esfuerzo, un cofre bañado en oro que colocaron en la plataforma. Antonio metió la mano dentro y sacó un puñado de monedas, dejando que algunas se le escurrieran entre los dedos para aterrizar en el suelo de mármol.

—A todos y cada uno de los ciudadanos romanos varones, el divino César les lega setenta y cinco dracmas.

Otra ola de jaleos, asombro, alegría, desesperación, surcó la masa de gente.

—Al pueblo de Roma, el divino César también le deja el legado de sus paseos y huertos, para que puedan disfrutarlos... ¡Que les traigan tanta paz como trajeron a nuestro gran padre!

Un grito surgió de entre la multitud, y luego otro. A empellones. Empujando. Abriéndose paso. Un impulso de miles de cuerpos, todos en dirección a la Rostra.

La mirada de halcón de Marco Antonio se posó una vez más sobre Bruto y Casio, dos de los asesinos de César. Estaba claro que sus rostros cenicientos sabían que todo estaba a punto de desmoronarse. Los disturbios romanos se formaban más rápido que las nubes de una tormenta. Ambos se levantaron lentamente, avanzando cautelosamente hacia sus literas.

«Eso, eso, malditos perros. Ahora os toca correr a vosotros», pensó Marco Antonio.

Pomponia sintió una mano firme en su hombro. Quinto.

—A los sacerdotes también les pueden arrancar la piel a tiras —le advirtió—. No me toquéis.

—Sacerdotisa Pomponia, es hora de irnos —dijo. A ella le sonó demasiado a una orden.

—A lo mejor necesitáis una lección de protocolo religioso —dijo Pomponia—. Una vestal responde únicamente ante el Pontifex Maximus. Y a menos que os hayan ascendido…

Un estruendo ensordecedor. Una avalancha de gente pasando por su lado, tirando sillas, subiendo hacia la Rostra en dirección al cuerpo de César.

Marco Antonio dio una orden silenciosa a sus soldados: «Retiraos. Dejad que suceda».

La turba enfebrecida rodeó el cuerpo de César y la visión del cadáver despiezado provocó más gritos. La sangre a través de la tela de la toga, mapeando las heridas de la cuchilla. Tenía los ojos cerrados. En la boca había una moneda con la que poder pagar al barquero Caronte su viaje por el río Estigia, hacia el más allá.

Pomponia se puso en pie y observó y se quedó perpleja al ver cómo la turba levantaba el cuerpo de César sobre sus hombros, llevándoselo de la Rostra, adentrándose en el caos del Forum.

Oyó más sillas cayéndose a su alrededor y se dio cuenta de que la estaban empujando de su asiento. La suma sacerdotisa Nona y Tuccia habían desaparecido de su vista. Sin duda sus guardias las habían conducido de vuelta a las *lecticas,* y se encontraban ya de regreso al templo, escoltadas por los soldados.

Vio s sus guardias, Caeso y Publio, gritando su nombre e intentando alcanzarla, empuñando las dagas al aire e intentando hacerse paso a empellones a través de la masa de gente, pero les era imposible alcanzarla en mitad de aquel furor humano. Pomponia no sabía qué era lo que más le asustaba, si la idea de estar a merced de la muchedumbre en mitad de la calle, o tener que enfrentarse a Fabiana cuando volviera al templo. La Vestalis Maxima estaría furiosa con ella por no haberle prestado atención. Los guardias que le habían quitado los ojos de encima, descuidando su deber de protegerla, seguramente distraídos por el dramatismo de Marco Antonio, tendrían suerte si lograban salir de aquella con un solo latigazo. La que no se iba a librar del látigo iba a ser Medousa.

Quinto la agarró del hombro.

—Venid conmigo, sacerdotisa —dijo—. Ahora.

Pomponia odiaba hacerlo, pero obedeció.

Serpentearon durante un buen rato por las calles alborotadas, sorteando a la multitud frenética, de regreso al Templo de Vesta. Era la misma dirección que estaba siguiendo la muchedumbre, que todavía iba cargando el cuerpo de César sobre los hombros. El corazón de Pomponia latía mientras veía como los brazos y las piernas del general muerto se agitaban, conforme se iban acercando a la improvisada pira funeraria que la turba había empezado a construir a tan solo unos pasos del templo.

Un flujo interminable de hombres y mujeres procedentes de todas direcciones arrojaba todo leño que encontraban —cestas, bancos de madera, puestos de tenderos— debajo del cuerpo.

Una mujer alzó una antorcha que acababa de encender en la llama de uno de los cuencos cercanos al templo.

—Enviadlo a Plutón en el fuego de Vesta —gritó.

Y entonces las llamas ascendieron con fuerza, brío y calor, crepitando chispas en el aire y lamiendo la carne de César con un calor devorador. Las mujeres se arrancaban las joyas del cuello y los brazos, arrojándolas a la hoguera ósea. Más oro para pagar al codicioso barquero.

Finalmente, Pomponia y Quinto alcanzaron los escalones del templo circular. Soldados, sacerdotes y centuriones seguían guardando a aquellas que protegían la llama sagrada. Pomponia puso un pie en el primer escalón, sin aliento, y se giró para decirle algo a Quinto.

Estaba a varios metros de distancia, discutiendo con su asustada y desaliñada joven esposa.

—¡Sabía que estarías aquí! —gritó ella.

La agarró del brazo y se la llevó.

Pomponia subió los escalones de mármol blanco del templo, tiró de la puerta de bronce para abrirla y se dirigió hacia la chimenea roja que rugía dentro del santuario interior del templo. Fabiana corrió a abrazarla. Las otras vestales enjugaron sus lágrimas e hicieron una ofrenda de gratitud a la diosa.

Pomponia se agachó y se sentó con las piernas cruzadas en el suelo de mosaico blanco y negro, apoyándose en la piedra fría de la columna, para recuperar el aliento. Se alisó el velo blanco y dejó que el espacio sagrado la inundara con su calma.

Las seis vestales, sus hermanas, estaban juntas: la suma sacerdotisa Fabiana y la vieja Nona con sus sabios rostros maternales gastados por la edad. La encantadora y bondadosa Tuccia con sus ojos brillantes de color ámbar y esa piel que hasta la mismísima Venus habría envidiado. Las estudiosas y confiables Lucrecia y Cecilia, siempre prestas a sonreír y llevar a cabo sus labores.

El fuego divino de Vesta ardió en el lar —un amplio cuenco de fuego colocado en un pedestal circular de mármol que había cerca del centro del santuario. El fuego llevaba ardiendo ahí, en aquel mismo lugar, durante décadas, rodeado y amado por las sacerdotisas, iguales a las que lo estaban rodeando y amando ahora. Pomponia vio a Tuccia echar leña al fuego sagrado suavemente, mientras Fabiana rociaba unas pocas gotas de aceite de una tacita. Las ramas rugieron y crepitaron, y el humo flotó hacia arriba, deslizándose a través del agujero que había en medio del techo abovedado de bronce, para elevarse por el Forum, asegurando con ello a la gente, incluso a la turba, que todo iría bien. Los dictadores vivían y morían, pero Vesta y Roma eran eternas.

Pomponia se puso en pie y se acercó a la hoguera, mirando fijamente las conmovedoras llamas rojas del fuego eterno y sintiendo su calor en el rostro.

Qué extraño.

El dictador Julio César estaba muerto, le habían hecho *Divus Julius,* el divino Julio, un dios. Los maniáticos de ahí fuera estaban quemando su cuerpo a unos cuantos pasos de las puertas del templo. Un temible presagio pendía de los cielos. Marco Antonio se había vuelto un perro rabioso contra aquellos que pensaban que podían atarlo. Roma seguía convulsionando como una bestia sin cabeza.

Y, sin embargo, en lo único que podía pensar era en la mano de Quinto sobre su hombro.

Capítulo III

Timeo Danaos et dona ferentes

(No me fío de los griegos, ni cuando traen regalos - Virgilio)

Grecia. 43 a. C.

(un año después)

Lo único que la joven Livia Drusilla odiaba más que a un viejo gordo romano era a un viejo gordo griego. Se recostó en el diván y pegó un sorbo de vino tan grande que a duras penas podía contenerlo en los carillos, sin importarle que goteara por la comisura de sus labios y cayera cuello abajo o que su matrona le soltara otra monserga sobre los peligros de beber durante el embarazo.

Su marido Tiberio se encontraba a un brazo de distancia. Mediana edad, rechoncho e idiota. Se estaba ahogando de la risa por un chiste que su amigo griego, Diodoro, dueño de la villa, le acababa de contar.

Livia apuró la copa. ¿Qué más daño podía hacer al bebé? De todos modos, con un padre como Tiberio, la criatura estaba destinada a ser gorda e insulsa. No es que Tiberio fuera solo idiota, sino que además era su primo. Y todo el mundo sabía que Apolo solía maldecir ese tipo de acoplamientos con taras y deformidades.

El bebé dio una patada, y Livia ajustó la postura en el diván, sin hablar acomodo, con el repentino recuerdo de la primera noche que pasó con Tiberio. Dejó caer sobre ella con todo su peso, dejándola sin respiración, y al apartar la cara para evitar los labios, se encontró con la visión de su amplio trasero en el espejo de bronce que había junto a la cama.

El recuerdo le produjo una mueca de disgusto. El vino ardía en su garganta cuando lanzó la copa al suelo. Sabía lo que pasaría a continuación. Una esclava se agachó a cogerla, y al hacerlo, Tiberio deslizó la mano entre sus piernas apretando los dedos contra su cuerpo.

—Aquí hay sitio para dos —bromeó con Diodoro.

Otra estúpida y odiosa broma de un viejo estúpido, imbécil apestoso.

—Tengo que ir a mear. —Diodoro se puso en pie, pasó junto a Livia, posó su vista en aquella silueta reclinada en el diván, levantando maliciosamente las cejas mientras le miraba los pechos.

Livia fingió una sonrisa. Odiaba tener que ser amable con aquel peludo cerdo griego, pero Tiberio y ella dependían de su hospitalidad. De hecho, gracias a la desenfrenada estupidez de su marido, sus vidas dependían de aquel refugio ateneo. Maldijo silenciosamente en nombre de Juno, diosa del matrimonio. ¿Por qué la había castigado con un marido así?

Se enrolló la *palla* alrededor del pecho, preguntándose qué estaría pasando en Roma. Todo se había ido al Hades tras el discurso de Marco Antonio durante el funeral de César en la Rostra.

Roma se había dividido en dos obligando a las familias influyentes a tomar partido. O estabas de parte de los asesinos de César, encabezados por Bruto y Casio, o estabas en el bando de los aliados de César, liderados por Marco Antonio y un sobrino advenedizo de César llamado Octavio. El muchacho, de apenas veinte años, era el único heredero e hijo adoptado póstumamente de Julio César. Octavio había sido un don nadie toda su vida. Ahora era el nuevo César.

Entre ambas facciones no podía hablarse de competencia, pues Marco Antonio y Octavio acaparaban toda la fuerza. Tenían el apoyo real de la armada romana, comandada por las poderosas legiones que habían servido bajo el mando de Julio César durante años y que ahora le tenían por un dios.

En el otro lado de la balanza, los asesino de César, un puñado de senadores con manos de lirio, amigos de algunas de las familias patricias más ricas de Roma. Bruto y Casio tenían contacto y dinero, pero nada más.

Livia había sabido desde el principio de qué lado empuñaba la espada más grande. No le sorprendía que el idiota de su marido hubiera elegido el bando equivocado. Había apoyado abiertamente a los asesinos. Poco después, Marco Antonio y Octavio se lanzaron a la caza de cualquiera que hubiera contribuido a engordar la bolsa de los homicidas. Su brutalidad había llevado a muchos de sus adversarios a correr por sus vidas, huyendo de Roma como si fuera la ciudad ardiente de Troya.

Así que allí estaba, escondida en Grecia, comiendo pescado en mal estado y viviendo en una villa que tenía todo el estilo de una letrina de esclavos, todo para evitar la espada de Marco Antonio sobre sus pescuezos.

—Esposo ¿se sabe algo de Roma? —preguntó a su marido.

—Solo que los matones de Marco Antonio han pasado de matar a robar —respondió él—. Cada día añaden nuevos nombres a una lista de muertos… Hombres señalados, a los que deben arrestar, ejecutar o exiliar, y a los que confiscan sus fortunas para financiar la caza de los asesinos de César.

—¿Y nosotros? ¿Estamos en esa lista? ¿Están a salvo nuestras propiedades?

Tiberio eructó y recostó la cabeza en el sofá.

—*Solum tempus mostrabit*. Solo el tiempo lo dirá.

En otras palabras, el borracho idiota no tenía ni idea. Cuando Livia oyó el familiar arrastrar de pies de Diodoro detrás de ella, se llevó las manos a la cara y cerró los ojos. La artimaña no funcionó, porque se detuvo frente a ella, y jugueteó con sus cabellos.

—Hay que ver lo bien que se lleva tu mujer con el vino, Tiberio. Me parece a mí que ya va siendo hora de que se gane lo que bebe, ¿no crees?

Un ronquido en el diván de Tiberio.

Diodoro se abrió la túnica en un balanceo de piernas inestables. El hedor la hizo toser. Miró la mancha de pelo negro de la que le pendía la hombría sudada, frente a su cara.

—Ya lo decía Laocoonte, no te fíes de los griegos —dijo mientras la agarraba del pelo y tiraba de la cabeza entre sus piernas—, especialmente de los que te regalan cosas.

Capítulo IV

Adversae Res Admonuerunt Religionum

(Las adversidades nos hicieron acordarnos de la religión - Tito Livio)

Roma. 43 a. C.

(un tiempo después)

—Pomponia, esta agua no huele bien. —La suma sacerdotisa Fabiana estaba de pie, cansada, junto a una fuente del patio de la Casa de las Vestales, olisqueando el contenido de una jarra de arcilla—. Es de la fuente. Tendría que estar bien. A lo mejor son imaginaciones mías. Echa un poco en una jarra de cristal y huélelo tú a ver. Dásela a beber a un par de esclavas. Si enferman, me avisas.

—Sí, Fabiana.

El año posterior al asesinato de César había afectado a Fabiana. Las maniobras políticas de los hombres más ambiciosos y despiadados de Roma, su constante petición de favores por parte de ella, como Vestalis Maxima, habían hecho que las líneas alrededor de sus ojos se hicieran más profundas y que su temperamento, normalmente apacible, se tornara áspero.

Cada vez recaían más deberes sobre la joven vestal Pomponia, especialmente los políticos o ceremoniales llevados a cabo durante los festivales o rituales públicos. En circunstancias normales, aquello era cosa de la anciana Nona Fonteia, más ducha en aquellos menesteres, pero por algún motivo, parecía que Fabiana deseaba que Pomponia fuera asumiendo más responsabilidades. La suma sacerdotisa había llegado a depender de ella para todo tipo de quehaceres grandes y pequeños.

A Nona no parecía importarle. Era una sacerdotisa profundamente devota de Vesta, pero siempre había preferido los aspectos más privados, e incluso secretos, de los deberes vestales, a los rituales públicos o ceremoniales políticos. Solía pasar la mayor parte de su tiempo en el santuario del templo, rezando a la diosa del hogar y el lar en nombre de Roma, incluso cuando no le tocaba guardia. Cuando no se encontraba allí, se hallaba en el molino supervisando la preparación de la salsa sagrada de mola y las obleas rituales, o instruyendo a las otras noticias en el estudio.

Sin embargo, hasta Nona estaba obligada a desempeñar más funciones públicas por aquellos días. Tras el asesinato de César y las sangrientas luchas por el poder que le sucedieron, las sacerdotisas vestales trabajaban, a la luz del día y de las velas, para cumplir con sus deberes y hacer lo posible por mantener la calma en la ciudad.

Pomponia se las apañó para que las esclavas probasen el agua. Luego salió de la casa con una estola desmangada y un velo fino. Sus guardias la escoltaron hasta la entrada del Templo de Vesta, donde Nona estaba supervisando a un grupo de novicias. Estaban cogiendo algunas llamas de la chimenea sagrada y encendiendo con ellas los tazones de bronce que había alrededor del templo.

A excepción de los pocos días que duraba el festival de Vestalia, en junio, no se permitía al público entrar en el templo ni ver el fuego de Vesta. Aún así, aquellos cuencos flamígeros, cada uno de ellos reinando sobre un pedestal blanco, permitía a la gente llevarse las brasas del fuego sagrado a casa para encender sus propios lares. Antes de que el segundo rey de Roma mandara construir el primer templo en el Forum en honor a la diosa, Vesta ya era honrada de aquella guisa: en la intimidad de la familia, consolándose a pie de lumbre, creyendo oír en el crepitar de los fuegos hogareños la risa de la diosa.

Pomponia vio a Nona subiendo los escalones del templo. De camino hacia ella, notó un adoquín suelto en la calle y se lo señaló al guardia.

—Arregla eso.

—Sí, sacerdotisa.

—Por favor —suplicó, sorprendiéndose a sí misma.

—Por supuesto, mi señora.

—Hermana Nona —la llamó.

Nona se detuvo a medio camino.

—Dime, Pomponia.

—He mandado recado a los albañiles, tal y como me pediste. Mañana al amanecer estarán aquí para reparar el horno del molino y empezar a construir otro.

Nona se sacudió algunas cenizas de su estola.

—Bien. No puedo seguir con este ritmo. Cada mañana hay más gente a la entrada del templo, esperando las obleas sagradas. Necesitaré más para cumplir con las funciones públicas. Y, por si fuera poco, nuestro nuevo César está planeando sacrificios extra para el mes que viene. —Suspiró—. Tendré que duplicar la producción, por lo menos. También puedo hacer que me trasladen la cama al molino.

—Sé de algo que te hará sentir mejor.

—¿Ah sí?

Pomponia sonrió con picardía.

—He pedido cincuenta ánforas de vino pompeyano, solo para ti. Para que te hagan compañía en el molino.

Nona se rio mientras abría la puerta de bronce del templo.

—Has dado en el blanco, hermana. Ya me siento mejor.

Mientras la anciana regresaba a sus deberes, Pomponia caminó de regreso a la casa, señalando el adoquín suelto y otro más. El guardia asintió y le aseguró que lo arreglaría inmediatamente.

Ya de vuelta en la Casa de las Vestales, se dirigió al despacho y se sentó en su escritorio. Parpadeó ante la pila de documentos y empezó a organizarlos, separando los que precisaban atención urgente de los que podía delegar o ignorar por completo, y luego procastinó un poco más, ordenando otras cosas.

Acababa de empezar a ocuparse de un asunto urgente cuando una esclava del templo apareció en la puerta.

—*Domina* —dijo—. Ha venido una tal señora Valeria. Dice que es la esposa del sacerdote de Marte y pide humildemente audiencia con vos.

La señora Valeria era la esposa de Quinto.

Pomponia frunció el ceño. Por si Quinto no se consideraba a sí mismo lo suficientemente importante, ahora venía su mujer asumiendo que tenía derecho de pedir audiencia con una sacerdotisa vestal. Aunque lo cierto era que, como esposa de un sacerdote, tenía la posibilidad de hacerlo.

—¿La hago pasar al tablinum? —preguntó la esclava.

—No, me reuniré con ella en el patio —dijo poniéndose en pie.

Por algún motivo, prefería reunirse con la esposa de Quinto en un espacio abierto. Pomponia no había hecho más que llegar al patio y sentarse en el diván acolchado, cerca de algunos rosales blancos, cuando irrumpió por el jardín la afligida Valeria, corriendo delante de una esclava del templo para derrumbarse en un indecoroso gesto, a los pies de Pomponia.

—¡Ayuda, señora Pomponia! ¡Lo han arrestado!

—¿A quién? —preguntó Pomponia poniéndose en pie rápidamente.

—¡A Quinto! —exclamó Valeria llevándose las manos al rostro—. ¡Y a su padre también! Vinieron ayer a nuestra casa... ¡Se los llevaron a rastras! Nadie me dice nada, señora. No sé dónde está.

—¿Quién fue?

—Un soldado —gritó Valeria—. Uno de los hombres de Octavio. —Besó la sandalia de Pomponia, violando gravemente el protocolo, y luego se llevó la frente al suelo—. Sacerdotisa Pomponia. Os lo ruego, por el afecto que mi marido os tiene... —Su voz calló durante unos instantes—. Por el respeto que mi esposo os tiene como miembro de la orden religiosa, os ruego que intercedáis.

Pomponia sintió que se quedaba sin sangre. Sabía exactamente dónde estarían Quinto y su anciano padre. En la *carcer,* la infame prisión de Roma, la cual se hallaba no muy lejos de la Casa del Senado.

—Id a casa —dijo Pomponia—. Déjame pensar... Valeria alzó la vista.

—Sois una sacerdotisa de la madre Vesta —rogó—. Tenéis autoridad para perdonar a los condenados, ¿no?

—Sí, pero las vestales rara vez invocamos ese poder. Servimos a la diosa, no a los condenados.

—Quinto es inocente. Es un sacerdote de Marte. Sirvió a Julio César, fue herido en batalla. No apoya a los asesinos, ni simpatiza con ellos, ¡ni les ha dado un solo denario! ¿Qué pruebas tienen de que haya cometido algún delito? ¿Por qué quieren su cabeza?

«No quieren su cabeza. Lo que quieren es su dinero. De alguna manera tienen que pagar a sus soldados», pensó Pomponia.

La vestal volvió a sentarse con Valeria todavía a sus pies. Era la primera vez que veía a la mujer de Quinto tan cerca. Se trataba de una joven realmente encantadora, con cabellos de cuervo cayéndole en suaves rizos alrededor de los hombros delicados. Pomponia sintió algo. ¿Celos? No, no era eso. No exactamente. Más bien, una sensación de satisfacción al ver que tenía un poder sobre la vida de Quinto que su mujer jamás podría tener.

—Por favor, sacerdotisa Pomponia. —La voz de Pomponia aumentó su volumen, atrayendo las cabezas de las que deambulaban por el jardín, normalmente sereno.

Medousa apareció en el peristilo y marchó por el patio conteniendo a duras penas su ira, para poner su mano sobre el hombro de Valeria.

—¿Acompaño a la señora Valeria a la puerta, sacerdotisa? —preguntó la esclava, aunque en realidad no era una pregunta, más bien una firme sugerencia.

—Sí.

Valeria besó de nuevo la sandalia de Pomponia, antes de ser escoltada hacia la puerta. Había hecho todo lo que había podido. Ahora todo estaba en las manos brillantes de la diosa.

Instantes después, Medousa estaba de nuevo ante Pomponia. Estudió el semblante de su ama.

—He oído las noticias —dijo—. Sea lo que sea que estéis pensando, deberíais consultar primero con la suma sacerdotisa.

—Fabiana perdonó a Julio César durante la proscripción de Sila —dijo Pomponia—. Hasta le refugió en nuestra propia casa mientras pasaba el peligro. Y eso antes de ser Vestalis Maxima. Tengo toda la autoridad para hacerlo.

—No hagáis nada impulsivo.

—La suma sacerdotisa está descansando y no desea ser molestada. Además, Medousa, ya lo dice el dicho: *«Melius est veniam quam licentiam petere*». Mejor pedir perdón que permiso. Prepara mi *lectica*.

—Sí, *domina* —dijo Medousa—, aunque tal vez no sea muy sabio viajar por el Forum ahora mismo. —Bajó el tono de voz—. Señora mía, sé que le teníais mucho cariño al senador Cicerón…

—¿Y qué?

—Acabo de recibir noticias de un mensajero del templo. Le asesinaron ayer, ejecutado por las fuerzas de Marco Antonio mientras se encontraba viajando por la Via Appia. —Medousa evaluó la cara pálida de su señora antes de proseguir—: Me han dicho que Marco Antonio ordenó que la cabeza y las manos del senador fueran traídas a Roma para clavarlas en la Rostra. La gente está ahora mismo agolpándose allí para mirar, mientras nosotras hablamos.

—Mi *lectica* —repitió la vestal—. Ahora.

—Sí, *domina*.

Una breve oleada de mareo pasó sobre Pomponia. Si Medousa estaba en lo cierto, Roma estaba fuera de control. Cicerón siempre había sido uno de los hombres más respetados e influyentes de Roma. Pero no era un secreto que Marco Antonio y él llevaban años peleándose. Lo único que tenían en común era el ego.

Cicerón había despotricado a menudo contra Marco Antonio en el Senado. Sus críticas eran abiertas y cáusticas, y aunque no participó en el asesinato de César, había fantaseado expresamente con que Marco Antonio hubiera sido apuñalado junto al dictador.

Aun así, Cicerón deseaba que la paz y el orden volvieran a Roma. Calculaba que el nuevo César era el hombre idóneo para lograrlo, y por eso había mostrado a regañadientes su apoyo a Octavio. Estaba claro que nada de eso pudo protegerle contra la ira de Marco Antonio.

Los pensamientos de Pomponia volvieron a centrarse en Quinto. Si el intocable Cicerón podía ser ejecutado impunemente, nadie estaba a salvo. Especialmente alguien como Quinto, un hombre cuya familia poseía una gran riqueza, pero no tenía mucha importancia política.

Mientras le preparaban la *lectica,* Pomponia hizo que Medousa y otras dos esclavas la vistieran con una estola más más elegante, abrochándosela bajo el pecho con un cordón, y echándole luego por los hombros una *palla* de lino. Le arreglaron los cabellos al estilo *seni crines,* el peinado característico de seis trenzas que las novias romanas lucían el día de su boda. Como novias de Roma, las vírgenes vestales llevaban aquel peinado con particular orgullo.

A continuación, Medousa ajustó la *infula,* la tradicional diadema de lana sobre la cabeza de su ama, atándola con la cinta *vittae* y pasando posteriormente el velo blanco por encima.

—Este atuendo es para rituales y sacrificios públicos —murmuró Medousa.

—Este atuendo es para imponer reverencia —la corrigió Pomponia—, sin importar la ocasión.

Medousa le alisó el velo y luego colocó sus manos a ambos lados de la cara de Pomponia, mirándola fijamente, con repentina severidad.

—Valeria es su mujer.

Medousa sintió el azote de una mano contra su mejilla. Salieron de la Casa de las Vestales sin mediar palabra y subieron a la *lectica* que aguardaba frente al pórtico. Se sentaron la única frente a la otra una frente a la otra mientras los *lecticarii* —ocho esclavos musculosos del templo, cuatro en la parte delantera y cuatro en la parte trasera, la levantaban del suelo sujetándola por las barras. Cargando el peso sobre sus hombros, echaron a andar sobre el empedrado hacia la *carcer,* escoltadas por los guardias Caeso y Publio.

Medousa se inclinó hacia delante para cerrar las gruesas cortinas rojas.

—Déjalas abiertas —ordenó Pomponia recostándose hacia atrás. «Debería meterla en vereda más a menudo», pensó la vestal. Aun así… Se conocían desde la niñez, y eran más amigas que ama y esclava.

—Es solo que estoy preocupada por mi colega —suavizó el tono de voz.

—Y yo estoy preocupada por mi ama —replicó Medousa. Su voz todavía sonaba más severa de lo que Pomponia habría esperado—. Estáis sobrepasando los límites de vuestros privilegios.

—¿Y qué vestal no?

—Sabéis lo que pasará si la gente interpreta vuestra preocupación por él por otra cosa.

—Yo no he hecho nada que pueda tomarse como inapropiado.

—No, pero estamos en tiempos impredecibles —dijo Medousa.

—Yo vería normal que una sacerdotisa de Vesta hablara por un sacerdote de Marte —dijo Pomponia—. Lo que sí sería extraño es que no tratara de salvarle.

La esclava se echó hacia atrás.

—Tal vez. —Se cruzó de brazos y masculló entre dientes en griego: *«Hera, eleeson»*. Hera, ten piedad.

—*¡Medousa, siopa!* —respondió Pomponio, reprendiendo a la esclava en su lengua nativa.

Vestal y esclava se aventuraron por la Via Sacra pasando en poco tiempo por la diáfana y bulliciosa Basilica Aemilia, su larga extensión de arcos inundando el campo de visión de Pomponia.

El escándalo del regateo del mercado, el chismorreo de varios oficiales, y los las negociaciones a gritos de los banqueros de la arcada se calmaron un poco al ver la litera de la vestal, bajando el tono de voz y sus cabezas, en señal de respeto ante la sacerdotisa que en aquellos momentos estaba pasando por allí.

La procesión se detuvo momentáneamente por culpa de un perrito que se enredó con los cordones de la sandalia de uno de los porteadores. Hizo falta que un esclavo de túnica rota y dos políticos con caras togas níveas acudieran en su ayuda, para liberar la sandalia del hombre de la boca del can, y la *lectica* pudiera seguir adelante.

—¡*Mehercule!* —juró uno de los mercaderes llevándose el dedo ensangrentado a la boca—. Qué sabueso más infernal, seguro que se ha escapado del inframundo.

La *lectica* no había cubierto ni la mitad del camino hacia la basílica, cuando Pomponia vio a la muchedumbre parloteando en el amplio espacio situado frente a la Rostra. Estaban apuntando hacia arriba, sacudiendo las cabezas y tratando de decidir qué significaba todo aquello.

Aquella gente había visto mucho en el ultimo año. Habían visto el cuerpo del dictador Julio César tendido en la Rostra, hasta que el discurso de Marco Antonio los incitó a levantarse, reclamarlo como algo suyo e incinerarlo en el Forum, cerca del Templo de Vesta.

Pero esta era diferente. Cicerón no era un dictador, ni un soldado. Era un político. Un civil. Y a pesar del estatus y riqueza que había adquirido, muchos de ellos todavía le seguían viendo como un hombre de la gente. La visión de su cabeza con la lengua fuera —se la habían sacado para burlarse de su oratoria— y las manos púrpuras, hinchadas, colgando de la Rostra era algo que no habían nunca.

Pero no fue la sangre lo que más los molestó. No había ningún problema con eso. Habían visto cosas peores en los juegos del Coliseo, con las cacerías de animales salvajes y peleas de gladiadores. Tampoco había carrera de carros en el Circo Maximo que pudiera considerarse un éxito si no acababa con unas cuantas extremidades sajadas o algunos cuerpos quebrados, ya fuera de los aurigas o de los espectadores, saltando por los aires.

Lo realmente aterrador era ver las partes colgando de la Rostra era que representaban una ruptura total del orden republicano. Si habían asesinado a Cicerón, ondeando la bandera de su muerte con tanto descaro, a la cara del colectivo romano, ¿hasta dónde no podrían llegar Marco Antonio y Octavio?

Cuando la *lectica* pasó por la Rostra, Pomponia apartó la cara. No deshonraría la vida de Cicerón quedándose con aquella visión. «Esta carnicería no tiene que ser del agrado de los dioses».

Se acordó de aquel día, hacía ya algún tiempo, en el que estaban sacrificando a los elefantes en los juegos, y ella todavía era una niña que apenas sabía nada del poder y propósito del fuego sagrado de Vesta. Rezó en silencio a la diosa. «Por favor, Madre Vesta, no dejes que esto sea un error. Te haré una ofrenda ante la llama divina cuando regrese al templo».

Pero en lugar de sentirse reconfortada, Pomponia sintió una repentina llamarada de vergüenza esparciéndose por todo su cuerpo. Roma era un torbellino y, sin embargo, lo único que la preocupaba en aquel momento era Quinto. Aquello no estaba bien.

Ella era una sacerdotisa vestal y se debía a Roma. Se prometió a sí misma, y a la diosa, que una vez que Quinto estuviera a salvo se lo quitaría de la mente. Fueran cuales fuesen los sentimientos que tenía hacía él, no podía permitírselos.

Por el bien de todos.

* * *

La *carcer* se alzaba frente a Pomponia. Su fachada de piedra sin adornos y las columnas utilitarias contrastaban con las columnas corintias y jónicas, hábilmente esculpidas con canales espirales, y la ornamentación colorida de los templos y monumentos de los alrededores. Era el edificio más hostil y austero del Capitolino o del Forum. Una prisión bonita no tendría el mismo impacto.

Medousa sacó la cabeza de la *lectica* y habló con los porteadores.

—Podéis parar cerca de la entrada.

Con la *lectica* ya en el suelo, Medousa salió y se giró para ayudar a Pomponia a bajar con delicadeza. Una multitud de curiosos se había reunido para ver lo que estaba pasando: ¿una vestal en la *carcer?* Los murmullos de especulación impregnaron el aire.

Sin detenerse ni un solo instante, ni pararse a pensar lo que iba a hacer o decir, tiró de la *palla* con fuerza, aferrándola alrededor de su cuerpo, y como si fuera la reencarnación de Vesta en la tierra, pasó junto a los guardias que permanecían en la entrada principal de la prisión, quienes la observaron con gesto bobalicón.

—Mi señora —se atrevió a hablar torpemente un guardia, antes de que sus colegas se apresurasen a mandarlo callar, como si dijeran: «Déjalo en manos del prefecto, que para algo cobra más que nosotros».

Pomponia estaba justo en el centro del pórtico de la cárcel cuando el prefecto, un hombre alto, de rasgos angulares y con la boca llena de pan, se levantó rápidamente de su escritorio, derramando una copa de vino y tratando de tragarse la bola de comida de golpe.

—Sacerdotisa —dijo casi ahogándose. A continuación, habló con más claridad—: Sacerdotisa, ¿en qué puedo ayudaros?

—Llevadme ante el prisionero Quinto Vedio Tácito sin demora.

Fue la parte «sin demora» la que preocupó al prefecto. ¿No debería consultar con alguien?

—Sacerdotisa —tartamudeó—. Tal vez podría enviar a un mensajero a buscar al general Marco Antonio, o al César... Están en el Tabularium, así que solo será un momento.

«César», reflexionó Pomponioa. Tendría que acordarse de llamarlo así. Julio César no solo le había legado a su sobrino nieto su fortuna, sino también el poderoso nombre de César. Sabiendo el poder que aquel nombre le otorgaba, Octavio había insistido en que todo el mundo le llamase así. ¿Y por qué no? El nombre le convertía en un *divi filius:* el hijo de un dios.

Por lo visto, el único que no se dirigía a él con aquel apelativo era Marco Antonio. Ya tenía bastante con que Julio César solo le hubiera dejado una toga sucia en el testamento, como para tener que rendir pleitesía al niñato de Octavio llamándole César, ni aquí ni en el Hades.

—Podéis mandar a llamar a César y al general si así lo deseáis —dijo Pomponia—, pero me vais a llevar ante el prisionero de inmediato.

Pomponia pasó de largo aprovechando la incertidumbre del prefecto. No quería darle tiempo a pensar, entretenerse o dejar que se le ocurriera otra alternativa.

El prefecto se rascó la cabeza. ¿Qué opciones tenía? Ciertamente, no podía cortarle el paso. Si le ponía una mano encima, no tardaría en ser un inquilino más dentro de aquella misma prisión que él vigilaba. Hizo un gesto al guardia boquiabierto, dándole a entender que llamara a César y al general Marco Antonio, y se apartó a un lado para dar paso a la vestal.

—Por aquí, mi señora.

—Gracias, prefecto.

Tras cuatro o cinco pasos, la luz del mundo desapareció y la oscuridad húmeda se tragó a Pomponia. El frío irradiaba desde los bloques cuadrados de piedra que la confinaban, como una tumba, mientras ella trataba de aferrarse al calor de su *palla.*

A cada paso cauteloso en dirección a la negrura, donde empezaba a faltar el aire, se sentía más desconectada del mundo viviente. Sus codos rozaban las duras paredes de la roca. Empezó a respirar superficialmente, y bajó la cabeza, de forma instintiva.

El pesado techo de piedra colgaba imposiblemente sobre ella. Se sentía como si pudiera desplomarse en cualquier momento y aplastarla. Pequeños rayos de luz lograban colarse por entre las pequeñas grietas de los gruesos bloques, pero aparte de eso, no había luz.

¿Por qué no había cogido una antorcha el prefecto? Una tos seca y penetrante emanó desde algún lugar del interior de la penumbra pétrea. «Ahora lo entiendo. No quiere que vea lo que hay aquí».

Y luego, unos metros más adelante, apareció el inframundo. Había un agujero pequeño en el suelo, no más grande que el cuerpo de un hombre, donde parpadeaba una tenue llama anaranjada. Un murmullo resonó desde el agujero. Era la voz del Hades.

No. Espera. Conocía aquella voz. Era Quinto, rezando.

Pomponia se mareó. Había oído hablar de aquel agujero. Allí abajo *tiraban,* literalmente, a los prisioneros que iban a ser ejecutados, obligándolos a permanecer en cuclillas, a tres metros y medio bajo tierra, en un pozo de inmundicia y miedo, hasta el día de su muerte.

No hacía mucho tiempo que Julio César había derrotado al poderoso señor de la guerra galo Vercingétorix, jefe de la tribu auvernia, arrojándolo a aquel mismo pozo donde estuvo cinco años pudriéndose. No volvió a ver la luz del día hasta que lo sacaron del agujero, a raíz del triunfo de César, para hacerle desfilar por el Forum mientras la muchedumbre romana se mofaba de él; y cuando le fallaron las piernas, le ataron a un caballo que fue arrastrándolo a lo largo del suelo empedrado. Hombres y mujeres le insultaron y escupieron. Los niños le arrojaban comida y heces. Dos verdugos lo arrastraron a la Rostra, le quitaron la ropa, y le estrangularon hasta la muerte.

Pomponia se acordaba perfectamente. Lo había visto todo. Fue un gran día. El rey guerrero de los galos, el mayor enemigo de Roma estaba muerto. *Salve,* César.

Se tragó el temor que en aquellos momentos la estaba invadiendo y se arrodilló con la mayor dignidad posible. El frío conquistó al instante sus huesos. El hedor a cloaca que emergía del hoyo era inimaginable.

—Quinto Vedio Tácito —lo llamó hacia las profundidades.

Los murmullos se detuvieron. Arrastrar de pie. Pomponia se inclinó hacia delante, esforzando la vista para tratar de ver algo en el pobremente iluminado túnel del inframundo.

Una voz se elevó hacia ella.

—¿Sacerdotisa Pomponia?

Sin pretensión, sin engreimiento. Solo miedo y desesperación.

—Sí, ¿estáis…?

—Mi padre. —Su voz era ronca—. ¿Habéis visto a mi padre?

—*In dea confide* —dijo Pomponia. Confiad en la diosa.

—Confío en vos —respondió él.

No sabía por qué, pero su corazón se hundió un poco. Justo entonces, percibió la presencia de alguien más. Todavía arrodillada, se dio la vuelta.

—Señora Pomponia —dijo Marco Antonio—. ¿A qué debemos el honor de la presencia de una vestal en un lugar tan aborrecible como este? —Rayaba la impertinencia. Pomponia se puso en pie y lo miró cara a cara.

—En el sagrado nombre de Vesta, pido la puesta en libertad de este prisionero, Quinto Vedio Tácito, ciudadano de Roma, sacerdote de Marte, soldado *causarius* de Julio César. —Hizo una pausa y, a continuación, fue ella misma la que se encontró rayando la impertinencia—. Y de su padre también.

—Entiendo…

Otra voz. Esta era más aguda y juvenil.

—Libera a estos prisioneros inmediatamente.

Pomponia miró por encima del hombro de Marco Antonio y, a pesar de la luz tenue, logró atisbar el brillo de los fríos ojos grises de Octavio.

—Gracias, César —agradeció Pomponia.

—No se merecen —dijo Octavio—. Soy yo quien debe agradecer que hayáis traído a nuestra atención la inocencia de este hombre y su padre. Serán puestos en libertad de inmediato, y eliminaremos todas las reclamaciones interpuestas contra sus bienes. El caos reina en Roma, y este tipo de errores son lamentables. —Dio un paso atrás—. Por favor, señora Pomponia, dejadme que os acompañe fuera. Este no es un lugar para una sacerdotisa de Vesta.

—Por supuesto, César. Qué amable.

La luz del día taladró dolorosamente los ojos de Pomponia, obligándola a entrecerrarlos mientras Octavio la guiaba de vuelta a la *lectica*, junto a la cual permanecía una Medousa que no salía de su asombro. Pomponia tenía la inoportuna urgencia de reírse de su esclava. Su expresión, con los ojos como platos, boquiabierta, le confería un aire de aquella misma gorgona de ojos salvajes representada en su colgando. La esclava esperaba que su ama saliera de la prisión de cualquier forma, menos de la mano del mismísimo César.

—Haré que unos cuantos guardias más os escolten de vuelta al templo —dijo Octavio—. Tenéis mi palabra de que se hará todo lo que os he dicho. —Sonrió—. Mi divino padre tenía un gran respeto por la orden vestal. Como César, pretendo edificar mi gobierno sobre esa amistad.

—Me alegra oír eso —dijo Pomponia. Le examinó de un vistazo: era más alto y mucho más joven que Marco Antonio, quien permanecía detrás de él, pero menos musculoso. Un modelo de diplomacia y astucia sabía que lo estaba midiendo tanto como él a ella.

—Sacerdotisa Pomponia —dijo—. Me han dicho que la Vestalis Maxima os ha relegado multitud de tareas. Espero que podamos trabajar más juntos. Deberíamos conocernos mejor, ¿no? Haré que mi asistente organice una reunión.

—Me encantaría, César.

Marco Antonio escupió en el suelo, cerca de la entrada de la *carcer.* Una mirada de irritación contenida cruzó la cara de Octavio. Como aliados, Marco Antonio y él estaban unidos en la búsqueda de los asesinos de César. Como hombres, sin embargo, eran como el agua y el aceite.

La vestal entró en la *lectica,* seguida de Medousa. Los lectarii la levantaron del suelo y volvieron por donde habían venido, con la muchedumbre de espectadores cautivados tropezando entre sí para despejarles el camino.

—A lo mejor este César no es tan malo —le dijo a Medousa. Pero la esclava no podía ocultar su enfado. El recuerdo del rico tapiz rojo que cubría el techo de la *lectica* dorada de Julio

César, y el medallón de oro de Venus que la había mirado fijamente desde el techo, mientras el dictador le arrebataba su inocencia, no se iba de su mente.

—Si has visto a un César, los has visto a todos —dijo Medousa.

Capítulo V

Πῦρ γυνὴ καὶ θάλασσα, δυνατὰ τρία

Fuego, mujer y mar son tres cosas poderosas - Esopo

Egipto. 42 a. C.

(un año después)

—Apolonio, como me des un papel más para firmar, haré que te descuarticen los cocodrilos.

La reina Cleopatra se encorvó de nuevo en la silla de madera labrada que se encontraba en medio del gran estudio del Palacio Real de Alejandría. Le arrojó la pluma, en un medio intento de golpearle con ella, mientras un gato marrón saltaba ágilmente sobre su regazo.

—Majestad —dijo el esclavo haciendo una reverencia. Recogió los papiros esparcidos por el escritorio finamente adornado de la reina, con incrustaciones de oro y lapislázuli tanto en la superficie como en las patas.

—Hablaré con el visir sobre esto, creo que él podría ocuparse de la mayoría…

—Tengo hambre. —Cleopatra chasqueó los dedos y, al punto, una esclava se arrodilló ante ella—. Iras, tráeme un poco de pastel de vino.

—Sí, majestad.

La lánguida mirada de Cleopatra se posó sobre Apolonio mientras se inclinaba sobre el escritorio para recoger los últimos papiros, amontonándolos ordenadamente en una cesta.

—¿Alguna noticia?

—La guerra civil romana continúa —dijo Apolonio—. Aunque las cosas podrían cambiar pronto. Esta misma mañana he oído que el general Marco Antonio y César…

Cleopatra le dio un golpe en la cabeza y el gato saltó de su regazo.

—… el general Marco Antonio y Octavio están en Macedonia. Todas las fuentes dicen que Bruto y Casio han huido allí. A lo mejor los han cazado, por fin.

—Una pareja de lobos romanos cazando a otra pareja de lobos romanos. —Resopló—. Típico.

Iras regresó con una bandeja de pastel de vino y lo dispuso ante la reina. Cleopatra lo cogió sin darle un mordisco. La lámpara de aceite del escritorio chispeó. Pasó su mano sobre la llama, moviéndola de un lado a otro, perdida en sus pensamientos.

—Majestad —dijo Apolonio—. ¿Iréis hoy a la Biblioteca Real? El curador solicita humildemente vuestra aprobación para una nueva ala dedicada a los escritos de su majestad. Yo mismo la he visto y es bastante espléndida. Hay un área central de lectura con vuestros trabajos de matemáticas y astronomía, y luego hay otra de filosofía…

—Sí, Apolonio. —Dejó a un lado el pastel de vino y tomó un sorbo de agua de miel—. Es solo cuestión de tiempo que un lobo romano se presente en nuestra puerta. La Biblioteca Real necesita protección. Hay ciertas obras que debemos ocultar.

—Los romanos no están acostumbrados a las mujeres instruidas, majestad. Ni a las reinas. Independientemente de qué lobo gane, intentarán destruir vuestros libros. Una mujer fuerte hace que ellos parezcan débiles. Y os fraguasteis algunos enemigos durante vuestra estancia en Roma…

Cleopatra se frotó las sienes.

—Lo hice lo mejor que pude, Apolonio, ¡pero eran unos tontos tan insípidos! —El recuerdo se transformó en una mueca de pesar—. Durante la cena, se atiborraban a lirones al horno y cerebros de avestruz, aves cocidas en sus plumas, todo ello regado con una bebida hecha a base de tripas de pescado. Los peores fueron los suficientemente hábiles como para ingerir todo aquello mientras lamía el pecho de la esposa de otro y pedían más vino. Era insoportable. ¡Y olvídate de tratar de elevar la conversación a algo por encima de la ingle! Oh, había algunas lumbreras. Al principio disfrutaba mucho de la compañía del senador Cicerón. Estaba fascinado por el Egipto ptolemaico. —Dio un golpecito en la mesa—. Pero ese bufón de Marco Antonio siempre estaba armando bulla entre nosotros.

El gato marrón levantó una pata para arañar el vestido de la reina, pero se lo quitó de encima, poniéndose en pie.

—¿Están listos los prisioneros? —preguntó.

—Por supuesto, majestad. Los han llevado al patio. Está todo listo.

Cleopatra caminó majestuosamente a través de los grandes azulejos marrones y verdes del suelo del palacio, pasando por una columnata de columnas gruesas, pintadas para que parecieran palmeras gigantes, y después por una larga hilera de estatuas de deidades egipcias de tamaño colosal.

Isis, diosa todopoderosa del matrimonio y la sabiduría, llevando un vestido escarlata y sosteniendo una cobra; Osiris, dios del inframundo y esposo de Isis, la piel pintada de verde simbolizando el ciclo de la muerte y el renacimiento; Horus, el dios sol hijo de Isis y Osiris, la cabeza de halcón azul brillante ceñida con una corona rojiblanca.

Sintió una punzada de nostalgia. Había caminado por aquel mismo pasillo muchas veces con César. Él se había detenido una vez justo enfrente de la diosa Tueris, diosa del embarazo y el parto. Con la cabeza de hipopótamo, los brazos y las piernas de un león, la cola de cocodrilo y el vientre de una mujer encinta, le había hecho reír a carcajadas.

«Cleopatra, tengo miedo de que cuando me muera, mi estatua egipcia tenga las patas de una tortuga, la cola de un camello y un culo por cabeza», le había dicho. «Ay, sí, mi amor, pero me aseguraré de que lleve la armadura romana. ¿Hay mejor representación para un dios que la de un culo por cabeza?», le había contestado ella.

El gato marrón seguía detrás de ella, jugueteando con los bajos de su vestido, y atrapando la tela entre sus garras. Pasó por la habitación en la que había conocido a César por primera vez. Ella estaba tan desesperada en aquella época.

Su hermano Ptolomeo, ese pequeño bastardo que respiraba por la boca y apuñalaba por la espalda, y su afán de poder único, la habían abocado a huir al desierto y sufrir por levantar un ejército, mientras él se congraciaba con César en palacio.

Pero ella siempre había sido más inteligente que él. Se las había arreglado para que la enrollaran en una alfombra, ¡menudo calor pasó!, y la llevaran a palacio como un regalo para César, todo delante de los morros del feo y respingando Ptolomeo.

Cleopatra sonrió al evocar aquel recuerdo. Los guardias la desenrollaron de la alfombra, a los pies de César. Él se sorprendió al verla caer al suelo, a la mismísima reina de Egipto, exiliada, con los brazaletes de oro tintineando y la diadema real torcida en su desordenada cabellera.

César saltó de inmediato, sorprendido y divertido. Hablaron toda la noche a la luz parpadeante de las lámparas, acompañados por el olor del aceite de ricino que perfumaba el ambiente. Cuando sus ojos se posaron en sus pechos, lo atrajo hacia la alfombra, encima de ella, e hicieron el amor hasta la mañana siguiente. La virgen reina de Egipto yaciendo bajo el general romano Julio César. Era lo que él quería. Era como tenía que ser.

Poco después de aquella reunión real, encontraron el regordete cuerpo del hermanito Ptolomeo, flotando bocabajo en el Nilo, con la piel tan verdosa por la podredumbre que ni los buitres se acercaron a tocarlo. Julio César era un hombre de palabra.

En general, había sido un buen pacto personal y político para ambos. César era un hombre razonable y confiaba en su juicio. Ella le había mostrado los misterios de Egipto, incluyendo las grandes pirámides, navegando a lo largo del Nilo, no solo como amantes y aliados, sino como verdaderos amigos.

Le había llevado ante la tumba del héroe Alejandro Magno, donde contuvo la respiración mientras ella retiraba los paños del sarcófago de Alejandro para mostrarle el cuerpo momificado del guerrero. César se conmovió hasta las lágrimas al ver los suaves mechones de pelo del gran general, y le enjugó el rostro con un beso.

Tenían tantos planes. Si un general romano y una reina egipcia podían ser amantes, ¿no podían Roma y Egipto ser verdaderos amigos? Pensó en la inmensa biblioteca que iban a construir juntos en el Forum. Hasta los romanos habían acogido la idea. El senador Cicerón y muchos otros habían expresado su apoyo. Y luego estaba la influyente tía abuela de César, la sacerdotisa vestal, quien había pagado para que construyeran aquel hermoso templo dedicado a Isis en Roma.

Pero ¡ay!, César ya no estaba. Y con él se había esfumado también la certeza del reinado de Cleopatra y la estabilidad de Egipto. Y lo más aterrador de todo, la seguridad de Cesarión, el hijo que habían tenido juntos. Eso también se había esfumado. Daba igual qué lobo romano ganase al final, ambos le arrancarían el pescuezo.

Los asesinos de César jamás dejarían que un hijo suyo gobernara Egipto, porque tarde o temprano, vengaría la muerte de su padre. Lo sabían, y era demasiado arriesgado. ¿Y Marco Antonio y Octavio? Tal vez a Marco Antonio no le importara, pero a Octavio, ese enano oportunista que tenía el descaro de llamarse a sí mismo César, clavaría la cabeza de Cesarión en una estaca. No podía haber dos Césares. Sobraba uno.

Al llegar a la entrada del patio, dos esclavos empujaron las pesadas puertas, y una explosión de sol cálido irrumpió en palacio. Entrecerró los ojos, pero siguió caminando hasta que el suave azulejo bajo las suelas de sus sandalias se convirtió en un azulejo cubierto de arena y el patio la rodeó por todos lados.

Cinco sillas de madera, dispuestas en semicírculo en el suelo arenoso del patio. Cuatro hombres en taparrabos y una mujer con vestido corto atados a ellas. Dos de los hombres se estaban retorciendo de dolor, las bocas burbujeantes de esputo y los ojos saliéndoseles de las órbitas.

La reina se sentó en un largo diván, frente a las sillas, metiendo los pies bajo su cuerpo y cogiendo distraídamente una cucharada de arilos de granada fresca de un gran tazón de plata que había sobre una mesa cercana.

—Procede —ordenó a nadie en particular, mientras aplastaba los arilos de granada entre sus dientes.

Un hombre con un pañuelo naranja brillante alrededor de la cabeza se inclinó ante la reina.

—Gracias, majestad. —Su voz era tan áspera como la arena que había bajo sus pies.

Señaló con gesto llamativo al semicírculo de sillas.

—El primer prisionero está experimentando los efectos del envenenamiento por arsénico; el segundo está bajo los efectos de tintura de cicuta. Hace treinta minutos que se les ha administrado la dosis.

El primer prisionero emitió un gruñido gutural de agonía y se vomitó encima del taparrabos. El segundo se sacudió y empezó a convulsionar con tanta violencia que volcó con la silla a cuestas. Dos esclavos de palacio se apresuraron a incorporarlo, pero volvió a caerse al instante.

Los esclavos se miraron unos a otros con cara de interrogación, encogiéndose de hombros ante la reina, antes de dejarlo en el suelo, retorciéndose. Un charco de orina se esparció por la arena a causa de la pérdida de control sobre su vejiga.

Carmión, la sirvienta de Cleopatra se dirigió hacia la reina, y se detuvo junto a su hombro. Alzó levemente la nariz, ante los prisioneros que se retorcían y babeaban.

—Una forma de lo más indigna de conocer a Osiris —dijo—. Hinchados como una bota, arcadas y contorsionándose de dolor. Su majestad no dará a sus enemigos la satisfacción de verla así.

—En caso de tener que llegar a eso —matizó la reina.

—En caso de tener que llegar a eso —convino Carmión—. Si su majestad llega al punto de tener que quitarse la vida, hay modos más apropiados para una reina. —Chasqueó los dedos dirigiéndose al hombre del pañuelo naranja brillante—. Las serpientes. Ya.

El hombre se inclinó ante la reina y Carmión, servicialmente, mientras su asistente colocaba en el suelo, frente a él, una alargada bandeja rectangular, sobre la cual había dos canastas redondas, con su tapadera. Abrió una y sacó, en un alarde de habilidad, una serpiente de color marrón amarillento, con unos cuernecillos en la cabeza, y prominentes líneas marrones en forma de cruz a lo largo de la misma.

Sin soltar el reptil, se puso en pie y se acercó al tercer prisionero, quien empezó a gritar con los ojos saliéndosele de las órbitas, luchando desesperadamente por zafarse de las ataduras y suplicando misericordia a la reina y a los dioses. Cleopatra aplastó otro bocado de arilos de granada entre sus dientes.

Los esclavos que habían intentado sin éxito enderezar la silla del prisionero que había sucumbido a las convulsiones, le agarraron la cabeza, cada uno por un lado, inclinándola hacia atrás, exponiendo el cuello. El de la serpiente llevó la mandíbula del animal hacia el prisionero, y al instante corrió un chorro de sangre cuello abajo. A continuación, todos se retiraron para que la reina pudiera ver mejor.

Cleopatra dejó de masticar y observó al prisionero con interés. Casi de inmediato, gimió de dolor y el área alrededor de la mordedura de la serpiente se convirtió en una pelota dura, del tamaño de un puño. La piel circundante estaba llena de moretones de un feísimo tono violáceo.

El prisionero se puso tenso y, seguidamente, se sumió en un estado de parálisis. Se le soltaron los esfínteres y evacuó allí mismo. El ayudante del pañuelo naranja se apresuró a cubrir los excrementos con una gran manta de seda bordada, maldiciendo para sí mismo por no haber traído una de papiro más barata.

«Me voy a llevar una buena tunda por esto», pensó.

Cleopatra miró de reojo a Carmión.

—Esto no va a servir —dijo ella.

—Esta puede ser la más adecuada para su majestad —dijo el de la serpiente—. Levantó la tapa de la segunda canasta y agarró diligentemente el ejemplar que había dentro, sosteniéndola para que la reina pudiera inspeccionarla—. Es una cobra.

El hombre acercó el animal al último prisionero, quien abrió los ojos y la boca, en un rictus de horror, suplicando clemencia. Miró frenéticamente a la reina y Carmión, y a los otros prisioneros.

Los otros tres ya habían muerto, y de la forma más horrible. La prisionera miraba fijamente hacia delante, murmurando una oración en un idioma desconocido.

Una vez más, los dos esclavos de palacio echaron la cabeza del prisionero hacia atrás, y el encantador de serpientes acercó la mandíbula de la cobra al cuello. Todos se apartaron para mirar, expectantes, al prisionero que, como ellos, también aguardaba a ver cuáles serían los efectos del veneno.

Al principio, nada. Y luego el prisionero inhaló profundamente, como desprevenido por una repentina falta de aliento. Se notaba que le costaba muchísimo respirar y, en un abrir y cerrar de ojos, su cabeza cayó hacia atrás.

Y eso fue todo.

—Esa sí que es una muerte apropiada para una reina —dijo Carmión. Asintió con gesto de aprobación al del pañuelo naranja—. Tráeme dos o tres de tus mejores especímenes para mañana por la mañana —ordenó—. Y un encantador de serpientes también. Las tendremos aquí, en palacio.

—Sí, señora —dijo él—. Es un honor poder servir de ayuda a su majestad.

La reina hizo ademán de levantarse, y la prisionera suspiró de alivio, las lágrimas derramándose por la mejilla, alabando a los dioses.

—Majestad —dijo el hombre del pañuelo naranja—. Si me permite el atrevimiento, le sugiero que presencia el efecto en un cuerpo femenino… He seleccionado a una mujer de tamaño y peso similares a los de su alteza. —Señaló con la mano hacia la prisionera.

—Oh —exclamó la reina—. Sabia idea. Prosigue, entonces. —Tomó otra cucharada de granada del tazón de plata.

* * *

«Mi reina, las señales están claras, le había dicho su astrólogo real. El general Marco Antonio y Octavio derrotarán a los asesinos. Vengarán la muerte del padre y de vuestro hijo. Entonces Marco Antonio, vendrá a vos».

Y eso fue lo que pasó.

Bruto y Casio estaban muertos, derrotados en Filipos. César volvía a ser un nombre poderoso en Roma. El imparable general Marco Antonio iba de camino a Egipto para reunirse con su reina.

La reina descendió los seis escalones de mármol del gigantesco baño oval y se sumergió hasta el cuello en la leche de cabra caliente. Iras vertió una olla de miel derretida en la bañera y Cleopatra nadó pausadamente para remover la lujosa mezcla. Aun así, no podía relajarse.

El mensajero de Marco Antonio había informado del propósito oficial de la inminente visita de su amo a Egipto: una reunión administrativa para asegurar que la reina seguiría pagando impuestos y enviando cargamentos de granos a Roma.

Pero Cleopatra sabía que había algo más. Marco Antonio quería saber por qué se había retrasado tanto en enviar fondos y refuerzos con los que ayudar a buscar a los asesinos de César.

¿Qué podía decirle? La verdad era que no podía arriesgarse a tomar partido en el conflicto romano. ¿Y si el bando elegido resultaba perdedor? Los conspiradores la considerarían una conspiradora y cualquier posibilidad de conservar el trono se desvanecería.

Una gran lámpara de aceite fijada a la pared de mosaico al agua espurreó su última llama y se secó. La estancia se quedó a oscuras. Iras regañó discretamente a una esclava para que ya estaba vertiendo más aceite de oliva en el recipiente. La lámpara volvió a la vida.

Sumergida en el baño de leche caliente y miel, Cleopatra jugueteó ausentemente con las gemas de granates de su brazalete de oro y luego se lo quitó, arrojándolo al piso de baldosas humeantes, a los pies de Iras.

Se mordió el labio y pensó en Marco Antonio, a quien había conocido durante su estancia en Roma. Era escandaloso, hostil, rollizo y carnal. Un bufón. Pero un general brillante.

Cleopatra sabía poco sobre sus hábitos o vicios personales. Últimamente no le quedaba otra salvo la de confiar en la información que le proveían los espías que tenía en Roma, aquellos que seguían moviéndose en los círculos de Marco Antonio.

Ellos se encargaban de recoger toda la información que precisaba conocer sobre Roma, incluso mientras ella se daba un baño en Alejandría. ¿Cuáles eran sus intereses? ¿Qué vino le gustaba más? ¿Qué prefería comer? ¿Qué cosas le parecían entretenidas? ¿Cuáles eran sus debilidades? Y lo más importante de todo, ¿qué tipo de mujer le atraía?

Marco Antonio sería difícil de manejar cuando llegara a Alejandría. Estaría indignado y ansioso por ejercer su autoridad sobre ella, la autoridad de Roma sobre Egipto. Tenía que encontrar la forma de hacerle bajar la guardia. Tenía que burlar sus defensas y acercarse lo suficiente como para asegurarse que su gente y ella estarían a salvo.

Cleopatra suspiró. Otro romano insulso al que tener que seducir.

Capítulo VI

Aeterna Flamma Vestae

(La llama eterna de Vesta)

Roma. 40 a. C.

(dos años después)

Eran las calendas de marzo, el primer día del mes, y la fecha en la que se celebraba el ritual más sagrado del mundo romano: la renovación anual del fuego eterno de Vesta en el templo.

Se trataba de una ceremonia antigua. Tradicionalmente, tenía lugar en secreto en el interior del santuario del templo, pero Fabiana había permitido cierta transparencia después de que un sacerdote, inclinado a la pereza, pusiera en entredicho que las vestales se tomaran realmente la molestia de renovar el fuego. Sin embargo, Nona y Pomponia, habían persuadido a la jefa vestal para recuperar las viejas costumbres. Aquel sería el último año que lo celebrarían fuera del templo.

Por lo tanto, las masas habían salido para presenciar la que tal vez sería la última oportunidad para ver la extinción del ritual y la renovación del fuego sagrado. Miles de personas, hombres y mujeres, patricios, soldados, plebeyos, libertos, esclavos, inundaban ahora el Forum Romanum y rodeaban los aledaños del Templo de Vesta.

A pesar de que cualquier reunión de esa envergadura se habría caracterizado por ser ruidosa y escandalosa, esta era silenciosa y reverente. Madre Vesta había mantenido a la gente a flote, a ellos y a Roma, durante los tumultuosos años que siguieron al asesinato de Julio César. Habían de mostrar una sobria gratitud.

Las vestales, el único sacerdocio romano que trabajaba a tiempo completo, financiado por el Estado, habían mantenido viva la llama ardiente, habían realizado los antiguos ritos sin errar, asegurando así la Pax Deorum, el acuerdo pacífico entre los dioses y la humanidad. Eran ellas quienes habían asegurado la protección de la diosa para la ciudad. La reverencia de la multitud también era para ellas.

Las banderas de color escarlata, bordadas con las letras doradas SPQR. colgaban de las altas basílicas y monumentos del Forum. Para la ocasión, habían limpiado la estatuaria, las fuentes, las columnatas y las espléndidas fachadas de otros templos circundantes al templo habían barrido el suelo para la ocasión.

No obstante, a media mañana los adoquines del área sagrada de Vesta estaban alfombrados de flores silvestres, regalos y platos de comida, todo humildes ofrendas a la diosa.

En años pasados, Fabiana siempre había mandado a las esclavas del templo a retirar las ofrendas nada más colocarlas; pero ahora la Vestalis Maxima, cuya salud seguía deteriorándose, estaba demasiado fatigada para participar, y Pomponia había heredado la responsabilidad de los deberes y ritos sagrados. Dejó las ofrendas donde estaban.

El Templo de Vesta, adornado con guirnaldas de laurel fresco colgando del friso, enrollándose alrededor de cada una de sus veinte columnas alzándose desde el elevado podio de mármol blanco de base circular, soportando el peso del techo de bronce con intrincados capiteles jónicos, había sido meticulosamente decorado con follaje y flores blancas, de acuerdo con la tradición y las exigentes especificaciones de la suma sacerdotisa Fabiana.

A través de una abertura en el ápice del techo abovedado, se iba desvaneciendo el humo del fuego de Vesta, disminuyendo a medida que Pomponia y las otras las sacerdotisas dejaban que el fuego se debilitara. Las palmas de las manos se extendían hacia la diosa, rezándole y pidiéndole que mandara rayos de sol suficientemente fuertes como para renovar la llama sagrada.

Las puertas de bronce del templo, que miraban hacia el este, hacia el sol, solían estar cerradas para proteger la santidad de la chimenea interior. Ahora estaban abiertas, dejando entrar la luz del sol e incitando a la gente a estirar el pescuezo para vislumbrar el interior del edificio. Con el fuego sagrado reducido a brasas, Pomponia aferró las asas del ancho cuenco y lo levantó de su cuna, el pedestal de mármol donde se encontraba el lar.

—*Vesta, permite hanc actionem* —dijo, solicitando permiso a la diosa para realizar el ritual.

Llevó el cuenco al fuego, atravesando el suelo de mosaico, cruzó las puertas abiertas y descendió por los escalones del templo. Las otras sacerdotisas vestales la seguían.

Salieron en procesión solemne. Encabezaba el paso la vestal Nona, portando una pequeña figurita de terracota de la suma sacerdotisa Fabiana. Tuccia la seguía en la fila, seguida a su vez por Cecilia Scantia y Lucrecia Manlia. En cuanto la última vestal salió del templo, las novicias se apresuraron a entrar para limpiar las paredes, el suelo y el lar de mármol con agua pura y fresca del manantial.

La visión de las vírgenes vestales vestidas con sus estolas blancas y tocados ceremoniales encendió una exclamación colectiva de asombro entre los congregados. Los únicos destellos de color en mitad de la pureza de sus vestidos era el rojo de sus diademas de lana, el borde carmesí de sus formales tocados y las medallas doradas de los broches de alfiler prendidos en los bordes inferiores del velo ritual del esternón. La gente se arrodillaba a su paso, muchos de ellos arrojando flores recién recogidas a los pies de las sacerdotisas.

Pomponia condujo a las vestales al estrado marmóreo adornado con laureles que había sido erigido en un anexo del templo. Allí se hallaba el Pontifex Maximus, un hombre de porte serio llamado Marco Emilio Lépido. Ascendió cuidadosamente por los escalones forrados de flores del estrado y cruzó la plataforma para colocar el cuenco de bronce sobre un altar.

Ambos pontífices, el Pontifex Maximus y la Vestalis Maxima *de facto,* permanecían de pie, uno junto al otro, mientras el resto de las vestales se alineaban detrás de ellos.

A la izquierda del estrado, diseñado para ser una versión pequeña de la Rostra, estaban sentados los mandamases de las órdenes religiosas de Roma, incluyendo al el Rex Sacrorurm y los Flamines Maiores, sumos sacerdotes de Júpiter y Marte, junto a varios otros sacerdotes, todos ocupando el orden de asiento apropiado. Pomponia les hizo un gesto de agradecimiento. junto ocupaban sendos asientos de honor junto a sus sacerdotes subordinados. Vio a Quinto con el rabillo del ojo pero evitó hacer contacto visual con él. Después de su experiencia en la *carcer,* creía que su naturaleza arrogante habría cambiado. Pues no. Ni siquiera le había agradecido lo que había hecho por su padre y él.

Pero su mujer sí lo había hecho. Al día siguiente de conseguir que lo liberasen de la prisión, apareció en la Casa de las Vestales con un bonito brazalete de oro y expresiones llorosas de gratitud. La siguiente vez que se la vio, los ojos de Valeria eran dos moratones ennegrecidos por los puños de su marido.

A pesar de todo, Pomponia había cumplido su promesa a la diosa. Una vez que Quinto estuvo a salvo, hizo todo lo posible por sacárselo de la cabeza. De hecho, los dos parecían haberse puesto de acuerdo a la hora de competir por ver quién de los dos podía ignorar más al otro, ya fuera en un acto público, religioso o si casualmente se encontraban en la calle. Aun así, Quinto todavía le propinaba alguna mirada de reproche de vez en cuando. Miró hacia otro lado. Reconoció a los adivinos.

A la derecha del estrado se encontraban casi todos los demás personajes importantes de Roma, Octavio con su hermana Octavia; la imponente figura de Marco Agripa, el brillante general de Octavio; y Cayo Mecenas, su consejero político.

Pomponia sonrió para sus adentros al notar que Marco Antonio todavía estaba ausente. Se encontraba en Egipto hablando de dinero y grano con la reina Cleopatra, aunque, si los rumores eran ciertos, no todo lo que se traían entre manos tenía que ver con el grano.

Cuando la vestal se situó frente al altar del estrado, se produjo una inflamada ovación de afecto:

—¡Bendecidnos, sacerdotisa Pomponia!

—Yo os bendigo en el nombre de la Madre Vesta —dijo.

Escuchó la autoridad, la certeza dominante de su propia voz. Fabiana era una profesora meticulosa.

Pomponia había presidido como Vestalis Maxima en varios rituales acaecidos durante el último año: El caballo de octubre, los ritos de Bona Dea, la Lupercalia, la anterior ceremonia de renovación, la Fordicidia y hasta la apertura anual del santuario interior del templo a las matronas romanas durante la Vestalia. Con cada ceremonia, con cada nueva responsabilidad, aumentaba la facilidad natural con la que desempeñaba las funciones.

El Pontifex Maximus inclinó la cabeza ante Pomponia y luego levantó las manos para dar empezar.

—Hace muchas generaciones —dijo en voz alta—, nuestro gran antepasado, el príncipe troyano Eneas, huyó con su familia de la ciudad en llamas de Troya. De su linaje real surgieron los reyes de Alba Longa, y el rey Numito, padre de la sacerdotisa vestal, Rea Silvia. Esta sacerdotisa era amada por la diosa Vesta, pero otro dios la amaba con mayor pasión si cabe: Marte, el dios de la guerra. Una noche, mientras la virgen dormía, Marte no pudo resistirse, y fue a buscarla para yacer con ella.

Había muchísima gente observando la ceremonia, pero de repente, Pomponia sintió el peso cálido de una sola mirada posarse sobre su piel. Desvió la mirada hacia Quinto. La estaba mirando fijamente.

El Pontifex habló:

—La vestal inmaculada dio a luz a los hijos del dios, los gemelos Rómulo y Remo. Pero cuando el enemigo de su padre supo del nacimiento de los muchachos, temiendo que se convirtieran en poderosos hombres, los arrancó del seno de su madre. Metieron a los infantes en una cesta y la arrojaron al Río Tíber. Pero el dios Marte oyó el desesperado llanto de la virgen y sus bebés. A pesar de que era duro de corazón, pidió al Padre Tíber que le trajera la cesta a la orilla.

El crepitar de las brasas sagradas desvió la atención de Pomponia, que viajó desde Quinto al cuenco ardiente de bronce que había frente a ella. Colocó las manos en los bordes, como si estuviera protegiendo el último aliento de vida con ello.

—Marte mandó a una loba a rescatar a sus hijos a la orilla del río. La loba se los llevó a su cueva en el Monte Palatino, donde los amamantó con el espíritu de su padre divino. Cuando los muchachos se convirtieron en hombres, sintieron el deseo de construir una ciudad, la ciudad más grandiosa que nunca hubiera existido o existiera. Pero los hermanos tenían el espíritu del dios dentro y discutieron sobre quién debería mandar en la ciudad. A fin de acabar con el conflicto, Marte mandó a un adivino que vaticinó que Rómulo construiría una ciudad, una ciudad eterna, una ciudad que gobernaría el mundo. Remo opuso resistencia, pero Rómulo lo mató y bautizó a la ciudad en su honor.

Pomponia trató de tranquilizarse a sí misma, deseando que el Pontifex hablara más rápido y luchando contra el impulso de volver a mirar a Quinto. Se rindió disfrazando la mirada con un respetuoso guiño a los sacerdotes que había sentados a su lado. Se le aceleró el pulso. «Maldito sea el Hades. Todavía me está mirando». Volvió a mirar hacia otro lado y vio las brasas moribundas del cuenco.

—En honor de su madre, la vestal, Rómulo encendió una hoguera sagrada en el suelo. Edificó Roma alrededor del fuego. Su sucesor, el rey Numa, construyó un templo alrededor del fuego, y designó un sacerdocio de mujeres puras para que se encargaran de él. Ese es el fuego que hoy estamos renovando aquí, sobre la misma base que nuestro padre fundador lo encendió por primera vez.

El Pontifex retiró un pequeño paño rojo del altar y Pomponia recogió la copa de barro de vino que había debajo. A continuación, declamó las frases rituales:

—¡Eneas, nacido en el cielo! ¿Estás de guardia? ¡Vigila! —Bajó la mirada haca el cuenco de bronce ardiente. Solo quedaban unas pocas brasas.

Ponponia las apagó con el vino, extinguiendo el viejo fuego. Había que hacerlo. Era la única manera de renovar verdaderamente la llama, y la devoción de Roma hacia la diosa. Muerte, y después un puro renacer. El ciclo eterno. Los presentes permanecieron todavía más callados. Hasta que el fuego no volviese a arder, Roma era vulnerable.

Las vestales solían renovar el fuego sagrado usando las ramas del Arbor Felix, un roble bendecido por Vesta y Júpiter.

Todas las sacerdotisas eran expertas en estas y otras técnicas de combustión de la madera, pero se permitían otras formas de renovar el fuego, siempre y cuando la diosa fuera debidamente invocada y el nuevo fuego no derivara del antiguo.

Aquel día, para la renovación, Fabiana había instruido a Pomponia para que aprovechara las inusualmente soleadas calendas de marzo y renovara el fuego únicamente con los rayos del sol. No solo era un acto incontaminado, sino un espectáculo impresionante. Pomponia cogió un utensilio de bronce del altar. El metal había sido pulido hasta hacerlo brillar como un espejo por las novicias para que reflejara los rayos del sol y encendieron el nuevo fuego. Era una técnica prestada de los griegos, pero refinada por las vestales. El Pontifex le puso un nuevo cuenco delante y ella miró hacia el interior. La yesca seguía ahí, tal y como ella la había dispuesto: hierbas secas de la arboleda de Vesta en forma de nido de pájaro. Miró hacia el sol. Mientras manejaba el utensilio para atrapar los rayos de sol y dirigirlos hacia la yesca, las vestales detrás de ella mantenían las palmas de las manos extendidas hacia la diosa.

—Vesta Aeterna —dijo Pomponia—. Por encima de todo, tu inmaculada sacerdotisa te ruega que entres en esta llama para que podamos renovar tu fuego eterno.

Al calor del sol, se formó un punto negro en la yesca. Un instante después, brillaron las pavesas rojas. Ascendieron las hileras de humo, el sol filtrándose a través de ellas, pero al fuego le costaba renacer.

Pomponia dejó el utensilio de bronce. Se cubrió la boca con el velo y se inclinó para recitar la Precatio Vestae, la oración secreta que convocaba a la diosa en las llamas. El susurro de su respiración hizo que las pavesas se encendieran formando un fuego crepitante de vida que no tardó en consumir la yesca. Alzó las manos.

—*Vestam laudo* —dijo—, *ignis inextinctus.*

El Pontifex alzó las manos al aire.

—¡Arde! —gritó, y miles de voces alabaron el nombre de Vesta a la vez. alegre celebración de júbilo bañó la multitud. Pomponia agregó cuidadosamente más yesca al cuenco de bronce. Un fuego fuerte era una buena señal. Las grietas y los chasquidos eran la voz de la diosa hablándole a sus fieles. Pero ¿qué les estaba diciendo?

Volvió a sonreír ante el fuego nuevo. Y luego, sin pensarlo, miró directamente a Quinto. Un látigo de emoción la azotó en el estómago. No había desviado la vista. Esta vez, sostuvo la mirada, desafiante. ¿Lograría doblegarlo? Por un instante, lo creyó posible, pero se mantuvo frío y crítico. Apartó la vista de él.

Pomponia levantó el cuenco ardiente con suma reverencia y encabezó la procesión de sacerdotisas de vuelta al templo. Allí dentro completarían el ritual poniendo el nuevo cuenco ardiente en el lar, encendiendo la llama sagrada siguiendo el patrón divino apropiado, y llevando a cabo el último de los rituales secretos de Vesta. Pomponia ascendió hacia el escalón superior del templo y se dirigió al sanctum. Tras ella, tras todas las vestales que ahora rodeaban el lar, las puertas del templo se cerraron a cal y canto.

Momentos después, las columnas de humo comenzaron a elevarse nuevamente a través de la apertura del techo abovedado del templo. Hubo una ovación colectiva por parte de la multitud.

Los sacerdotes del estrado, así como los políticos que se encontraban allí, se levantaron, estiraron las piernas y comenzaron a mezclarse entre la multitud por el Forum, con sus planes para pasar el resto del día. De igual forma, la amplia masa de espectadores de dispersó en grupos de amigos y núcleos familiares y empezaron a alejarse del Forum perdiéndose por las calles animadas, las tabernas y tiendas, e incluso los burdeles.

Pero Quinto se quedó sentado, sin dejar de mirar hacia las puertas cerradas del templo.

* * *

A media tarde, las celebraciones se habían extendido al Campus Martius, el amplio espacio público dedicado a Marte. Tenían una buena razón para ello. Las calendas de marzo no eran solo la fecha de renovación anual del fuego de Vesta. También coincidía con la fecha de nacimiento del propio Marte. Un día tan auspicioso ofrecía oportunidades políticas que Octavio no podía dejar pasar.

Antes, aquel mismo día, Pomponia había aceptado otra de sus generosas donaciones a la orden vestal. Ahora, mientras atendía un sacrificio público en honor a Marte en el Campus Martius, estaba jurando construir dos templos nuevos en Roma.

Pomponia se puso de pie junto a él, frente a un gran altar de mármol dedicado a Marte. Había sido un día largo. Le habría gustado quedarse en el templo cuidando del fuego, pero se requería la presencia de una vestal en todas las ceremonias religiosas y civiles de la ciudad. Su estatus, y la importancia del día, delataban las clase de vestal que era.

Al menos tuvo ayuda. Tuccia y Medousa estaban con ella. Hubiera sido imposible mantener a Tuccia alejada. Los eventos del día iban a terminar con una carrera de carros entre los Verdes y los Azules en el Circus Maximus y Tuccia se habría puesto de morros si no la hubieran dejado ir.

—En este momento, los cimientos del templo del divino Julio César están siendo colocados en el mismo lugar de su pira funeraria, en el Forum Romanum. —La voz clara y militante de Octavio resonaba hacia afuera—. Estará a tan solo unos pasos del Templo de Vesta. En honor a la luz vivificante de la diosa, en honor a la estrella que brillaba sobre la pira funeraria de mi divino padre, este templo será conocido como el Templo de la Estrella Cometa.

Se produjo un alborozo feliz, no solo por el templo. La generosidad de Octavio se extendía más allá de los templos e incluía grandes donaciones, para deleite de los romanos por toda la ciudad de pan, vino y monedas. Cuanta más gente comía, bebía y llenaba la bolsa, más contentos estaban con el nuevo César.

—Como romanos, todos compartimos la victoria sobre los asesinos de mi divino padre. ¡Demos las gracias a Marte Ultor, Marte el Vengador! Por eso, y a cuenta de mi bolsillo, me comprometo a construir también el Templo de Marte Ultor en mi nuevo foro, ¡donde los sacerdotes de Marte harán sacrificios diarios por mi victoria en Filipos!

Otro alborozo general, alimentado por el vino. Pero entonces Octavio levantó las manos. La multitud quedó en silencio, y los gritos fueron sustituidos por el súbito sonido reverencial de los cuerno. La procesión del sacrificio animal había comenzado.

Arrastrar de pies y un fuerte bramido. Todo el mundo se volvió para ver el gran toro blanco que estaba siendo conducido al atar. Su poderosa cabeza estaba cubierta de laurel, el cuerpo musculoso envuelto en cadenas y lazos de flores colorinches. Los murmullos de asombro asombro corrieron entre la multitud.

El Pontifex reemplazó a Octavio al lado de Pomponia y se colocó frente al gran altar.

—*Favete linguis* —dijo Octavio, dando comienzo al sacrificio. Todos volvieron a guardar silencio a medida que la bestia magnificente se aproximaba.

A Pomponia le dio un vuelco al estómago cuando vio que Quinto estaba frente al animal, agarrándole por el anillo de oro del hocico de fosas nasales ensanchadas, empujándolo hacia el altar. Iba vestido con una toga sacerdotal de lana blanca, y como todos los sacerdotes de Roma, ejecutó sus labores *capite velato*, con la cabeza cubierta por un pliegue de su toga.

Estaba muy apuesto.

Se aferró al tazón de obleas sagradas que tenía en las manos. ¿Por qué tenía que maltratar a la bestia? Aunque sabía que no tenía elección. Quinto estaba atado a los ritos y rituales en honor a su dios, como ella. Cumplía con las tareas que el sumo sacerdote le encomendaba, como ella. Y a juzgar por su vestimenta, estaba claro que se estaba preparando para convertirse en el próximo Flamen Martialis.

Se encontró con los ojos de Quinto un momento, y luego miró el altar del mármol. En la parte superior, un cuenco de bronce ardía con el fuego de Vesta y las ollas de incienso enviaban el humo fragante a Marte. Una taza y un *simpulum* —un cazo de mango largo—, contenían las libaciones de aceite y vino, respectivamente.

A medida que Quinto se iba acercando, cosa que les colocaría en una incómoda cercanía durante el ritual, no pudo evitar fijarse en los coloridos relieves tallados de batallas, caballos y legiones que adornaban el altar. Sus ojos dudaron en una escena: el dios Marte inclinándose sobre la dormida vestal Rea Silvia.

En la talla, la estola blanca de la sacerdotisa se había deslizado cayendo sobre sus hombros, descubriendo el contorno de unos pechos desnudos. El dios poderoso los miraba apasionadamente, extendiendo la mano para tocar uno, mientras que con la otra apartaba la capa roja, exponiendo su excitación.

Cuando Pomponia alzó la mirada, Quinto estaba a tan solo un brazo de distancia. Sus ojos se desplazaron, de la sugerente talla a ella. Sintió que las mejillas le ardían de pudor, pero apartó la mirada con indiferencia, la atención centrada en el toro al que trataba de sujetar. Con una mano agarraba el anillo del hocico, y con la otra sostenía un trozo de cuerda unida a un cabestro suelto alrededor de la gigantesca cabeza blanca. El animal era manso, lo habían criado para aquel propósito, y masticaba contento lo que fuera que hubiera en su boca.

El Flamen Martialis se acercó al altar y puso una mano sobre él.

—*O divine Jane, divina Vesta* —comenzó a decir la tradicional invocación a Jano y Vesta. Vertió el aceite sobre el altar y esparció algunas gotas en el fuego que ardía en lo alto—. Oh, padre Marte, te rogamos que hagas caer a nuestros enemigos. Rezamos para que infundas valor y venganza en los corazones de nuestros hijos. Oramos para que contagies con tu fuerza aterradora a la gente y el senado, así como a los soldados de Roma. A ti, Pater Marte, te ofrecemos esta buena bestia, como testimonio de nuestra voluntad y devoción, para que puedas hacer todo eso.

Pomponia tomó dos obleas sagradas de su tazón de terracota entre sus manos y luego lo dejó sobre el altar. Quinto tiró del aro hacia abajo, obligando al toro a bajar la cabeza, para poder levantar más fácilmente las obleas sobre ella.

Al hacerlo, Pomponia se fijó en sus manos. Eran grandes y fuertes, y pudo observar los músculos de los antebrazos, marcándose bajo la túnica mientras aferraban el aro. Brazaletes de oro rodeaban sus muñecas, y en una de las manos, llevaba un anillo de piedra coralina. Nada de Marte. Vesta.

—*Vesta te purificat* —dijo ella. Vesta te purifica. Desmenuzó las obleas sobre entre los cuernos dorados del toro, evitando cuidadosamente que le cayeran en los ojos. Era importante que el animal permaneciera tranquilo, a sus anchas.

—*Deis* —dijo el Flamen Martialis. A los dioses. Tomó el cazo de vino del altar y se lo ofreció al Pontifex Maximum antes de pegar un trago. Luego se la pasó a Pomponia y esta hizo lo mismo.

De acuerdo con la costumbre, ella tenía que pasárselo a Quinto, pero entonces se dio cuenta de que no podía dejar ir al animal. Así que le acercó el cucharón a los labios y observó el movimiento de su garganta la tragar. Notó cómo se ruborizaba. Había llevado a cabo aquel ritual cientos de veces con los sacerdotes. Pero ahora parecía otra cosa, algo íntimo... Vertió una pequeña cantidad de vino sobre la cabeza del torno volvió a dejar el cazo en el altar.

—*Victimarii* —gritó el Flamen Martialis. Al punto, dos hombres, desnudos de cintura para arriba en previsión del baño de sangre que a menudo seguía al sacrificio de animales grandes, sustituyeron a Quinto. Uno de ellos cogió la daga de plata.

—Acercaos, sacerdotisa —ordenó Quinto en voz baja.

El mismo tono descarado y reprobador de siempre.

Se maldijo a sí misma. ¿Por qué estaba tan distraída? Cogiéndose la estola, ascendió hacia la elevación de mármol que se extendía junto al altar. Al hacerlo, uno de los hombres levantó la cabeza del toro y el *victimrius*, el hombre encargado de realizar el sacrificio, le rajó el cuello con una incisión ágil y profunda.

Sin ni siquiera un quejido, el toro cayó de rodillas, desplomándose sobre su costado, con el aliento entrecortado por un instante, antes de detenerse por completo. La sangre caliente emergió de su cuello rápidamente, llenando el cuenco de oro oro que Quinto sostenía para tal fin.

Pasó el cuenco lleno a un sacerdote a cambio de otro. El animal era tan voluminoso que la sangre todavía brotaba bajo el escalón elevado en el que se encontraba Pomponia. Lo peor de todo es que fue absorbida por la arena con la que habían rociado el suelo, pero los ríos de color rojo seguían corriendo sobre el mármol, ensuciando las sandalias de los sacerdotes y derramándose por el borde de la plataforma en la tierra blanda.

Dos arúspices se arrodillaron en la tierra sangrienta, junto al animal, mientras el hombre que había matado al toro lo rajaba hábilmente y ponía parte de sus entrañas en un cuenco de bronce para que los adivinos pudieran leer las señales. Murmuraron entre ellos, una y otra vez, hasta que asintieron en gesto de aprobación.

Los designios eran buenos.

Lépido cogió el cuenco y sacó las pesadas tripas del animal, sosteniéndolas en alto para arrojarlas posteriormente al fuego del altar. El intenso olor de las vísceras ardiendo fue brevemente enmascarado por la dulce fragancia de incienso que esparció por encima, antes de verter vino al fuego. Los dioses estarían saciados.

—*Gratias vobis ago, divine Jane, divina Vesta* —dijo el Flamen Martialis. La ceremonia había acabado.

«Gracias a la diosa», pensó Pomponia. Se recogió la estola por las rodillas y bajó hacia el suelo de mármol manchado de arena y sangre.

Los arúspices todavía se encontraban examinando las copiosas entrañas del animal. Sentía como si fueran sus propias entrañas las que estuvieran expuestas al mundo, para que todos pudieran verlas, y evitó mirar a Quinto, quien ahora se encontraban limpiándose la sangre de las manos y los brazos con una toalla. Sintió alivio al pensar que nadie había notado la tensión entre el sacerdote de Marte y ella.

Bueno, sí hubo alguien que se dio cuenta. La esposa de Quinto. El humo del altar de mármol se deshilachaba por el aire, y los carniceros se acercaron para hacer su trabajo. Los mejores despieces de carne serían para los sacerdotes y los senadores. El resto sería distribuido entre el público. Aún así, a juzgar por la forma en la que la multitud se dispersó, parecía que la mayoría de la gente prefería la diversión al sustento. Todavía había carreras de caballos de las que disfrutar en el Circus Maximus. Otros se fueron perdieron por áreas del Campus Martius, donde el pan, el vino y las monedas todavía los estaban llamando. A ella también le habría gustado marcharse, pero Tuccia, quien a andaba entretenida, riéndose con varios senadores y sacerdotes, haciendo apuestas e insultando a los caballos y cuadrigas favoritos de los demás, la retenía todavía allí.

Se aferró a la pesada *palla* blanca distraídamente.

—Estáis temblando, *domina.*

Era Medousa. ¿Cuándo había aparecido?

—Hace frío.

—Pues yo creo que hace bastante calor. —La hermosa cara de Medousa estaba de piedra.

Pomponia se apretó la *palla* con más fuerza. La esclava no perdía detalles. Subieron silenciosamente al carruaje ricamente ornamentado. Retiraron las cortinas doradas y rojas a la espera de Tuccia, quien finalmente se zambulló en el interior, resplandeciente y sonriente, tomando asiento frente a Pomponia.

—He apostado cincuenta mil sestercios por los Azules —dijo Tuccia—. Juro por los dioses que como la cuadriga de Flavio se caiga de espaldas en la primera vuelta, haré que Proserpina en persona arroje sus pelotas al inframundo.

—Flavio tiene más maldiciones pesando sobre sus hombros que una puta con viruela —dijo Medousa.

Se rieron de su frívola obscenidad. Fue una liberación después de los estrictos rituales y solemne religiosidad de aquella jornada.

Pomponia se permitió dejarse embargar por la relajación, y se agachó a desatarse la correa de la sandalia.

—Me duelen los pies. Tendría que haberme puesto los zapatos de lana.

—Y entonces estarías quejándote del calor que tendrías en los pies —dijo Tuccia—. Da gracias que no está lloviendo. Todo han sido buenos augurios.

—Dadme vuestro pie, *domina* —dijo Medousa.

La esclava quiso aflojar las correas de las sandalias de su ama, pero Pomponia la apartó con una palmada.

—No te molestes. En cuanto vuelvas a atármelas me van a seguir doliendo—. Se recostó sobre los cojines del carruaje, deseando que fuera su propia cama, y cerró los ojos.

* * *

Cuando abrió los ojos, Tuccia ya estaba saliendo del carruaje con gesto decidido. Habían llegado al Circus Maximus. Hacía horas que habían empezado las carreras, y no quería perderse ni una vuelta más. A Pomponia no le había dado tiempo a quitarse el velo todavía cuando Tuccia ya se encontraba a medio camino del estadio, con sus dos guardias corriendo tras ella con la lengua fuera, incapaces de seguirle el ritmo.

Pomponia suspiró preguntándose cómo era posible que Tuccia tuviera todavía tanta energía. Llevaban en pie desde antes del amanecer. La invadió un pensamiento energizante: a lo mejor Quinto también estaba en las carreras. Sintió un repentino deseo de volver a verlo. Era la forma en la que le había visto tragar… Se juró a sí misma que no sucumbiría ante tales pensamientos. Aún así, entendía la razón de los mismos.

Las sacerdotisas de Vesta servían a la diosa a una edad en la que el deseo natural estaba en su punto álgido. Tenía veintidós años, y sabía que los instintos de su cuerpo iban en contra de su deber sagrado. A pesar de ellos, había cosas que ayudaban. Algunas vestales se ponían aceite de alcanfor en los senos, dos veces al día, como remedio para calmar el deseo. También consumían bayas de sauce gatillo en las comidas para resistir la pasión que Venus incubaba en sus corazones. Decidido. A partir de aquel día empezaría a aplicarse todos aquellos remedios. Cecilia llevaba un año siguiendo uno de ellos.

Si bien los placeres sexuales estaban estrictamente prohibidos, y todas las vestales conocían el horrible castigo por incesto, había otras indulgencias físicas con las que sí tenían permitido distraerse. La Casa de las Vestales era tan cómoda como cualquier palacio o finca de clase alta de Roma, con habitaciones privadas, los mejores baños, estudios y jardines. Las vestales comían como reinas, y no tenían que preocuparse por nada, pues tenían una corte de esclavas prestas a servirlas en todo.

Aun así, la visión de las manos fuertes de Quinto agarrando la cuerda del toro se coló en sus pensamientos. Oyó un susurro, grave y masculino, en su oído. «Acercaos, sacerdotisa».

Se dio una bofetada mental para sacarse el recuerdo de Quinto de la cabeza, y salió del carruaje en pos de Tuccia. Medousa iba tras ella.

Los tímpanos empezaron a palpitarle con el estruendo de las carreras incluso antes de entrar en el estadio. El atronador sonido de las pezuñas golpeando contra la arena; el imponente rugido de las ruedas de los carros de madera temblando por la presión de la velocidad; el azote de los látigos de los aurigas sobre el lomo de los caballos sudorosos. El constante y ensordecedor estrépito de la multitud, con más de cien mil espectadores vitoreando a sus favoritos, y burlándose de sus enemigos.

Los vendedores ambulantes alineados a la entrada del Circus Maximus vendiendo vino y salchichas frescas hicieron que a Pomponia le rugieran las tripas. Trató de no pensar en la comida y prosiguió su camino mientras los dos guardias las escoltaban, a Tuccia, a Medousa y a ella, hacia los asientos privados de César. Normalmente, se sentaba en el área reservada para las vestales, pero aquel día, con la mayoría de las sacerdotisas ocupadas en las labores del templo, Octavio las había invitado a mirar desde su palco privado.

—Sacerdotisa Pomponia —dijo Octavio, levantándose a saludarla—. Bienvenida. Y bienvenida vos también, sacerdotisa Tuccia.

—Gracias, César —dijo Pomponia—. Espero que no nos hayamos perdido la última carrera. Tuccia se ha dejado una pequeña fortuna en el juego.

Octavio sonrió a Tuccia.

—Yo también, sacerdotisa. ¿Verdes o Azules?

—Azules. Y estoy segura de que un César jamás apostaría en contra de una vestal —dijo tímidamente.

—*Numquam!* —respondió Octavio llevándose la mano al pecho—. ¡Nunca! Ni un Vesta Felix. Por favor, señoras, tomen asiento.

Pomponia se sentó con suma gracia y delicadeza, y Tuccia hizo lo propio junto a Octavia, la hermana de Octavio. Llevaba una estola blanca, no muy distinta a la de una vestal, aunque la suya tenía un adornos de color violeta oscuro, a juego con el ribete de la toga de su hermano.

Octavio volvió a sentarse junto al general Agripa y su consejero Maecenas. Una fila de soldados armados hasta los dientes permanecía tras ellos, vigilando atentamente a su amo. Los cascos encrestados y la brillante armadura daban a entender a los ciudadanos de Roma el poder de César.

El óvalo masivo del Circus Maximus, el hipódromo más antiguo y grande de Roma, se extendía a lo largo del valle, bajo la mirada de Pomponia. Los aficionados saludaban y gritaban desde las gradas mientras los cuatro equipos de cuadrigas corrían atronadoramente por la pista, haciendo retumbar el suelo y la espina, el murete que dividía la arena del circo, a velocidad vertiginosa.

—Sacerdotisa Pomponia —dijo Octavia—. Olvidemos las carreras de caballos. Apostemos cuál de los dos desearía más estar en casa dándose un baño caliente en estos momentos.

Pomponia se rio. Siempre le había caído bien Octavia. Y a pesar de los esfuerzos que su hermano siempre había hecho para que se llevaran bien, pues la amistad entre ambas únicamente podía traducirse en beneficios para su posición, lo cierto es que aquella amistad jamás había necesitado de estímulo alguno por su parte. Se había consolidado por sí sola con el paso de los dos últimos años. También había ido ganando confianza con Octavio. Había cumplido la promesa que le había hecho el día que lo conoció en la *carcer,* hacía ya algunos años.

—¿Cómo se encuentra vuestro hijo Marcelo? —preguntó Pomponia.

—Está feliz —respondió Octavia—. Esa es la bendición de la infancia. Su padre murió hace tan solo unos meses, pero a él solo le preocupa su caballito de madera y los pasteles de miel.

—Me apenó mucho enterarme de la muerte de Cayo. Sé que era un buen marido.

Octavia se inclinó hacia ella.

—Aún no se ha anunciado oficialmente —susurró—, pero creo que voy a casarme otra vez.

—¿Ta pronto? ¿Con quién? —preguntó Pomponia.

—Con Marco Antonio. Todos saben que mi hermano y él siempre han tenido una relación algo tensa, pero César cree que este matrimonio podría consolidar su alianza política.

—Oh...

—¿No os parece bien, sacerdotisa?

—No, es que...

—Estáis pensando en los rumores sobre Cleopatra y él, claro —dijo Octavia—. No os preocupéis. Yo también los he oído.

—¿Son solo rumores?

Octavia la miró de reojo.

—Por supuesto que no. Todo el mundo sabe que han estado retozando desde el momento que puso un pie en Alejandría, el año pasado. La verdad es que no le echo la culpa. Marco Antonio no es más que un hombre y, si recordáis cómo era Cleopatra... Bueno, todos los romanos de Roma estaban fascinados con ella.

—A los hombres lo que les fascina es la novedad —dijo Pomponia—. Los romanos están acostumbrados a las romanas. Cleopatra era exótica, diferente. Ningún hombre mandaba sobre ella. Era ella la que los gobernaba a todos. En las fiestas, mientras las romanas se dedicaban a cotillear con otras en el jardín, ella estaba en el triclinio, debatiendo con los magistrados. Jamás la vi vestir una estola o *palla* decentes. El vestido se pegaba a sus pechos con la misma fuerza con la que un senador se aferra a su bolsa.

—Como bien dice. ¡Hombres!

Octavia sonrió.

—Bueno, me temo que Marco Antonio tendrá que casarse con una esposa con vestidos más holgados. Mi hermano cree que las mujeres deben ser virtuosas en todo, hasta en el vestir. Si por mí fuera, me vestiría de sacerdotisa si la costumbre me lo permitiera.

—Este César, más incluso que su predecesor, es muy amigo de la orden vestal —dijo Pomponia brindando una cálida sonrisa a su amiga—. Marco Antonio es un romano, Octavia. A la hora de la verdad, preferirá vuestra virtud. Y estoy segura de que el afecto que César y Marco Antonio os profesan estrechará los lazos entre ellos, especialmente cuando empiecen a llegar los niños. Fortalecerá la alianza y mantendrá la paz. Toda Roma tendrá que daros las gracias por ello. —Tiró de la estola de Octavia—. Por mucho vestido suelto que lleven algunas.

La multitud estalló en un repentino rugido y Pomponia y Octavia se levantaron, junto a decenas de miles de espectadores, justo a tiempo para ver un carro verde y plateado saltando por los aires y estrellándose contra la pista, deshaciéndose en mil pedazos de astillas.

—¿Dónde está el auriga? —preguntó Pomponia.

—Ahí está. —Octavia señaló hacia un par de piernas, una de ellas doblada en un ángulo imposible, bajo un montón de escombros de madera—. Oh, y ahí está el resto.

La cabeza y el torso del auriga yacían en la arena, a pocos metros de distancia. Su cuerpo había sido cercenado por la mitad por la fuerza del impacto y de las riendas que se había enroscado alrededor de la cintura.

La multitud rugió con más fuerza todavía cuando otra cuadriga se acercó al naufragio a toda velocidad. Era demasiado tarde para maniobrar y el auriga no tuvo más remedio que pisotear el cuerpo de su competidor, aplastando lo que quedaba de él contra la arena.

—Normalmente prefiero las carreras a los juegos —dijo Octavia—. Pero hoy no.

—Recuerdo haber visto una caza de elefantes cuando era niña. El senador Cicerón dijo… —Pomponia se mordió el labio. Menuda metedura de pata.

—Lo siento, sacerdotisa —dijo Octavia—. Mi hermano lamenta profundamente la pérdida de Cicerón. Era un político sagaz, un verdadero romano, y habría sido un valioso consejero para él. —Dobló las manos sobre su regazo y habló en voz baja—. Octavio intentó salvarle por todos los medios. Incluso le ofreció una gran suma de dinero. Pero Marco Antonio era inamovible. Lo quería muerto. Amenazó con socavar la alianza y la búsqueda del asesino, así que al final tuvo que ceder.

—Esperemos que una voz más suave pueda templar la naturaleza de Marco Antonio —dijo Pomponia.

—Esperemos —asintió Octavia. Abrió los labios para decir algo más, pero se lo pensó dos veces, y forzó una sonrisa—. Mala suerte para ese auriga. No sé si seguís las carreras, pero ha estado conduciendo como esclavo durante diez años y estaba a punto de ser manumitido.

—La fanática de las carreras es Tuccia —dijo Pomponia—. Yo animo a quien sea que esté animando ella. He descubierto que es más fácil convivir con ella así.

Una esclava con una bandeja se inclinó hacia Octavia y las vestales.

—¿Agua de menta, *dominae?*

Todas cogieron un vaso de agua. Pomponia tuvo que frenarse para no bebérselo de golpe. Por suerte suya, la esclava regresó momentos después con una selección de peras, ostras y fiambres. Le siguieron copas de oro llenas de buen vino.

Acababa de asentar el estómago cuando una voz profunda y familiar le puso las tripas del revés. Quinto. ¿Cuándo había llegado?

—... Sí, llevó más tiempo del esperado, César. Los *haruspices* piensan que cuanto más tiempo pasan mirando las entrañas, más impresionados nos quedamos con sus vaticinios. Confunden nuestro alivio al final de su estudio con temor.

—¿Conocéis al viejo *haruspex* Longinus? —le preguntó Agripa, y luego, sin esperar respuesta, añadió—: ¡Que los dioses te ayuden o te maten si pones un hígado de cerdo delante de ese hombre! Lo trinchará e interpretará durante horas, y luego dirá que las señales no están claras y empezará de nuevo con otro cerdo. Y todo únicamente para escuchar su propia voz chillona profetizando. Podría parlotear con un burro hasta hacer que el animal deseara quedarse sin orejas.

—Gracias a la misericordiosa Fortuna que se retiró el año pasado, general —dijo Quinto—. Pero siempre hay otro. *Semper idem*. Siempre es lo mismo con los *haurispices*.

Pomponia quiso conversar con Octavia, haciendo todo lo posible por ignorar el sonido de la voz de Quinto y la presencia inminente de su cuerpo junto al suyo. Pero no iba a ser así.

—Mirad, sacerdotisa Pomponia, aquí tenemos a vuestro colega Quinto —dijo Octavio—. Qué buena suerte tenerlos a los dos aquí hoy. Con Vesta y Marte junto al lado de César, ¿qué necesidad tenemos de auspicios? Los augurios solo pueden ser buenos.

Pomponia propinó a Quinto la obligatoria sonrisa formal. La sangre le hirvió de furia cuando él se giró hacia César, ignorándola.

—César, se rumorea que ya estáis listo para ser Pontifex Maximus. ¿Tan pronto se ha cansado Lépido de la ceremonia?

—Lépido se cansa de cualquier cosa que implique trabajo —dijo Octavio—. Pero de momento voy a dejarle seguir con el oficio. Es mejor sacerdote que soldado, aunque ansío cumplir con ese cometido, algún día. Mi divino padre cumplió con su solemne deber como sumo pontífice y nada me gustaría más que seguir sus pasos.

Un clamor emergió desde la pista y Pomponia parpadeó para ver los carros nuevos emergiendo por la puerta de salida. Había estado tan distraída por la llegada de Quinto que ni siquiera se había dado cuenta de que la carrera había terminado y ya estaba empezando otra.

Los caballos corrían por la pista, las pezuñas levantando una polvareda de arena en al aire. El parloteo cesó y todos se sentaron a mirar. Pomponia sintió una presión en el pecho cuando Quinto ocupó el asiento vacío que había junto a ella.

Se giró para entretenerse hablando con Octavia, pero la hermana de César se había dado la vuelta en su asiento, y estaba conversando animadamente con Terentia, la joven esposa de Maecenas, quien se hallaba sentada detrás de ella. Pomponia miró a Quinto por el rabillo del ojo, esforzándose por aparentar estar cautivada por la carrera. Él estaba rígido en la silla, poniendo sus manos sobre el regazo y volviéndolas a colocar después nerviosamente sobre los reposabrazos. Se aclaró la garganta.

—Hay mucho dinero en juego pesando sobre las cabezas de esos aurigas —dijo haciendo un intento torpe de iniciar la charla—. ¿Cuál es vuestro favorito?

—Yo no tengo favoritos. —Su voz sonó más amarga de lo que pretendía.

Él no dijo nada.

—Pomponia… —dijo con tono suave, íntimo. Pero, por algún motivo, detuvo sus palabras.

La inesperada suavidad de su voz la afectó más de lo imaginable. No había oído a ningún hombre pronunciar su nombre con tanta claridad, sin anteponer el tratamiento honorífico. Sintió mariposas en el estómago, y una opresión en la garganta, como si estuviera a punto de llorar.

Quinto se había desnudado simplemente porque había dicho su nombre. Y en aquel preciso instante, se rompieron todos los años de pretensiones entre ellos.

Capítulo VII

El Altar de Juno

Roma. 40 a. C.

(tiempo después, el mismo año)

—Los augurios para la boda son buenos. Lástima que el novio ya esté más borracho que Baco en la Liberalia.

La Vestalis Maxima Fabiana se rio de su propio chiste con un poquito de menos discreción que en otros tiempos y Pomponia le sonrió. Era un regalo de la diosa ver a la suma sacerdotisa tan bien. Había logrado salir de la cama y volver a la vida pública. Era una bendición aún más vislumbrar los destellos de su característica picardía a pesar de la enfermedad que la había tenido postrada durante meses.

La boda del general Marco Antonio, recién llegado de Egipto, y de Octavia, la hermana de César había sido toda una maniobra política. Idea de César. Era su manera de tender un puente sobre las aguas bravas de su alianza con Marco Antonio.

Con todo, Marco Antonio no se había negado. Había dejado Alejandría, y a la reina Cleopatra, casi inmediatamente después de que se lo propusiera. Buena señal.

La asamblea de invitados a la boda reflejaba la naturaleza política del enlace: senadores, generales del ejército, sacerdotes de alto rango, familias ricas y nobles de Roma, algunos dignatarios extranjeros y, por supuesto, las sacerdotisas vestales. Los hombres iban vestidos con sus mejores togas de color marfil; las mujeres con estolas colores brillantes y joyas. Hasta Fabiana y Pomponia habían realzado sus estolas y velos blancos con sus mejores joyas, para remarcar la ocasión.

Marco Antonio y Octavia la Menor se detuvieron bajo un dosel azul celeste, frente al altar de Juno, diosa del matrimonio, mientras un sacerdote encapuchado pronunciaba ensalmos a Júpiter.

Sobre el altar había un cuenco de bronce de fuego ardiendo con la llama de Vesta. Pomponia lo había encendido a partir del sagrado lar. Junto al cuenco, había una copa de oro con vino, el pastel de bodas y el contrato matrimonial. Las antorchas refulgían a ambos lados del altar.

Octavia era una novia hermosa y perfecta, lozana y hermosa, la viva imagen de la tradición romana. Después de todo, ese era su propósito: representar a su familia, concretamente a su hermano César, como encarnación de los valores tradicionales romanos. Eso, y producir hijos. Preferiblemente varones.

Llevaba un bonito vestido blanco ceñido a la cintura con el *nodus herculaneus,* el nudo de Hércules, símbolo de fidelidad. Se creía que el nudo era tan fuerte que solo el semidiós Hércules o un marido enamorado podía desatarlo para disfrutar de los placeres que protegía. Un velo de vívido color naranja le cubría el rostro, y en la cabeza llevaba una corona de flores y hierbas aromáticas.

La habían peinado a lo *seni crines*, como marcaba la costumbre. Siguiendo la costumbre, dividiéndole el cabello con una punta de lanza. Era un instrumento sagrado, no solo en relación con Juno, sino porque honraba los primeros matrimonios de Roma, cuando la primera generación de hombres secuestró a punta de lanza a las sabinas, las mujeres de la tribu de los vecinos.

El novio tenía cara de resignación. Iba vestido con una túnica blanca con una raya roja. Los anchos brazaletes de oro alrededor de los antebrazos parecían esposas. Parpadeaba demasiado despacio, como si estuviera sintiendo los efectos del gozo premarital.

Pomponia sintió un escalofrío. Era como ver a Europa y el toro. «¡Que Juno la proteja!», pensó.

El sacerdote pronunció la última oración a Juno mientras Octavia se ponía de pie y Antonio se tambaleaba sobre sus talones. Octavio se puso detrás de su hermana, con las manos abiertas hacia los dioses. Observó, como un supervisor todopoderoso, cómo el sacerdote vertía vino sobre el pastel de bodas, una libación para los dioses, y luego enlazaba las manos diestras de la novia y el novio.

A continuación, el sacerdote encapuchado enrolló un lazo blanco de tela alrededor de los antebrazos de los cónyuges, «atándolos» como marido y mujer. Pasando al frente, Octavio le quitó la corona de flores y hierbas de la cabeza de su hermana, y le retiró el velo de la cara para que Marco Antonio y ella pudieran intercambiar los votos de la tradicional boda romana.

—*Ubi tu Gaius, ego Gaia* —dijo Octavia. Donde tú seas llamado Cayo, yo seré llamada Caya.

—*Ubi tu Gaia, ego Gaius* —dijo Marco Antonio—. Donde tú seas llamada Caya, yo seré llamado Cayo.

Dos personas fundiéndose en una.

«O al menos esa es la idea», pensó Pomponia, «porque eso de que Marco Antonio esté enamorado de Octavia es otro cantar, no se lo creen ni en el Hades. Pero qué le vamos a hacer, el matrimonio es un negocio, no un placer».

Marco Antonio tomó la mano izquierda de Octavia y deslizó el anillo en el anular, alrededor de la *vena amoris,* la vena del amor, directa al corazón. Ella trató de hacer lo mismo, pero los dedos gruesos del general, castigados por la batalla, parecían resistirse al grillete. Al final se lo puso él.

Luego, el sacerdote extendió el brazo de Octavio, indicando que había llegado la hora de que él, como *pater familias,* el cabeza de familia, entregara a su hermana al cuidado de su marido. Agachado sobre el alta, Octavio estampó el sello rojo de cera con el emblema de César en el contrato matrimonial.

El sacerdote se retiró la capucha, descubriéndose la cabeza, dando a entender que la ceremonia había terminado, y los invitados estallaron en aplausos. Si aquel matrimonio duraba, la alianza entre César y Antonio también duraría, y mientras durase la alianza, habría paz en Roma. Muchos se pusieron en pie y empezaron a arrojar trigo a los novios para promover la fertilidad.

—Si el trigo acaba brotando, no será más que una carga para ella —le susurró Fabiana a Pomponia—. Acompáñame hasta la *lectica,* querida. Descansaré durante el camino hacia la casa de César, y les transmitiremos nuestras condolencias. —Le guiñó un ojo—. Quiero decir, nuestras felicitaciones.

—No sabes lo que me anima verte así de bien —dijo Pomponia.

La acompañó del bracete a la *lectica* que la estaba aguardando. Nada más agarrarla del brazo, se dio cuenta de que el cuerpo de la Vestal se había consumido y vuelto sumamente frágil en los últimos meses.

Un repentino estruendo hizo que se giraran justo a tiempo para ver a Marco Antonio agarrándose al borde de una mesa para recuperar el equilibrio mientras dos esclavos se apresuraban a limpiar el ánfora de vino hecha añicos que tenía a sus pies. Octavia se estaba disculpando con aquellos cuyas togas y vestidos habían resultado salpicados de vino.

«Bendita sea Juno», pensó Pomponia. «No lleva casada ni lo que tarda en hervir un huevo y ya se está disculpando por su marido».

Mientras ayudaba a Fabiana a entrar en la *lectica* y se subía con ella, dio las gracias a la diosa por haberla hecho sacerdotisa, librándola así de la obligación de casarse. Como vestal, se retiraría de la orden, si así lo deseaba, con riquezas, propiedades y privilegios.

No tendría obligación de casarse con un hombre al que no quisiera, ni tendría que estar subordinada a la voluntad o caprichos de su marido. Tampoco tendría que parir una y otra vez, hasta que su cuerpo no diera más de sí, únicamente para que él tuviera el hijo perfecto, aquel al que lucir como estandarte de su legado.

Había visto a innumerables mujeres soportar los rigores y riesgos del embarazo, solo para que Plutón las arrastrara al inframundo en medio de un océano de terror y gritos de agonía, con o sin el niño de la mano. Y casi siempre que pasaba eso, el doliente marido metía a una esposa en su cama antes que las cenizas de la otra se enfriaran.

Hablando de trabajos ingratos.

Pomponia se arregló la estola y miró a Fabiana. La suma sacerdotisa había apoyado la cabeza contra la pared acolchada de la *lectica*, sus párpados luchando por mantenerse abiertos.

—Duerme, Fabiana —dijo Pomponia.

Ordenó sigilosamente a los *lecticarii* que no se pusieran en marcha todavía. Quería que la gran sacerdotisa descansara. Había tiempo de sobra para volver a casa y refrescarse antes de la recepción. Y, de todos modos, a juzgar por la libertad con la que fluía el vino y la conversación, pasaría un buen rato antes de que todos los invitados a la boda se dirigieran a la casa de César. Suspiró, contenta, y se sentó a observarlo todo desde la comodidad de la *lectica*.

Marco Antonio extinguió una de las antorchas de la boda, sonriendo estridentemente, y luego se la pasó a Octavia, quien la lanzó al aire jovialmente. Los invitados corrieron a cogerla. Para los que aún estaban solteros, lograrlo era presagio de matrimonio inminente.

Pomponia arrugó la nariz.

«Ni el mismísimo Hércules podría hacer que esa cosa cayera en mis manos, ni aunque estuviera ardiendo con la llama de Vesta», se dijo Pomponia.

* * *

Lo primero que siempre llamaba la atención a Pomponia cada vez que iba a casa de Octavio, es que no había nada que destacara en ella.

Situada en el monte Palatino, el *domus* privado César estaba estratégicamente situado junto a la antigua cabaña de Rómulo, el legendario fundador de Roma. La habían destruido y restaurado más veces de lo que nadie podía recordar, pero seguía siendo tal y como había sido durante siglos: una pequeña casa circular de estilo campesino de una sola habitación, a la que el propio Rómulo había llegado alguna vez a llamar su hogar.

A pesar de que la casa palaciega de César no tenía nada que ver con las paredes ásperas y el techo de paja del *domus* que en su día perteneciera a Rómulo, era mucho más modesta que muchas de las propiedades de los senadores y familias de estatus patricio o équites. En comparación, los arreglos de la vida sencilla reflejaban un deseo personal de pureza en todas las cosas.

Sin embargo, Pomponia sabía que su predilección por la modestia tenía que ver más con un asunto de propaganda que con una preferencia personal. Predicaba con ejemplo, prometiendo al pueblo que su gobierno rescataría virtudes tales como la *pietas* —*la* sagrada lealtad a la familia, al pasado, al presente, y a los dioses—, y la *gravitas,* la forja de un carácter digno, reflexivo y fuerte.

Después de la violenta incertidumbre que había infectado a Roma tras el asesinato de César, y durante los años sangrientos de las proscripciones, los romanos de todas las clases sociales aspiraban a recuperar estas tradiciones, presentándolas como virtudes que, en primer lugar, daban gloria a la Ciudad Eterna. Roma había salido de la oscuridad, y de vuelta a la luz.

Y Octavio llevaba la antorcha. Iba vestido con la toga tradicional e insistía en que todos los ciudadanos varones hicieran lo mismo. Exigió a todos los miembros femeninos de su familia, especialmente a su hermana, que vistieran la estola tradicional, y animaba a todas las mujeres romanas a tener más hijos. ¡Más romanos!

Todo eran loas a la tradicional matrona romana, propuestas de leyes y políticas que promovieran los derechos de la respetable mujer, encontrando precedentes en la antigua República y citando a Catón el Viejo, Catón el Sabio, quien decía que un hombre que pega a su esposa o hijo está profanando lo más sagrado.

Para Octavio, Roma era una mezcla de piedad, tradición, virtud y familia. Y por los dioses que estaba decidido a asegurarse de que su visión se hiciera realidad. Tampoco es que hubiera alguien ofreciendo una visión contraria. Hacía mucho tiempo que Roma no estaba tan unida y esperanzada. Octavio había sido un carnicero despiadado durante su ascenso al poder. Una vez establecido como César, sin embargo, se había vuelto notablemente benevolente, y hasta tenía buen carácter.

«Como el dios de las dos caras, Jano», pensó Pomponia. «Esperemos que su cara amable no sea una máscara».

Estaba claro que había muchos otros con similares esperanzas. A pesar del frente común y la alianza política entre Octavio y Marco Antonio, el primero se estaba convirtiendo en el lobo líder de la manada. Pomponia siempre había sabido que aquello era inevitable. El nombre de «César» sonaba como un rey. Y como la mayoría de los reyes, tendría la fuerte preferencia de gobernar a solas.

Quizás Octavia podría llegar a atenuar esa preferencia. A lo mejor su devoción por Marco Antonio conseguía apaciguar la ambición de su hermano. O tal vez engatusaría a Marco Antonio, rompiendo el hechizo que tanto senadores como chismosos creían que la reina Cleopatra le había echado.

Pero incluso si lo hiciera, ¿cuánto tiempo se contentaría el orgulloso general siendo el segundón después del advenedizo Octavio quien, cuñado o no, era veinte años menor que él y apenas tenía unas pocas cicatrices de guerra? ¿Cuánto tiempo pasaría antes de que un lobo se abalanzara sobre la garganta del otro y Roma volviera a retorcerse como una bestia con la cabeza cortada?

La litera de la vestal se acercó al pórtico de la casa de César. Se detuvo ante la columnata que adornaba la entrada. Pomponia escuchó el jolgorio de la fiesta procedente del interior. El delicioso aroma del banquete y los alegres sonidos de la música se dejaban sentir en la calle.

Ordenó a los *lecticarii* proseguir y acercarse al pórtico un poco más de lo que normalmente se consideraría apropiado. La suma sacerdotisa se había despertado de la siesta, no podía caminar mucho sin fatigarse.

Pomponia salió de la *lectica* y saludó a Medousa, quien se había adelantado y la esperaba dócilmente en casa de César.

Estaba tratando de apartarse de la cara el largo cabello cobrizo que ondeaba con la brisa.

—*Salve, domina* —dijo Medousa—. ¿Cómo ha ido la boda? ¿Ha sido un dramón o la única que ha llorado ha sido la novia?

—La novia no ha tenido tiempo de llorar —respondió Pomponia—. Estaba demasiado ocupada limpiándole el vino de las sandalias a su marido borracho. —Apartó las cortinas para que la suma sacerdotisa pudiera salir.

—Deberías pegar a tu esclava por esa bocaza que tiene —comentó Fabiana, sabiendo que Pomponia no era de esas—. Cuidado, que ahí viene la señora Octavia.

Octavia salió de la casa para saludar a la *Vestalis Maxima* con toda la gracia que uno pudiera esperar de la hermana de César. Se había cambiado el vestido de novia y llevaba un vestido de lino de color naranja claro en lugar de seda, una tela más lujosa. Llevaba un amplio cinturón ciñéndole la cintura, y no lucía más joyas que unos pendientes de oro y una pulsera de poca importancia. El maquillaje era discreto, ya se había quitado casi todo el colorete y el carmín con los que había acudido a la ceremonia.

—Suma sacerdotisa Fabiana —dijo Octavia haciendo una profunda reverencia a la suma vestal—. Recé a la diosa para que os encontrarais bien y pudierais asistir. —Sus palabras eran muy sinceras—. Me hace tan feliz veros.

—Siento el retraso, querida —respondió Fabiana—. Me gustaría tener una excusa mejor, pero por desgracia me he quedado dormida, y Pomponia no me ha despertado.

—Os cuida como a una madre —dijo Octavia.

—Y me trata como a una niña —dijo Fabiana. Tomó las manos de Octavia entre las suyas—. Felicidades por vuestro matrimonio y el éxito de vuestra familia, señora Octavia. Habéis desposado a uno de los hombres más importantes de Roma, y vuestro hermano es el mismísimo César. La fortuna os sonríe.

—Que siga haciéndolo —dijo Octavia—. Los dioses pueden ser muy volubles. Vamos dentro. Hace mucho calor para ser octubre, ¿verdad? Y sacerdotisa Fabiana, sé de alguien especial que estará encantado de veros.

Pasearon por las columnas del pórtico, a través del vestíbulo, hacia el atrio de la casa, disfrutando del refrescante ambiente que el agua de lluvia del *impluvium,* el estanque hundido en el suelo de mármol les proporcionaba, y lo rodearon.

Un par de gorriones se peleaban ruidosamente por unas semillas esparcidas bajo un rosal, hasta que uno de ellos salió volando por la abertura del techo a través del cual se filtraba la luz del sol y caía la lluvia del *impluvium*.

El *lararium,* el santuario que adornaba todos los hogares romanos, sin importar cuán prósperos o pobres fueran, estaba en el corazón del atrio, como símbolo de piedad. Allí, cerca de la entrada de la casa, servía para bendecir las idas y venidas de los miembros de la familia.

En lo alto había estatuas de los dioses de la casa y Vesta, junto a los cuales ardía una lámpara de aceite, hecha de barro, con la llama sagrada del templo. El *lararium* estaba adornado con recuerdos de familiares vivos y muertos, así como con una serpiente guardiana esculpida en marfil, con la espalda cubierta de diamantes reverberando al compás de la llama de la lámpara de aceite.

En la pared escarlata, detrás del *lararium,* colgaban varias máscaras mortuorias de los grandes antepasados de Octavio. Naturalmente, la más prominente era la de su padre adoptivo, el divino Julio César. El artesano que la había fabricado había hecho un notable trabajo al capturar los solemnes rasgos faciales del dictador sobre la cera, posteriormente bañada en oro. Su rostro esbelto, la nariz afilada y la barbilla prominente; la mirada penetrante, el nacimiento del cabello. Estaba todo ahí, no era diferente en la muerte de lo que había sido en vida.

El efecto era magistral. Los visitantes eran recibidos por el rostro omnipotente y divino del venerado Julio César, un hombre cuyo nombre había adquirido un aura casi mítica desde su asesinato. Su enorme presencia era palpable, y enviaba un mensaje inequívoco a todos los que entraban en la casa del nuevo César: ahora estáis dentro de los muros de la casa más importante de Roma.

Y esas paredes eran algo digno de ver. Pomponia y Medousa iban siguiendo respetuosamente a Octavia y a la Vestalis Maxima para unirse a los invitados de la boda, que ya empezaban a mezclarse en la bulliciosa atmósfera del *triclilium*. Pomponia contemplaba los coloridos frescos que animaban todas las paredes y techos de la casa con escenas teatrales, paisajes de jardines, animales exóticos, pájaros, flores y deslumbrantes diseños geométricos.

La carencia de estatuas de la casa quedaba compensada por la grandeza de sus frescos. A cada paso, el ojo se deleitaba con un rico festín de imágenes azules, rojas, amarillas y turquesas, enmarcadas por columnas pintadas, ornamentadas y animadas por el parpadeo de las lámparas del aceite que las iluminaban, y el animado sonido de la música que las bañaba.

Octavio era un mecenas de las artes y a menudo se jactaba de haber contratado a los mejores artistas del mundo romano. Para un hombre que raramente presumía de algo, era un punto a tener en cuenta. Su amor por el arte, así como su deseo de patrocinarlo, no se limitaba a su propiedad. Roma estaba disfrutando lentamente de un necesitado lavado de cara, y todo el mundo podía apreciarlo en los templos, las fuentes, las basílicas, los baños… Y a costa de los denarios de Octavio.

El nuevo César ya había donado una suma monumental para renovar y ampliar la Casa de las Vestales, añadiendo nuevas habitaciones, pintando frescos en el *triclinium* y el *tablinum*, y tapizando el suelo con bellos mosaicos, todo lo cual se había hecho a la velocidad de Mercurio.

Una vez acabaron las obras, encargó otras cinco estatuas de mármol de sacerdotisas vestales para el peristilo que rodeaba el patio y contrató personalmente a unos albañiles para restaurar el templo con mármol blanco de las montañas de Carrara. Incluso había propuesto mociones en el Senado para aumentar notablemente las ya de por sí generosas pensiones y tierras que las sacerdotisas vestales recibían a cambio de su servicio a la diosa.

Su generosidad tenía sus razones. Por una parte, estaba agradecido por la seguridad que la Casa de las Vestales le había ofrecido a Octavia cuando Marco Antonio y él se encontraban fuera de Roma dando caza a los asesinos de Roma. Había rumores de que los asesinos habían puesto a su hermana en el punto de mira, por lo que tuvo que irse a vivir con las vestales por precaución. Pero Pomponia sospechaba que había algo más, algo más allá de la gratitud y la piedad religiosa. Algún día, necesitaría algo de ella. Lo sabía. Y a pesar de la amistad que los unía, temía que llegara ese momento.

Al aceptar una copa de vino de color rubí que una esclava acababa de servirle, Pomponia recordó repentinamente la conversación que había tenido con Octavio años atrás. Fue en las negras profundidades húmedas de una prisión de piedra. «Mi divino padre tenía un gran respeto por la orden vestal. Como César, pretendo edificar mi gobierno sobre esa amistad».

Bebió el vino dulce e hizo inventario de los celebrantes que había en el comedor. Como en todos los eventos que organizaba Octavio, la lista de invitados era un registro social de las personas más influyentes de Roma, todas ellas conocidas por ella. Sus mejores amigos y colegas, Agripa y consejero Mecenas, así como y su aliado Lépido, quien en aquellos momentos ostentaba las funciones de Pontifex Maximus, discutían acaloradamente sobre un asunto de tesorería.

No muy lejos de ellos, tres prominentes senadores, el Rex Sacrorum y los principales sacerdotes de los templos de Marte y Júpiter reían dando buena cuenta del vino, mientras Marco Antonio le subía la túnica a una esclava muy bonita, señalando sus piernas y asintiendo con la cabeza con gesto de aprobación.

En el centro del comedor, las matronas romanas, vestidas lujosamente, alternaban mezclándose con la gente y chismorreando, con todo el ánimo de pasar un buen rato. A Pomponia le parecían un arcoíris en movimiento, enfundadas en sus elegantes vestidos azules, verdes, azafrán, oro y violetas. Incluso a través de su estridente cháchara, que aumentaba con cada copa de vino, podía escuchar los suaves tintineos de las joyas que colgaban de sus extremidades, bamboleándose con cada movimiento.

—Anda, ahí está vuestro amigo especial, sacerdotisa Fabiana —dijo Octavia—. Os ha echado de menos una barbaridad.

Fabiana gritó de alegría y Pomponia se tragó la irritación conforme un perrito blanco y esponjoso asomó por una columna y corrió en dirección a la sumisa sacerdotisa con la lengua fuera, raspando el sueño con las uñas. Metió el hocico puntiagudo en los pliegues de su estola y aulló de alegría mientras ella se agachaba para tirar suavemente de sus orejas.

—¡Perseo! —exclamó Fabiana—. ¡Oh, mi pequeño amigo! Octavia, no lo había visto desde que murió vuestra madre.

—Lo sé, señora Fabiana. Era el favorito de mi madre, pero en el fondo sabía que era tuyo.

Fabiana se rio y el sonido disipó la molestia de Pomponia por el incesante brinco del perrito y el aullido chirriante y agudo que le estaba perforando las orejas. Se volvió hacia Medousa.

—Conque Perseo, ¿eh? El héroe que mató a la gorgona Medusa. Será mejor que te mantengas alejada de él.

—Qué graciosa, *domina* —murmuró Medousa, solo lo suficientemente fuerte para que Pomponia lo escuchase.

La esposa del sumo sacerdote de Marte, una mujer con aires de dignidad llamada Cornelia, se dio cuenta de la llegada de la Vestalis Maxima y en un abrir y cerrar de ojos, ya estaba rodeada por una multitud de matronas preguntando por su salud y riéndose de las payasadas del perrito.

Pomponia miraba hambrienta las hileras de mesas repletas de punta a punta de carne cocida, queso, lirones y otras delicias. Se había perdido el almuerzo debido a la siesta que Fabiana se había echado en la litera, así que se excusó discretamente para llenarse un plato con más comida de lo que el decoro de una dama podía permitirse, por no hablar de una vestal.

Medousa iba unos pasos detrás de ella. A Pomponia también le habría gustado ofrecerle algo, pero ya tenía bastante con hincharse a comer con todo el decoro de una campesina sin dientes, como para encima dejar que su esclava comiera en la mesa de César.

—En cuanto volvamos a casa, podrás atiborrarte como los cíclopes —le susurró a Medousa, quien levantó las cejas como diciendo: «Desde luego que sí».

Pomponia estaba a punto de llevarse un bocado entero de pan empapado de aceite cuando sintió una incómoda presencia a su lado. Se tapó los labios con un pañuelo, rezando para que sus mofletes no parecieran tan hinchados como realmente los sentía, y se encontró frente a frente con el adorable y joven rostro de la señora Valeria. La esposa de Quinto.

Llevaba un vestido sin mangas, ricamente bordada con motivos de florecillas, y un velo largo violeta atado en la parte posterior de la cabeza, colgando sobre su espalda; los brazaletes de oro enroscando sus brazos, los pendientes largos rozándole los hombros; pequeñas flores rosáceas asomaban entre los mechones negros de su pelo, y el kohl perfilaba sus ojos en forma de almendra, de manera similar a los de Cleopatra.

Valeria se acarició el suave montículo del vientre de la manera exagerada en la que muchas mujeres embarazadas parecían hacerlo, como queriendo exhibir algo cuando estaban en compañía de aquellas a las que se creía estériles.

—Sacerdotisa Pomponia —saludó amablemente. Enarcó las cejas ante el aceite que se escurría por los labios de Pomponia—. Vaya, ¡qué buen aspecto tenéis!

Pomponia se limpió el aceite de la boca, sorprendida por la actitud felina apenas velada de Valeria. Por lo visto se había dado el gusto de pasarse con el vino. Antes de que se le ocurriera qué responder, Valeria suspiró furtivamente y volvió a frotarse la barriga.

—Ojalá pudiera yo comer así —dijo—. Siempre pierdo el apetito al principio del embarazo. No sé qué pasa con los hijos de Quinto. Son tan duros con mi cuerpo como su padre. —Una amplia sonrisa se dibujó en su rostro, aguijoneando a la vestal.

Pomponia sintió el cuerpo de Medousa tensándose de disgusto detrás de ella.

La sacerdotisa sonrió de vuelta.

—Enhorabuena por el embarazo —dijo—. Quizás esta vez Juno os dé el hijo por el que vuestro marido sin duda reza. A la tercera va la vencida, ¿no dicen eso?

La sonrisa se derritió en la cara de Valeria. Se inclinó ante la vestal.

—No me encuentro bien. Con vuestro permiso, sacerdotisa, me despido de vos. Voy a ver si me da un poco el aire fresco en el patio.

—Por supuesto —contestó Pomponia—. Siempre tenéis mi permiso para marcharos, señora Valeria.

Medousa vio a Valeria escabullirse por los jardines antes de girarse hacia su ama.

—Menuda ramera de tres al cuarto —masculló entre dientes—. Podríais hacer que la arrojasen por la Roca Tarpeya, *domina.*

—Medousa, puedo oír tus dientes rechinándome en el cráneo. No le des más importancia.

—Yo misma podría tirarla por el borde de un puntapié.

—Ay, Medousa, qué arpía te pones cuando tienes el estómago vacío. Mira, ven, que me da igual quién nos esté mirando... Cómete este lirón.

—¿Habéis visto la forma en la que se estaba frotando la panza? ¡Por todos los dioses! ¡Ni que estuviera preñada de Zeus! —Medousa engulló un bocado de carne y sus hombros se relajaron—. Si no la tiran por la Roca Tarpeya, sacerdotisa, por lo menos mandad a azotarla públicamente... Hablaré con el magistrado...

—De ninguna manera —dijo Pomponia.

—¿Le ahorras el castigo o le ahorras al marido la vergüenza? —Sería degradante responder al triste trance de un ama de casa común, Medousa. Su vida ya es bastante castigo. ¡Piensa en ello! Siempre subordinada, siempre haciendo lo que le dicen.

—¡Uy, sí, qué horror! —bromeó Medousa sarcásticamente.

—Anda, no te quejes tanto, que podría ser peor. Ahora ven a ayudarme a encontrar el fresco nuevo que la señora Octavia me dijo que fuera a ver... No sé qué de una escena de jardín con pájaros azules... Me dijo que lo reconocería en cuanto lo viera. Les dije a Tuccia y Cecilia que volvería a tiempo para asistir a las carreras.

Pomponia deambuló por la casa saludando a los amigos de Octavio, conversando con los senadores y sus esposas, y aceptando piadosas reverencias y sonrisas de gente que a la que no conocía personalmente.

Medousa la seguía a unos pocos pasos atrás, como siempre, apañándoselas para volverse invisible cuando su ama estaba conversando, y volviendo a aparecer para seguirla en cuanto reanudaba el paso.

A la vestal le gustaban aquellas veladas. Era libre de socializar con viejos amigos y hacer otros nuevos, sin la responsabilidades ceremoniales ni deberes. Era agradable ser la invitada, en lugar de tener que preocuparse por cada detalle, como ocurría en los rituales, mientras trataba al mismo tiempo de ignorar el pico de la ínfula de lana bajo los rigores del velo ceremonial y las restricciones de las capas de ropa. Un simple velo blanco y un vestido, como los que llevaba en aquellos momentos, eran mucho más liberadores.

—Ah, debe ser este. —Pomponia sonrió al toparse con el fresco que buscaba. Estaba situado en un rincón sereno y privado de la casa. La imagen representaba el jardín del patio vestal.

En la pintura se observaban rosales blancos rodeando uno de los estanques rectangulares del patio, en cuyo centro había una estatua de mármol de Vesta. La diosa se inclinaba con un cuenco de llamas anaranjadas que caían en cascada para transformarse mágicamente en agua. Dentro del estanque, había diez o doce pájaros azules salpicando y sacudiéndose felizmente el agua de las plumas.

La nariz de Pomponia casi rozó la pared inspeccionando los intrincados detalles del fresco.

—Es hermoso —le dijo a Medousa, quien permanecía a su lado.

—Si os gustan esas cosas. —La voz de un hombre. No la de Medousa. La de Quinto.

Se le cayó el alma a los pies. Se giró hacia él de inmediato. Su impresión era ininteligible, como siempre. ¿Ira? ¿Desaprobación? Frunció el ceño por la confusión y la ansiedad que le producía su cercanía.

La toga de color marfil, con una raya púrpura bordada: el caro toque de la clase alta. Iba recién afeitado y olía un poco a aceite. Sin duda, aquella mañana había estado en los baños. Los ojos de Pomponia se fijaron en el anillo de plata que llevaba puesto, con el sello de Vesta.

—Nosotros vimos una vez una extraña criatura chapoteando en ese estanque. ¿Recordáis?

—¿Qué criatura?

—Al novio.

Pomponia se mordió el labio para ahogar la risa. Quinto ladeó la cabeza y la miró con curiosidad, y a ella se le ocurrió que quizás le resultaba tan enigmática como él para ella. Se concedió el capricho de mirarle a la cara: el cabello, los ojos oscuros, la tez curtida, la cicatriz en la oreja extendiéndose hasta la línea del cabello. Él parecía estar haciendo lo mismo con ella: el pelo castaño, la mirada de avellana y los rasgos delicados.

—He oído que César os ha concedido el cargo de cuestor —dijo ella, intentando aparentar la máxima indiferencia—. Enhorabuena, magistrado.

—Me nombraron cuando se retiró mi padre. —Bien, estoy segura de que merecéis el puesto. Quinto la miró con cierta frialdad, enarcando las cejas. —No se me había pasado por la cabeza pensar lo contrario.

Pomponia se puso seria.

—Bueno, los hombres no pueden estar pensando todo lo que hay que pensar.

Un silencio incómodo.

—He estado observando vuestro templo, sacerdotisa —dijo Quinto con cautela—, las mejoras que César ha hecho son… Aceptables.

—¿Aceptables? —se sorprendió Pomponia—. Sí, magistrado, supongo que las mejoras son aceptables. Pero decidme, ¿qué hay de la construcción del nuevo Templo de Marte? Lamento que últimamente mis deberes me hayan impedido visitar el nuevo foro. ¿Os parece que la construcción es… Aceptable?

Quinto la miró y ella le sostuvo la mirada. «No si quiere sonreírme o pegarme», pensó la vestal.

El sacerdote de Marte y la sacerdotisa de Vesta se miraron fijamente en la silenciosa alcoba. A pesar de que se conocían desde pequeños, aquella era la primera vez compartían un momento verdaderamente privado como adultos, un momento en el que no había más ojos sobre ellos.

Pomponia sintió un aleteo familiar en el estómago. Ya estaban aquellas malditas mariposas otra vez, como siempre que Quinto andaba cerca. En un ademán nervioso, trató de alisarse el velo y, al hacerlo, se le cayó la manga del vestido revelando el brazalete de oro que la esposa de Quinto le había regalado años atrás, cuando consiguió que lo liberasen.

Los ojos de Quinto se fijaron en el brazalete y antes de que Pomponia fuera capaz de reacción, extendió la mano y le agarró la muñeca con fuerza. Pomponia se oyó a sí misma gritando. Tiró de su mano con fuerza, pero Quinto no la dejaba desasirse. La había agarrado tan fuerte que le estaba haciendo daño.

—Vais a soltarme inmediatamente —espetó—. O haré que os arrojen al mismo agujero negro del que os saqué.

Quinto aflojó, pero luego deslizó la mano por debajo de la manga para tocarle la piel desnuda del brazo. Parecía enfadado, casi dolorido por estar luchando contra sí mismo, queriendo abrazarla, pero sabiendo que debía soltarla, las fosas nasales ardiéndole a cada respiración profunda y deliberada.

—Quinto, me estáis haciendo daño.

Su rostro se suavizó instantáneamente. La atrajo hacia sí, sin soltarla, agarrándola por el brazo mientras que con la otra mano la rodeaba por el cuello. Pomponia sintió la plenitud de sus labios cálidos presionando contra los de ella. Sus dedos rozaron la tela del velo que cubría la parte posterior de su cuello. Ella se acercó aún más a los labios de él. Quinto deslizó su lengua en el interior de su boca, el aliento cálido mezclándose con el de ella.

La oleada de reacciones de su cuerpo la inundó por completo, quitándole la sensación de violencia indignación que había tenido antes. Ahora, en cambio, le latía el corazón a cien por hora, y no podía pensar en otra cosa salvo en entregarse a sus labios, su lengua, su fuerza.

—Pomponia —susurró—. ¿Qué pensáis de mí?

Ella tragó saliva antes de contestar.

—Creo que sois un salvaje con una buena toga que tiene que controlar cada situación y que os deleitáis diciéndome lo que tengo que hacer.

Él sonrió, mostrándole el semblante más relajado que jamás le había visto.

—Me habéis pillado —dijo—. Decidme que soy el único hombre al que amaréis. Juradlo por el altar de Juno.

¿Eso era *amor*? Pomponia abrió la boca, pero no dijo nada.

Quinto deslizó su mano por debajo del pelo para sentir sus cabellos. Los dedos recorrieron su cuello, acariciaron la nuca y el cuero cabelludo, erizándole la piel.

Y luego se separaron. De la nada, Medousa se interpuso entre ellos. Se encaró con Quinto y lo empujó con ambas manos, haciéndole tropezar hacia atrás. Su bello rostro no mostraba un ápice del habitual sarcasmo que la caracterizaba, ni parecía divertido; más bien, estaba empañado de terror.

En ese preciso momento, un grito resonó en los frescos de las paredes de la alcoba.

—¡Maldito sea el Hades! —La esposa de Quinto estaba en la puerta de entrada. Los labios le temblaban de rabia; los ojos refulgían de asombro y despecho salvaje.

—¡Incesto! —exclamó señalando a su marido y a la vestal.

* * *

Aunque se encontraban en una de las alcobas privadas de la enorme casa de Octavio, tres o cuatro invitados que habían oído el grito se apresuraron a averiguar lo que estaba pasando. Semejante bomba solo podía significar una cosa: un chisme muy jugoso.

El primero en llegar fue el propio César.

—¿Os encontráis bien, señora Valeria? —preguntó a la esposa de Quinto.

La mujer de Quinto tenía la mirada perdida, pero en su rostro no había rastro de mueca alguna. Octavio no aprobaba ningún tipo de comportamiento inapropiado por parte de una matrona bien educada. Valeria dejó caer la mandíbula y agitó la cabeza, aún señalando a su esposo y la vestal. Todo su cuerpo se tambaleaba.

—Mi marido… Y esa mujer…

Murmuró algo inaudible, apuntó con la barbilla hacia Pomponia y luego se deshizo en gritos hacia Quinto.

—¡Lo sabía! ¡Me dijiste que estaba loca, pero lo sabía! Cada vez que pasaba algo, ¿dónde estabas tú? Pues en casa defendiendo a tu mujer y tus hijas, ¡no, desde luego! ¡Oh, no! El señorito estaba en el Templo de Vesta, corriendo a rescatarla. Estás enfermo, Quinto, enfermo, y tienes el corazón envenenado de perversión. Cada día que pasas por el templo, que te paras frente a la Casa de las Vestales y miras al pórtico como si la propia Venus estuviera allí, desnuda, para ti. —Tragó con fuerza cuando el vino le subió a la garganta—. ¡Te digo que estás enfermo, que eres un pervertido! ¡Y un marido infiel!

—Oh, dejadlo ya, borrachuza —dijo Marco Antonio sorbiendo su copa de vino y difamando sus propias palabras. La hipocresía reinaba entre todos los que le rodeaban y se reían como él—. Solo Júpiter sabe lo que el perro de vuestro marido ha estado olfateando por ahí, pero no es lo suficientemente lobo como para cazar una vestal.

—Os equivocáis, él…

—Sois *vos* quien os equivocáis —dijo Medousa—. Es a *mí* a la que ama, y a la que siempre ha amado. —Clavó sus ojos en Valeria con la furia de una gorgona— .Y quién podría reprochárselo, con una mujer como vos. ¿Qué marido querría estar en casa con vos?

Valeria parpadeó como un pasmarote.

—No, tú no… —Sacudió la cabeza enérgicamente.

—Ay, ya se está descubriendo el pastel —dijo Marco Antonio. Frunció los labios y miró a Medousa, asintiendo con la cabeza—. Quinto, os felicito, tenéis buen gusto a la hora de elegir. Vos sí que sabéis, sí señor. Dio un paso hacia Medousa, extendiendo el brazo para tocarle los cabellos rojizos—.Pero ¿cómo se me pudo escapar a mí una criatura así? —Se giró hacia Octavio y le propinó una palmada en el pecho. *¡Attat!* La polla roja de hierro fundido de Vulcano, muchacho, ¡tienes razón! ¡Tengo que estar más atento!

En ese momento, soltó una carcajada de buenas y se giró sobre sus talones, volviendo a la música festiva del triclinio. Los pocos invitados que se habían amontonado para ver el desarrollo de la escena le siguieron. El espectáculo no era tan bueno, después de todo: una esposa borracha más, loca de celos por la esclava de cama de su marido. Divertido. Pero nada del otro mundo.

Únicamente Octavio permaneció en la alcoba. Medousa lo miró un instante antes de dirigirse a una pasmada Pomponia.

—Me someto a vuestra misericordia, *domina* —dijo—. Mi indiscreción es imperdonable.

—César, la culpa es mía —dijo Quinto—, por permitir que mi esposa haya venido. El médico dice que tiene los humores desequilibrados, y que tendría que estar confinada en casa. Su comportamiento tendrá castigo. Me disculpo por la interrupción.

—Tranquilo —contestó Octavio—. No sería una boda si no hubiera alguna pelea. Haz que la manden a casa y tú quédate con nosotros. Habrá más trifulcas y dramas a medida que avance la noche, ya verás.

Quinto sonrió amablemente.

—Gracias, César, así lo haré. —Se giró hacia la vestal—. Sacerdotisa Pomponia, lo lamento. Por favor, aceptad mis disculpas.

Sin decir una palabra más, ni mirarla a ella o a Medousa, posó la mano sobre el hombro de la esposa afectada y la acompañó a la salida.

Octavio se acercó a Pomponia.

—¿Debería ejecutar a la señora Valeria? Podría hacerse discretamente; prescindir de la flagelación pública y hacer que la maten…

—No —interrumpió Pomponia, luchando por mantener la compostura y maravillándose de que nadie pareciera oír el latido de su corazón golpeándole el pecho—. Ya está olvidado. Quinto y yo hemos sido colegas prácticamente desde siempre. Su esposa está muy mal... Y yo no soy del todo inocente...

—Perdonadme, *domina* —interrumpió Medousa. Sus ojos estaban húmedos por lo que Octavio creía que se debía a la vergüenza, pero Pomponia sabía que se debía al miedo y la emoción—. Nunca debí haberos puesto en esta situación. Os rogué que me dejarais verlo y me lo permitisteis por el amor que me tenéis. Lo siento.

Pomponia tomó las manos de Medousa entre las suyas. Quería decir tantas cosas. «Soy yo la que lo siente, Medousa. Lamento que mi debilidad y estupidez te hayan obligado a hacer esto. Eres la mejor amiga del mundo».

Pero no había nada que pudiera decir. Por el bien de su propia vida, de la de Quinto y del nombre de la orden vestal, tenía que seguirle el juego a Medousa.

Octavio se tiró distraídamente la toga, ajustando un pliegue.

—Vuestra esclava ha abusado del afecto que le profesáis —dijo. Siempre es un mal negocio darles manga ancha. Yo mismo he cometido ese error, sobre todo con los esclavos que conozco desde que eran niños. Pero no me vendría mal una esclava griega y bien educada como esta en casa. Podéis dejarla aquí. La tratarán bien.

—Sí —dijo Pomponia. No había otra manera. Había tenido la suerte de esquivar la flecha de la acusación de Valeria. La sospecha la seguiría si ella, una sacerdotisa de Vesta mantenía a su lado a una esclava a sabiendas de su comportamiento indecoroso. El Templo de Vesta y la Casa de las Vestales eran símbolos permanentes de pureza. Medousa ya no podía asociarse con ellos.

—Gracias por ayudarnos, César. Estoy segura de que sabrá serviros.

—No lo dudo.

Antes de poder despedirse de ella, antes de poder siquiera hablar con ella en privado sobre lo que acababa de suceder o sobre qué iba a pasar ahora que ella pertenecía al César, uno de los esclavos de Octavio se la llevó de allí silenciosamente. César no era conocido precisamente por su sentimentalismo. Y los esclavos no eran personas. Eran propiedades.

Pomponia recuperó el equilibrio. Nunca había sentido un torrente tan grande de emociones en conflicto. La excitación por la cercanía de Quinto, su deseo de volver a estar cerca de él; la conmoción y terror que le había producido la acusación de Valeria, seguida del rápido alivio de que nadie la hubiera tomado en serio; el sentimiento de culpa que la embargaba por el sacrificio de Medousa; la tristeza por perder a su amiga y compañera de toda la vida.

Todos aquellos sentimientos se arremolinaron en la boca del estómago. Los amansó invocando la gracia de Vesta, los años de entrenamiento vestal, años en los que había aprendido a permanecer digna y lúcida en todas las situaciones, ya fuera en un banquete o en mitad de una invasión bárbara.

Una voz familiar, aunque llevaba tiempo sin oírla, se filtró en sus oídos.

—Julio tenía una nueva esclava en su cama cada día todos los días de mercado. No me viste haciendo una escena en la Rostra, ¿verdad? Ay, la matrona romana ya no es lo que era, lo juro.

Era la señora Calpurnia, la viuda de Julio César. Había observado todo el drama desde la seguridad que le brindaban las sombras: siempre viendo, pero sin ser vista jamás. Más que eso, era la forma en la que había logrado sobrevivir siendo esposa del dictador.

—Mi divino padre tenía sus vicios —le dijo Octavio—. Qué suerte para él que su esposa se comportara con tanto decoro y dignidad. Ya me gustaría a mí que mi esposa Escribonia siguiera vuestro ejemplo, Calpurnia.

Pomponia no dijo nada. César se había casado con la rica Escribonia años atrás. Pero, como tantos matrimonios patricios, no había amor entre ellos y lo que los unía era la política, más que la pasión. Apenas se veían, pues ella había decidido vivir en el campo y únicamente venía a Roma en ocasiones puntuales y estrictamente necesarias. Pomponia únicamente la había visto una vez, a su breve regreso a Roma con motivo del funeral de la madre de Octavio.

—Escribonia es bastante útil —dijo Calpurnia—. Y ha cumplido su papel, ¿no? Llegó con una buena dote y os ha dado una hija sana.

—Sí, gracias a Juno me pude acercar lo suficiente a ella como para tener un hijo —dijo Octavio—, pero si me aceptáis, me divorcio de ella hoy mismo.

Calpurnia se rio.

—Ya he tenido suficientes Césares, aunque el escándalo sería divino, ¿no creéis?

—Y útil. —Sonrió Octavio—. Distraería a la gente con otra cosa, y dejarían de culparme por la escasez de grano.

Pomponia se obligó a unirse a la conversación.

—He oído que las fuerzas navales de Sexto Pompeyo están bloqueando los envíos.

—Habéis oído bien —respondió Octavio—. Usa los estómagos vacíos de sus compatriotas para hacer trueques con el poder. Si su padre, que fue un gran hombre, levantara la cabeza, se avergonzaría. Marco Antonio y yo le ofreceremos algún puesto simbólico para mantenerlo contento.

—¿Qué hay de la reina Cleopatra? —preguntó Pomponia. ¿Sigue mandando grano desde Egipto?

—Sí, por ahora. Pero no podemos fiarnos de esa mujer.

—Hay algo en lo que sí podéis fiaros de ella —dijo Calpurnia—. No se va a alegrar nada con esta boda. Ruego a los dioses que el matrimonio fortalezca vuestros lazos de alianza con Marco Antonio, pero a lo mejor eso significa menos grano todavía en los estómagos romanos, por lo menos hasta que el general vuelva a Alejandría.

—La estabilidad de Roma es una prioridad —dijo Octavio—. Un romano hambriento es mejor que un romano muerto.

Estaba a punto de decir otra cosa cuando apareció la voluminosa figura del general Agripa, inclinando educadamente la cabeza ante Calpurnia y Pomponia, y posteriormente susurrando algo al oído de Octavio.

Octavio apretó los labios, irritado.

—Les ruego que me disculpen, señoras. Parece que un par de senadores se están peleando por algunos de los desembolsos que hice en la Subura.

—Por supuesto, César —dijo Pomponia.

—A puñetazo limpio, seguro —resopló Calpurnia—. Que la bendita Concordia os proteja, César. Los senadores pueden mostrar los puños, pero siempre esconden las dagas.

Octavio la besó en la mejilla.

—Bien lo sabemos vos y yo —dijo antes de separarse de ella. Ya a solas, Pomponia y Calpurnia se sumieron en una conversación ligera, regresando al área principal de la casa, con el resto de los invitados de la boda.

En el gran triclinio con frescos, Marco Antonio yacía en un diván charlando distraídamente con Octavia y Mecenas. Miró abiertamente a su mujer, observándola de arriba abajo, anticipando la noche de bodas.

—¿Creéis que existe algún tipo de afecto entre ellos? —preguntó Pomponia a Calpurnia.

—No —contestó Calpurnia—, pero con el tiempo, puede haberlo. Marco Antonio no ha tenido nunca una esposa como Octavia. Las otras eran unas arpías, especialmente Fulvia. Ninguna era una verdadera matrona romana. Eran ambiciosas y estaban medio asalvajadas. Una de las esclavas de su casa me dijo una vez que Vulvia se vestía con toga. Dioses, ¿os imagináis algo así? Octavia es diferente. Modesta, virtuosa, subordinada a su marido. Son cualidades que Marco Antonio puede llegar a admirar. —Tomó un sorbo de vino—. Si es que puede olvidarse de esa reina de las putas pintarrajeada del Nilo.

—Que los dioses así lo permitan —dijo Pomponia—. Oh, señora Calpurnia, mirad, ahí está la sacerdotisa Fabina con ese perrito vicioso otra vez. No se separa de él. Le ensucia la estola y hace que salgan los arrullos más tontos de su boca, pero no se da cuenta ni del olor que despiden sus dientes amarillos.

—*Amare et sapere vix deo conceditur* —replicó Calpurnia con una sonrisa indulgente. Ni siquiera los dioses pueden amar y ser sabios al mismo tiempo.

Pomponia sintió una espesura en el corazón.

—Quizás. —Tocó el hombro de Calpurnia—. Ahora id a ver a la suma sacerdotisa Fabiana y a su pequeño Cerbero blanco. Le vais a dar una alegría. Yo tengo deberes que atender en el templo y tengo que irme pronto.

Una vez que Calpurnia se despidió, Pomponia pegó un respiro por primera vez desde el episodio en la alcoba. Se entremezcló dócilmente con amigos y colegas, aliviada de que la señora Valeria no estuviera por allí. Su marido la había enviado a casa.

Pero Quinto seguía allí. Estaba junto a una fuente, conversando animadamente con Agripa y dos o tres de los otros consejeros de César y el sumo sacerdote de Marte. Estaba sonriendo y bebiendo vino, como si nada hubiera pasado. Distante. Frío.

Le echó una mirada fugaz y él la miró a los ojos un momento, con esa sonrisa familiar de superioridad e indiferencia de siempre, antes de ignorarla y volver a reírse con sus compañeros. Pomponia se llevó la mano al estómago para amansar la tormenta de confusión que bullía en su interior. Las palabras de la señora Valeria danzaban en su mente. «Estás enfermo, Quinto, enfermo, y tienes el corazón envenenado de perversión».

A lo mejor era verdad. Pomponia sabía que muchos hombres encontraban sumamente excitante conquistar a una mujer inalcanzable. Para ellos, la seducción no era más que un acto de pícara diversión, con la que reforzar su ego.

Y no había duda de que Quinto tenía el ego de Hércules. Ella lo había visto muchas veces. En cada regañina, cada crítica, cada reprimenda y cada reproche condescendiente que había sufrido por su parte a lo largo de los años. Ahora lo veía todo con renovada claridad.

Quizás su esposa no estaba tan loca como parecía. Pomponia pensó en los ojos amoratados de Valeria, en su disposición sumisa, en la forma en la que se encogía y se hundía en la obediencia cuando él la miraba.

Poco a poco, la confusión de su estómago fue dando paso a la indignación, y maldijo su debilidad, su imprudencia femenina. No solo la había despojado de su dignidad: le había costado a su amiga del alma, Medousa.

No era apropiado que una sacerdotisa llorara la pérdida de una simple esclava. Pomponia se acordó del día del ritual *captio*. Aquel día, Julio César, como Pontifex Maximus, la había tomado para ser vestal. Fue el mismo día que tomó, o más bien compró, a Medouse del mercado de esclavos.

Cuando le cortaron el pelo y empezó a llorar al ver los oscuros mechones largos de color castaño cayendo sobre el suelo de mosaico blanco y negro, Medousa, quien contaba con apenas doce o trece años, los recogió y se los puso sobre la cara, transformándose en un hombre barbudo y dando órdenes alrededor, imitando a los amos, hasta que consiguió hacerla reír. Aquella noche, la primera noche que Pomponia pasó en la Casa de las Vestales, Medousa trepó a su cama y le tarareó una canción al oído hasta que dejó de sollozar y se quedó dormida.

El recuerdo la sobrepasó. Sabía que no podría aguantar mucho sin llorar, así que hizo una breve ronda de despedidas y pidió que la llevasen a casa en una de las literas de César. Fabiana se estaba divirtiendo, no había razón para que abandonara la fiesta todavía. Podría irse luego más tarde en la litera vestal.

Fabiana. Pomponia sabía exactamente lo que diría cuando oyera lo de Medousa. «Que le vaya bien. Esa mujer no solo se parece a Helena de Troya, sino que es igual de problemática». A la Vestalis Maxima nunca le había caído bien. Jamás había mostrado el más mínimo afecto por ningún esclavo, menos aún por Medousa. Sin tan solo pudiera saber la verdad.

Pomponia dejó atrás la relativa tranquilidad y aire fresco del atrio. En la esquina adyacente al *lararium* familiar de César, ardía la llama sagrada en el cuenco de bronce. La sacerdotisa tomó una oblea sagrada de la bandeja de terracota que había al lado y la arrojó al fuego, en señal de ofrenda a la diosa.

«Divina Vesta, protege a Medousa en su nueva casa». Luego salió de la casa de César y entró a la *lectica*, sintiéndose más tonta y sola que nunca.

* * *

En algún lugar de la habitación pobremente iluminada, una lámpara de aceite chispeaba ruidosamente. Otras lámparas de aceite ardían con más fuerza si cabe, las altas llamas anaranjadas proyectando sombras parpadeantes sobre las paredes pintadas al fresco.

En uno de los frescos, Cupido yacía sobre su hermosa amante Psique, las alas acariciando la piel desnuda, las manos explorando su cuerpo.

En otro fresco, el mito erótico de Leda y el Cisne volvía a la vida, Zeus, quien había adoptado la forma de ave, reposando su cuello entre los pechos desnudos de Leda y haciéndole el amor mientras dormía. La niña fruto de la unión sería Helena de Troya, la mujer más bella del mundo. Helena, la reina griega cuyo idilio con el príncipe troyano Paris desencadenaría la guerra de Troya. Helena, la mujer cuyo rostro lanzó al mar mil barcos de guerra.

Pero había un fresco que destacaba sobre los otros. Estaba pintado en la pared que había frente a una cama grande y lujosa. En él, el dios Marte yacía frente a un voluptuoso fuego con la virgen vestal Rea Silvia. Una de sus musculadas manos la sostenía en mitad del frenesí de la pasión, mientras que con la otra rasgaba la tela de su estola blanca.

Medousa conocía bien la historia.

La jefa de los esclavos del servicio doméstico de César, una mujer de mediana edad llamada Despina, quien había servido a Octavio desde que era un muchacho, estaba sentada en la cama junto a Medousa.

—¿Eres virgen? —preguntó.

—No.

—¿Quién te ha tomado?

—Julio César fue el primero. Lo hizo varias veces. Ha sido el único.

—Ya veo. —Hizo una pausa—. Este César es un amante menos recíproco, ya te darás cuenta. También es más agresivo. Tendrás que estarte quieta en todo momento. No digas nada.

No hagas nada. No durará mucho tiempo, y luego cuidará de ti. —Las palabras de la esclava fueron amables pero contundentes.

Una esclava experta en belleza entró en la alcoba portando una bandeja con distintos utensilios. Ordenó a Medousa que se sentara en una silla y luego le metió un par de tijeretazos en la melena. Los mechones de pelo castaño cayeron sobre el suelo marmóreo. Otra esclava se apresuró a barrerlos de inmediato.

La cabeza de Medousa parecía extrañamente liviana y aireada sin su densa mata de pelo. No lloró. No tenía sentido llorar. No iba a cambiar nada.

—Levántate y quítate la ropa —dijo Despina.

Medousa se levantó sin hacer ruido, y se quitó el vestido. La esclava se acercó a su pubis con una hoja de afeitar y le rasuró el vello. Le pidió que levantara los brazos y se apresuró a quitarle también el pelo de esa zona.

—Vamos a vestirte —Despina chasqueó los dedos y una joven sirvienta se acercó al punto portando una estola de color blanco puro. Medousa permanecía en silencio, mostrando los brazos mientras las esclavas trabajaban para colocarle la estola. Le siguió un velo blanco con el que cubrieron el cabello corto y dejaron caer hasta la mitad de su espalda.

—César te tratará más favorablemente si cree que eres virgen —dijo Despina—. Él es Marte, y tú eres Rea Silvia. Así es como sucederá. —Le dio una pequeña esponja empapada de sangre—. Métetelo dentro —dijo—. Así cuando te penetre saldrá sangre. Cuando lo haga, debes fingir dolor. Terminará rápidamente y todo habrá acabado.

—Gracias por tu amabilidad —dijo Medousa. Abrió las piernas y se metió la esponja por la vagina. «No llores», se recordó a sí misma.

Despina se limpió la sangre de los dedos.

Un crepitar de bisagras seguido por la inclinación de una luz atravesaron la estancia. Octavio entró en la alcoba con la misma presencia majestuosa con la que entraba en todas las habitaciones, caminando hacia la cama con un propósito confiado y una supremacía natural. Los esclavos y sirvientes se dispersaron servilmente y desaparecieron.

Medousa inclinó la cabeza, pero no dijo nada, ni le miró. Oyó la toga de Octavio caer al suelo. Murmuró algo mientras luchaba con la correa de una sandalia, pero un momento después, estaba de pie frente a ella, desnudo, y con el miembro ya completamente erecto. Sus ojos la recorrieron de pies a cabeza.

La empujó suavemente hacia la cama y luego la arrojó sobre su espalda, lanzándose sobre ella rápidamente y rasgándole la estola y el velo. Inhaló bruscamente al ver el pelo corto y la suave zona púbica. Entró en ella con fuerza y frenesí, todo a la vez.

Medousa gritó de dolor, sin tener que fingir nada.

Capítulo VIII

Audentis Fortuna Luvat

(La fortuna sonríe a los audaces - Virgilio)

Roma. 39 a. C.

(un año después)

Livia Drusilla se inclinó para agarrar del brazo a su hijo y subirlo al carruaje. El mocoso se había vuelto a orinar en las sandalias de los porteadores. Olería a pis hasta que alcanzaran el siguiente hito. ¿Qué espíritu maligno la había maldecido con un hijo así? ¿Qué deuda tenía con Dis, ese dios infeliz, como para tener que soportar a un hijo tan horrible?

Se llamaba Tiberio, como su padre, pero las similitudes no acaban ahí. Tenía la misma torpeza, el mismo humor descerebrado y la misma cabeza hueca.

Un sacerdote de Diana le había dicho en una ocasión que la capacidad de un niño era siempre superior a la de sus padres. Livia se juró a sí misma que si volvía a cruzarse con aquel sacerdote charlatán en su camino, lo golpearía hasta matarlo con el primer orinal que encontrara.

Aun así, las cosas estaban mejorando. Las proscripciones en Roma habían terminado y César había anunciado una amnistía general para los romanos exiliados. Al menos, de momento, había paz, gracias al matrimonio entre Octavia y Marco Antonio.

Atrás quedaba Atenas, y aquel apestoso y empalagoso cerdo griego de Diodoro. Ya no tendría que sufrir sus bromas descaradas, ni hacerse la enferma para evitar sus viles caricias. Todavía tenía el olor de sus genitales sucios metido en las fosas nasales, y el sabor de su vino malo y las aceitunas saladas impregnado en el paladar.

Echó un vistazo a su esposo, quien dormía al otro lado del carruaje. Tiberio, un marido terrible en el mejor de los casos, había sido un marido atroz durante el exilio griego. Debería haberse indignado cada vez que Diodoro irrumpía en su dormitorio para tirársela con la delicadeza de un ariete.

En vez de eso, se había dedicado a hacer la vista gorda. El muy cobarde. No solo había huido de Roma como un catamita llorón, sino que había sido demasiado cobarde para enfrentarse a la bestia peluda de su benefactor.

Pero la vida no había sido tan insufrible para él como para ella. El vino era agua residual, la comida excremento, pero había un montón de cada. También había muchas esclavas. Livia, una mujer que no sentía ninguna inclinación simpática por nadie, y menos hacia los esclavos, llegó a sentir lástima por ellas.

Las veía salir de la alcoba de Tiberio noche tras noche, a veces tres o cuatro a la vez, con esa expresión de repugnancia en el rostro que no era nada nuevo para ella.

Había visto esa misma expresión, devolviéndole la mirada, en el reflejo de su propio espejo. Solo los dioses sabían lo que las había obligado a hacerle, o a hacerle a las otras, o a ellas mismas.

El cochero dio una orden y los caballos se pusieron en marcha de nuevo. Livia corrió la cortina y miró hacia fuera. Suspiró contenta al ver los altos cipreses que bordeaban el largo camino empedrado. El pequeño Tiberio le dio una patada en la espinilla al tratar de trepar para sentarse junto a su padre, que estaba roncando, pero a Livia no le importó. Iba de camino a casa.

A casa. Frunció el ceño. ¿En qué condiciones estaría su casa? ¿Quedaría algo de valor tras todos aquellos años de ausencia? Hacía meses que las cartas del esclavo de la casa habían dejado de llegar. Probablemente los habrían saqueado, tal vez el mismo esclavo. O eso, o había sido asesinado o secuestrado mientras trataba de defender la casa de su amo.

Se encomendó a Vesta en silencio. «Me importan un bledo las miserables estatuas de mármol de Tiberio y la vajilla de oro, ¡pero mis joyas! ¡Mis vestidos buenos! Ojalá estén todavía donde los escondí».

Sonrió al recordar su preferido, un vestido amarillo con pájaros bordados en rojo y naranja a lo largo del borde, y entonces la sonrisa se derritió transformándose en un ceño fruncido de preocupación.

Ni una gota de sangre en meses. Pasarían años antes de que pudiera entrar en ese vestido. Pero su creciente barriga no era la peor de sus preocupaciones.

¿Tendría el niño la cabeza hueca del padre o la espalda peluda de Diodoro? Que Juno quiera que sea otro varón. Que los dioses sean misericordiosos, no vayan a cargar a una niña con los atributos de ninguno de esos dos brutos. Se necesitaría una dote del tamaño del Olimpo para casar a una criatura así.

El ritmo del carruaje se ralentizó y asomó la cabeza de la para ver los enormes bloques de piedra de la muralla Serviana, escalando a diez metros hacia el cielo, rodeando Roma y protegiendo la Ciudad Eterna de los bárbaros e invasores que siempre parecían estar a sus puertas.

La puerta Colina, la entrada principal que conducía a la ciudad de Roma, era visible a lo lejos. Había un atasco y el cochero se vio obligado a volver a parar, a la espera de que la multitud de personas, animales, carretas, literas y puestos de vendedores ambulantes fueran pasando lentamente el control de los guardianes de la puerta, rumbo a la gran ciudad.

Normalmente, el retraso habría exasperado a Livia. Pero hoy no. Había esperado años para volver a Roma. ¿Qué más daba una hora o dos más para pasar por la puerta?

Un niño pordiosero se las arregló para escabullirse entre los esclavos que escoltaban el carruaje y colar la mano sucia para pedir unas monedas. Livia estaba a punto de clavarle una horquilla cuando se dio cuenta de que el templo no estaba lejos de la puerta Colina. El Templo de Fortuna. Traería mala suerte apuñalar a un niño, incluso a un campesino, tan cerca del recinto sagrado. A la diosa no le gustaría.

En vez de eso, rebuscó en un pequeño saco de monedas que había en el suelo del carruaje y cogió dos denarios. Los ojos del niño se abrieron de par en par. Livia arrojó las monedas afuera, viendo cómo se afanaba sobre el suelo embarrado y se apartaba a otros dos niños para que no se los quitaran.

Tiberio resopló y tosió.

—¡Por el culo prieto de Júpiter! ¿Estás tirando dinero?

—Qué extraordinario —dijo Livia—. Te las arreglas para dormir en una pelea de borrachos dacios corriendo al lado del carruaje y lanzando gritos de guerra, pero te despiertas ante el suave tintineo de las monedas.

Tiberio se enfureció y Livia se acurrucó en el asiento acolchado mientras el cochero gritaba algo y los caballos avanzaban lentamente, en una sucesión de paradas y arranques, abriéndose paso a través del estruendoso y vociferante atasco de gente.

«El viaje es mucho más agradable cuando está dormido», pensó.

Finalmente, cruzaron la puerta Colina. Nada más entrar, la voz estruendosa de un heraldo público berreaba las últimas noticias de interés relevante para los que acababan de regresar a la ciudad: los próximos días de mercado y oficios religiosos, las últimas leyes aprobadas por el Senado, los juegos actuales, las carreras de carros, los proyectos de construcción de César, el cierre de caminos, y así sucesivamente.

Tiberio dio un codazo a su hijo y señaló un lugar en el campo, más allá del camino.

—Ese es el Campo de los Desalmados —dijo.

El pequeño cabeza hueca chillaba de emoción.

—¿Y qué es lo que hacen ahí? ¿Lo sabes? —le preguntó a su padre, parpadeando estúpidamente y abriendo y cerrando la boca como una carpa.

—¡Entierran a las sacerdotisas de Vesta vivas! —Tiberio hizo una mueca espeluznante y el niño volvió a chillar. El sonido perforó los tímpanos de Livia.

—Bueno —gimió para sí misma—. Es una manera de conseguir algo de paz.

* * *

—*Ave, Caesar!*

Octavio estaba de pie, frente a la balaustrada, en el espacioso palco adornado que habían diseñado específicamente él y sus invitados. Miró hacia la arena para reconocer a los dos gladiadores que le saludaban.

—*Avete* —les gritó. Que os vaya bien.

Octavio se sentó junto a su compañero de palco, un hombre elegantemente vestido llamado Tito Estatilio Tauro. Era el acaudalado senador que había encargado la construcción del nuevo anfiteatro en el que se estaban celebrando los juegos, y estaba teniendo un día muy bueno.

Era el primer anfiteatro permanente de ese tipo que había tenido Roma, y la arena estaba situada en el Campus Martius. La forma oval, el tamaño colosal y su construcción en piedra lo habían convertido en una mejora espectacular con respecto a las estructuras semicirculares temporales de madera habían sido erigidos en el pasado para albergar los juegos.

A pesar de que la construcción de los niveles inferiores no estaba todavía terminada, el anfiteatro era lo suficientemente funcional como para acomodar e impresionar a miles de espectadores. Sus pasillos arqueados, sus finas esculturas, las paredes vibrantemente pintadas y los estandartes dorados y escarlatas aportaban belleza al derramamiento de sangre. El campo de batalla oval estaba cubierto de arena para evitar que los gladiadores resbalaran con la sangre derramada por ellos mismos o por sus oponentes. La arena también facilitaba la limpieza absorbiendo la sangre de los valientes, así como la orina y las heces de los no tan valientes.

—La estructura es impresionante, Tauro —dijo Octavio—. Roma se regocija con tu generosidad.

—Habría construido un templo, pero me los habéis quitado todos. —Tauro sonrió—. Y a la velocidad del rayo, debo añadir. Quizás deberíais construir un templo en honor a Mercurio, el de los pies ligeros. Creo que es el único dios que os falta.

—Pensaré en ello —respondió Octavio—. Admito que prefiero la religión al deporte. No soy muy amante de los juegos, pero soy consciente de lo populares que son entre la gente. Y cuando la gente se divierte, es más fácil de gobernar.

—Ese ha sido siempre el propósito del deporte, César. Sé que sois un hombre piadoso, pero quizás sea ese también el propósito de la religión.

César le devolvió la sonrisa.

—Esa es una filosofía poco sabia para un hombre bendecido por los dioses.

Tauro rio levantando las manos al cielo.

—¡Retiro lo dicho, poderoso Júpiter! —Aplaudió enérgicamente y admiró el estadio—. Mis arquitectos modelaron este edificio inspirándose en un anfiteatro de Capua, aunque este es mucho más grande y moderno, claro está. Roma es el *caput mundi* y la capital del mundo merece solo lo mejor. Veréis que el drenaje es superior a cualquier otra estructura de Roma. Si miráis hacia allí —torció su cuerpo y señaló un lugar— veréis que estamos construyendo un palco más privado. Uno para vuestros invitados y otro para las sacerdotisas vestales al lado. Habrá todo tipo de trampas ocultas para las bestias salvajes y la recreación de batallas famosas. Y cuando llueva, se extenderá una cubierta sobre las gradas y, ¡ay, mirad, César! Ya han terminado de andar de puntillas por ahí. Están listos para pelear.

El *summa rudis,* un gladiador retirado que ahora ejercía de árbitro en las peleas, les recordó las reglas y advertencias finales, y en cuanto los gladiadores se encararon, se retiró corriendo.

La multitud estalló como un volcán. Nobles y libertos, patricios y campesinos, matronas y niños, todos vitoreaban fervientemente el nombre de un gladiador: ¡Flamma! ¡Flamma! ¡Flamma!

Flamma. La llama. Un gladiador de proporciones famosas, idolatrado en todo el mundo romano por tener la racha ganadora más larga de la historia reciente: había ganado veinte combates seguidos, alzándose con una victoria más sangrienta y dramática a cada nuevo encuentro. Y Tauro era el hombre del momento por haber conseguido ficharlo para el espectáculo de aquel día.

En respuesta a los aplausos y vítores de la multitud, Flamma lanzó al aire su *gladius,* la espada del gladiador, y soltó un rugido profundo y asesino. La multitud cayó en un frenesí de desenfreno.

—¡Dioses, suena como el león de Nemea! —dijo Tauro.

—Por lo que he oído, solo Hércules podía matarlo —contestó Octavio.

El gran gladiador Flamma era un luchador *secutor:* no llevaba más que un taparrabos cubriendo su cuerpo desnudo, y su armadura corporal consistía únicamente en una greba metálica, un protector de cuero y un casco liso y ajustado. Llevaba un pesado escudo curvo, el *escutum.* Eso, y su *gladius,* el gladio. Nada más.

Como siempre, el oponente del sector era un *retiarius,* un luchador de red. Ágil y rápido en comparación con su oponente, el reciario llevaba un tridente y una red.

La lucha era tan simple como brutal. El *secutor* perseguiría al reciario por la arena tratando de matarlo con el gladio. El reciario esquivaría al oponente mientras intentaba lanzar la red sobre él. Si el reciario conseguía enredar al *secutor* en la red, procedía a apuñalarlo hasta la muerte con el tridente.

La Llama cargó contra su oponente, estallando con repentina violencia, como una especie de ardiente Vulcano, soltando lava en erupción. El luchador de la red se retorció para evitar la estocada del gladio. Se alejó corriendo unos pasos, la arena volando bajo sus pies, y la multitud gritando en sus oídos, antes de tropezar y caer al suelo. Aterrizó dolorosamente sobre sobre su espalda.

El rugido del graderío era ensordecedor. El aroma de la muerte inminente estaba en el aire y, como animales salvajes, se entregaron al instinto brutal: «¡Mátalo! ¡Queremos algo sangriento! ¡Hazlo! ¡Venga!».

Una llamarada de furia atravesó al luchador de la red. Morir tan pronto sería una desgracia.

Vio el resplandor del gladio brillante descendiendo sobre él, como un relámpago de plata cayendo desde una nube negra. Jadeó y giró la cabeza en el último momento, pero la punta de la hoja cayó con fuerza sobre su garganta.

El reciario se puso en pie de un salto, llevándose instintivamente la mano a la herida del cuello, ¡sin sangre! Había fallado la embestida por un pelo.

Pero Flamma no lo sabía. Después de la embestida, avanzó hacia el público, tiró el casco a un lado y se exhibió frente a los fans que lo adoraban, pavoneándose como un pavo real frente a un grupo de mujeres jóvenes que gritaban su nombre y le prometían favores después del combate. En una demostración de excesiva confianza en sí mismo, ni siquiera se había molestado en mirar hacia el reciario caído, a quien creía muerto en la arena.

La Llama alzó los brazos de la victoria mientras la multitud se ponía en pie. Los gritos resonaron en las paredes de piedra del anfiteatro y miles de brazos se agitaron celebrando su vigésimo segunda victoria consecutiva, pero... Un momento. ¿Qué estaban gritando? No era una ovación de victoria...

La red cayó sobre la cabeza de Flamma como si hubiese sido el propio Júpiter cayendo sobre él desde los cielos. La red pesaba más de lo que parecía y las presas de las esquinas eran sorprendentemente eficaces a la hora de asegurarla. Luchó por encontrar un cabo suelto, una abertura por la que sacar la cabeza, pero se enredó un pie en la malla y cayó al suelo de arena.

A diferencia de Flamma, al luchador de la red no le importaba el espectáculo. Lo único que quería era sobrevivir y Fortuna le había dado una oportunidad de una fracción de segundo.

En un acto que le pareció surrealista incluso a él, clavó las puntas del tridente una y otra vez. La sangre brotaba a borbotones por la red mientras el gladiador más famoso del mundo romano se retorcía por dentro. Desde las butacas más lejanas del anfiteatro, podría haber sido una red llena de peces dando coletazos en la orilla.

Y entonces la masacre cesó. La multitud se quedó muda por un instante (¿realmente habían visto a un reciario sin nombre derrotando a la Llama?) y luego estalló en una ovación maníaca. Habían ido a ver cómo Flamma expandía su racha ganadora. La victoria estaba asegurada. En vez de eso, el Destino había cortado un hielo que nadie imaginaba que podía ser cortado.

—Vaya —dijo Octavio, más para sí mismo que otra cosa—. Menuda lección.

Flores y hojas de palma cubrían la arena del anfiteatro mientras los espectadores extáticos celebraban la victoria del desvalido reciario. El lanista del reciario irrumpió en la arena y extendió los brazos hacia los hombros del gladiador estrella, abrazándole con todas sus fuerzas y prometiéndole recompensas de dinero, comida, bebida, mujeres, niños, lo que quisiera.

Entretanto, varios esclavos de la arena se ocupaban del cuerpo de la Llama. Lo desenredaron de la malla y tendieron su enorme cadáver en una camilla. El extraño sonido de un cuerno bramó con fuerza conforme las gigantescas puertas de la arena se abrían de par en par. La gente ensombreció silenciosamente, picados por la curiosidad. ¿Qué estaba pasando?

Una figura aterradora paseó lentamente por el estadio, en dirección al cuerpo de Flamma. Iba vestido con una túnica negra rasgada y llevaba un bastón con una calavera humana en el extremo superior. Era Caronte, el barquero sin vida, quien llevaba el alma de los mortales al Hades, transportándolas a través del río Estigia: el río que separaba el mundo viviente del de la vida después de la muerte. La ominosa figura levantó los brazos negros y gritó con voz grave y profunda.

—*Flamma est mortuus!* La Llama se ha apagado.

Los esclavos levantaron la camilla y avanzaron seguidos por la sobria figura de Caronte, escoltando al célebre gladiador fuera del estadio por última vez. En el silencio del anfiteatro, un bajo cántico fúnebre emergió desde las gradas y se oyeron sollozos resonando en las paredes de piedra.

—Te felicito, Tauro —dijo Octavio.

—Gracias, César —respondió Tauro.

— Me encanta el teatro griego. Este toque añade más drama a la pelea. —Octavio agitó el dedo ante el cadáver de Flamma mientras lo sacaban del estadio.

—¿Sabíais que a Flamma le ofrecieron el rudio cuatro veces? Y cada vez que se lo ofrecían siempre lo rechazaba. ¿Os imagináis? ¡Ese hombre podría haberse retirado siendo rico! Ahora mismo podría estar con su esposa. En lugar de eso está cruzando el río de aguas negras. —Chasqueó la lengua—. ¿Por qué elegiría algo así?

—Él no decidió luchar —dijo Octavio—. Era su naturaleza.

—¡Pero que un luchador tan magnífico haya acabado siendo derribado por un pingajo tan escuálido! He visto pollos con huesos más grandes que los de ese reciario. Una vez vi… —Tauro se detuvo y siguió la mirada de Octavio cuando de repente vio a una joven excepcionalmente bella junto a un hombre mayor caminando a través del sendero arqueado, junto al palco de César.

Tauro captó la indirecta. Se puso de pie y saludó a la pareja.

—Uníos a nosotros —dijo, al tiempo que hacía un gesto a los soldados que custodiaban el palco de César para que permitieran la entrada de la pareja.

El anciano parecía aturdido por el ofrecimiento, pero la joven parecía tranquila. Accedió al palco de César como si lo hubieran construido para ella en persona.

—César —dijo Tauro—. Os presento a Tiberio Claudio Nerón y a su encantadora esposa Livia. Acaban de regresar a Roma después de unas largas... *vacaciones* en Grecia.

Octavio miró a Tiberio.

—No somos extraños. Confío en que estéis bien, Tiberio. Bienvenido de nuevo a Roma. Estoy seguro de que habréis encontrado la ciudad más tranquila que cuando os fuisteis.

—Gracias, César. —El nombre «César» se atragantó en la garganta de Tiberio, pero se obligó a decirlo. No tenía otra opción. Ambos sabían que la paz de Roma y su regreso a la ciudad habían tenido un precio. Como Octavio había hecho con tantos nobles que en su día habían apoyado a los asesinos de Bruto y Casio, había despojado a Tiberio de gran parte de sus riquezas y propiedades. Se le había permitido regresar a Roma, pero era mucho más pobre que cuando la dejó. También le habían obligado a prestar juramento de lealtad al nuevo César: tal era el costo de la amnistía.

—Qué criatura más exquisita lleváis del brazo, Tiberio —dijo Octavio posando sus ojos en Livia—. Sois la hija de Livio Druso Claudiano, ¿verdad?

—Lo fui mientras estuvo vivo —dijo Livia—. Mi padre se suicidó en su tienda de campaña en la batalla de Filipos.

Octavio sostuvo la mirada. Sabía que su padre de aquella muchacha había luchado junto a los asesinos de Julio César. Sabía que el hombre había decidido clavarse su espada tras la derrota en lugar de vivir para ver a un segundo César en Roma.

—Vuestro padre era un hombre de principios —dijo—. Ojalá todos los hombres fueran así.

—Era un padre sabio, pero un hombre tonto —replicó Livia—. Debéis perdonarme, César. No quiero faltarle el respeto a mi gran familia, pero mi padre no tenía mente para la estrategia. En las situaciones en las que debía decidir si debía usar la cabeza o el corazón, siempre acababa tomando la decisión equivocada. —Miró de reojo a su marido—. Es cosa de familia.

Tiberio apretó la mandíbula. Su pequeña mujerzuela se estaba congraciando con el César arañándole su propia espalda. Se las arregló para controlar su temperamento a base de imaginarse la paliza que le iba a dar en cuando volvieran a casa.

—No abundan las mujeres sagaces —admitió Octavio—, y valen más que el vellocino de oro. —Le miró el vientre preñado—. Rezaré a Juno para que vuestro hijo salga a la madre.

—Rezad —dijo Livia. Estudió abiertamente a Octavio. ¿Así que ese era el *divi filius?* ¿El hijo de Julio César?

Por culpa de su caza de brujas, no solo en busca de los asesinos de César, sino de todos aquellos que estuvieran de su parte, había tenido que huir a Grecia y abrirse de piernas ante Diodoro. Por culpa de sus ansias de poder, su padre se había suicidado. Por culpa de sus ambiciones reales, se había quedado sin la mitad de su fortuna y toda su dote.

Pero Livia Drusilla tenía sus propias ambiciones. Cuando César se despidió de ella y de Tiberio para salir del anfiteatro, se armó de valor y lo siguió con la mirada, mientras se acariciaba el vientre, pasándose el dorso de la mano por debajo de los pechos.

César era ilegible; lo contrario que Tiberio, tan conspicuo e inelegante como siempre. Cuando Octavio desapareció de la vista, la agarró del brazo y la sacó a rastras del anfiteatro, sin ceremonias, en dirección a la litera que los aguardaba en la calle.

—Eres una pequeña ramera mordaz —dijo mientras la empujaba al interior de la *lectica.*

—Dame una razón para no serlo —dijo devolviéndole el disparo.

No intercambiaron ni una sola mirada de camino a casa, pero tan pronto como se acercaron al pórtico, Tiberio salió de la litera en movimiento y entró en ella a toda velocidad.

—Cerrad las puertas —ordenó a los esclavos—. Dejad que la perra duerma a la intemperie, como el resto de las lobas de Roma.

Livia se reclinó contra los cojines de la *lectica*. No le daría la satisfacción de golpear las puertas o suplicar que la dejara entrar. Prefería dormir fuera.

No hizo falta llegar a eso.

Cuando cayó la noche y Tiberio, finalmente, abrió las puertas y llamó a su esposa a gritos para que entrara, se encontró con la sorpresa de que no estaba allí durmiendo en la *lectica*.

—¿Dónde está? —le preguntó al esclavo que se puso lívido.

—*Domine.* —Se arrodilló—. Ha venido una litera a recogerla. Era de César. Nos ordenaron que no dijéramos nada. —El esclavo se preparó para recibir el puño de su amo, pero no recibió ningún puñetazo.

Tiberio se dio la vuelta y volvió a entrar en silencio. A pesar de la rabio y el sofoco de la humillación, no podía dejar de maravillarse ante la audacia de su joven esposa. «Es verdad lo que dicen de Fortuna», pensó para sus adentros. Siempre favorece a los audaces.

Capítulo IX

Aut Viam Inveniam Aut Faciam

(Encontraré el camino, o yo mismo haré uno - Aníbal)

Roma. 39 a. C.

(un tiempo después, ese mismo año)

Las vírgenes vestales la estaban juzgando. Livia Drusilla lo sabía. Se dio cuenta por la forma en la que le miraban el vientre todavía dilatado tras haber dado a luz al hijo de Tiberio unos días antes, el velo azafrán típico de las bodas, el mismo que se había puesto para casarse con César aquel día.

Habría preferido que César no hubiera insistido en invitarlas al banquete en casa, pero no tardó en darse cuenta de que había pocos eventos públicos o privados en los que no arrastrara a las vestales consigo. Alguna forma de lidiar con ellas tendría que haber. Ya se le ocurriría alguna.

Fingió ir a la habitación de invitados en busca de su hermana, pero en realidad lo que quería era estudiar a las sacerdotisas: ahí estaban, en el centro del triclinio, rodeadas de algunas de las personas más importantes de Roma. César les estaba contando algo divertido, agitando los brazos y mirando al techo mientras lo hacía.

Livia puso los ojos en blanco. Probablemente se trataba de aquella historia en la que su padre había soñado que un rayo de sol había salido de la madre de Octavio al darle a luz; o cómo un senador había soñado con que Júpiter le daba el sello de Roma a cierto hombre, solo para conocerle años después: él.

«Mi marido protagoniza más sueños que Helena de Troya», pensó. Se encontró con la mueca de una de las vestales, una llamada Tuccia. La sacerdotisa sonrió, pero no la llamó. Livia se obligó a sonreír.

«Lo que les pasa es que están celosas, es eso», se dijo a sí misma. «Están celosas porque César se ha divorciado de Escribonia para casarse conmigo. Saben que no son más que un puñado de viejas arpías resecas que ningún hombre querría».

El problema es que no parecían ni tan viejas ni tan resecas. O por lo menos, no todas ellas. La Vestalis Maxima Fabiana y la sacerdotisa Nona eran más viejas que Roma, pero las cuatro sacerdotisas que habían ido a la boda y al banquete (Pomponia, Cecilia, Lucrecia y, en especial, Tuccia, la de los ojos color ámbar), eran demasiado atractivas para el gusto de Livia.

Ni siquiera podía burlarse de su esterilidad para sentirse mejor consigo misma. Había dado a luz dos veces, pero ambos hijos eran de su primer esposo, Tiberio, no de César. Y tener hijos de un patán como Tiberio apenas podía considerarse mejor que no tener hijos.

Sin embargo, Fortuna siempre había estado a su lado. Pensándolo dos veces, ni siquiera su panza de embarazada le había impedido seducir a César. Octavio había ordenado a Tiberio que se divorciara de ella y la había acompañado durante todo el proceso. Nada más dar el último empujón, antes incluso de que la sangre corriera por su arrugada carita, César le arrancó al bebé y se lo llevó a vivir con su padre Tiberio y su primer hijo, el cabeza hueca. Tiberio lo llamó Druso.

A Livia le pareció fenomenal, por supuesto. Se estaba casando. Sin embargo, tenía sus problemas. En primer lugar, estaba el hecho irritante de que la hija de la ex mujer de César, Escribonia, era asquerosamente bonita. César había insistido en que su hija Julia viviera con ellos, y la consentía como si hubiera nacido para ser la emperatriz de Roma. Cuando no estaba entusiasmado con ella, estaba alabando a su joven sobrino Marcelo: «¡Mira qué bien empuña la espada! ¡Qué niño tan capaz!»

En segundo lugar, ya no podía reclamar el respetado estatus de *univira:* la virtuosa «mujer que solo se había casado y tenido hijos con un solo hombre. Como si las mujeres tuvieran algo que decir sobre esos asuntos...

Livia hizo un gesto de desaire ante aquellas ridículas nociones de modestia. ¿No suscitaba más deseo una mujer de mente brillante, cara bonita y cuerpo hermoso, especialmente si se combinaba con un noble nombre de familia, que una inventada idea de virtud? Si era así, ¿por qué había tantos hombres tropezándose con las togas por hablar con las vestales?

Su hermana mayor, Claudia, que ahora siempre iba vestida de púrpura real para afirmar su nuevo estatus, pareció leerle la mente mientras se acercaba a ella.

—Te olvidas de ti misma, Livia —le dijo en voz baja—. Ahora eres la esposa de César. Estamos en su casa, en tu casa. Ahí está tu poderoso marido, consultando a los hombres más importantes de Roma, los generales Marco Antonio y Agripa, los jefes de la orden religiosa. ¡Piensa en ello! Hace tan solo unos meses estabas en una horrible villa griega, y toda nuestra familia abandonada a su suerte. Cualesquiera que fueran las injusticias que tuvieras que soportar allí, hoy puedes decir que has redimido el honor de nuestro apellido.

—Esperemos que la redención dure —dijo Livia—. César es un amante caprichoso, hermana. Le gusta jugar, pero se aburre pronto.

—Entonces debes hallar la manera de hacer que el juego dure —le aconsejó Clauda—, o de salir ganando, por lo menos.

Un coro de ladridos estridentes resonó en las paredes profusamente pintadas al fresco, y ambas hermanas se sobresaltaron. Perseo, el perrito blanco, estaba ladrando y retorciéndose salvajemente en los brazos de Octavia, la hermana de César, mientras la vestal Pomponia apartaba la cabeza.

Octavia llamó a su nueva cuñada.

—Livia, ven a conocer a Perseo. Puedes decir hola y adiós al mismo tiempo.

—¿Y eso, querida hermana? —preguntó Livia dulcemente.

—Porque Perseo se muda —dijo—. Lo voy a mandar a la Casa de las Vestales. Y mira, señora Pomponia ya está vestido de blanco para servir a la diosa. —La vestal torció el labio y Octavia se rio a gusto.

—Le subirá el ánimo a la suma sacerdotisa —dijo Pomponia—. Solo por eso os doy las gracias. Pero como sabéis, a las vestales les cortan el velo al ingresar en la orden. Ya veremos cuánto le gusta a Perseo la vida en el templo cuando se quede pelón.

Tuccia cogió al perrito de entre los brazos de Octavia.

—Anda, Pomponia —dijo—, no seas así. Todas sabemos que tienes el corazón más blando que el de un cordero. De aquí a la Lupercalia ya estarás echándole de comer tú misma.

Livia se echó a reír, sin dejar de evaluar la compañía entre la que se encontraba.

Su cuñada Octavia era la matrona romana por excelencia: de buenas maneras, educada, piadosa y devota de su marido Marco Antonio. De hecho, ya estaba embarazada de él. Nada fuera de lo común. Sabía lo que su poderoso hermano necesitaba de ella, y lo estaba haciendo.

La vestal Tuccia también era de lo más previsible. Parecía de la misma edad que Livia y, ciertamente, aparentaba ser inocente y ajena a cualquier otra cosa que no fuera el perrucho que ahora mismo se estaba dando coletazos entre sus brazos. Eso, y las carreras de carros.

La vestal Pomponia era más interesante.

Cuando Livia dejó Roma para irse a Grecia, hacía ya unos años, la señora Pomponia apenas era una subordinada en la orden vestal. Pero estaba claro que había ido ganando estatus durante su ausencia. César, los esclavos, todos parecían mirarla con más respeto que a las otras.

Pomponia acarició la cabeza del perrito, estratégicamente empeñada en esquivar el hocico de la palma de su mano.

—Disculpadme, señoras —dijo—. Mi antigua esclava Medousa sirve ahora en esta casa, y me gustaría hablar con ella antes de irme.

La vestal se alejó y Claudia se inclinó a susurrarle a su hermana:

—Tienes que hacerte amiga de esa sacerdotisa —dijo—. Os fraguaréis una reputación virtuosa por mera asociación. La gente es muy influenciable. Si te ven con una vestal se olvidarán de tu pasado.

Livia asintió y observó a la vestal cruzando el *triclinium* para hablar en privado con Medousa. La esclava saludó a su antigua ama con más familiaridad de lo que a Livia le parecía apropiado.

Además, había muchas otras cosas que Livia no aprobaba de Medousa. Eso incluía la preferencia que César parecía tener hacia ella.

—*Domina,* tenéis buen aspecto.

—Medousa. —Pomponia se detuvo. Miró con preocupación el vestido de la esclava, la estola blanca y el velo de la cabeza, y apretó los labios—. ¿Por qué vas...?

—No pasa nada, sacerdotisa. —Medousa se pasó los dedos por el velo blanco de la cabeza y habló discretamente—. No es lo que parece. No os preocupéis por mí. Os hice un juramento siendo apenas una niña, ¿recordáis? Ese juramento era también un juramento a la diosa. Yo todavía honro esa promesa, incluso en la casa de César.

—Ahora sí que estoy preocupada —dijo Pomponia—. Tú no eres tan sacrificada.

—Entonces compensadme por mi sacrificio —le pidió Medousa con tono más severo—. Alejaos de Quinto Vedio Tácito.

—Le he pedido a la diosa que me perdone —dijo Pomponia—. Me tocó como a una lira y fui tan tonta que no pude parar la música. No temas, no dejaré que vuelva a pasar.

—No es él quien me preocupa —dijo Medousa—. ¿Habéis visto a la señora Valeria últimamente? No sé si lleva un niño en la barriga o si se ha tragado el caballo de Troya. Está enorme. En cualquier caso, está hecha polvo, pero el embarazo la ha vuelto más loca de lo que estaba. Dioses, ¿qué es lo que Juno hace con las mentes de las mujeres embarazadas? No le deis a la señora Valeria ningún motivo para hablar en vuestra contra, *domina*.

—No viviré con miedo de una mujer vulgar y corriente, Medousa.

—No es miedo —corrigió la esclava—. Es prudencia.

—Basta, Medousa. Ahora dime, ¿cómo es la vida bajo César?

—Habéis dado en el clavo: estoy debajo de él. La vida es muy diferente a la del templo, pero la comida y el vino son igual de buenos, y no es un amo vicioso. —Apuntó con la barbilla a Livia—. Está mejor desde que empezó a estar con aquella. Se está cansando de mí. Ahora la novedad es ella.

—Siento que te haya deshonrado, Medousa.

—Un César no puede deshonrar a una esclava, *Domina*. —Medousa se rio y Pomponia vislumbró en ella un destello de su característico descaro—. De todos modos, Spes, la diosa de la esperanza cuida de mí. César dice que todavía soy de vuestra propiedad. Cuando cumpláis los treinta años de servicio a la diosa podéis reclamarme, y yo vivir en una de vuestras villas de campo.

—Sabes que lo haré. —Pomponia tomó las manos de Medousa—. Solo catorce años, y las dos estaremos caminando juntas por los verdes campos de Tívoli.

La esclava apretó las manos de su ama.

—Alejaos de él, *domina* —repitió—, o en lugar de eso acabaremos caminando juntos por los Campos Elíseos.

Capítulo X

Plutoni Hoc Nomen Offero

(Este nombre ofrezco a Plutón)

Roma. 39 a. C.

(Un tiempo después, el mismo año)

Valeria sintió el familiar calambre de dolor en lo profundo de su vientre. La sangre le corría muslo abajo, pero no se detuvo. Agarró el mango del látigo con más fuerza y volvió a golpear a la esclava en la espalda.

Bien. Ahora ya no era ella la única que sangraba. Quinto entró en la habitación mordiendo una pera.

—¿Por qué le pegas? —le preguntó—. No ha sido culpa suya.

—Las sábanas tienen peor aspecto que antes de lavarlas —aulló Valeria—. Están inservibles. ¡No ha quitado la sangre!

—A Júpiter le importan una mierda las sábanas —contestó Quinto. Se giró para marcharse, pero Valeria tiró el látigo y corrió tras él.

—¿Adónde vas?

—No es que sea asunto tuyo, pero voy al Tabularium.

—Déjame adivinar, esposo mío. Vas a pasar por el Templo de Vesta de camino.

Quinto tiró la pera al suelo y la esclava con la espalda sangrante se arrastró a recogerla para deshacerse de ella. Se limpió la boca con el dorso de la mano y luego señaló una cesta cubierta de mantas en la esquina de la habitación.

—Si esa cosa no ha desaparecido de aquí cuando vuelva a casa, yo mismo iré a tirarla al Tíber. Y tú con ella, que los dioses me ayuden.

—¡Tíralo al río, padre! —Su hija de siete años, Quintina, entró en la habitación, medio cargando y medio arrastrando a su hermana pequeña, Tácita, por el costoso suelo de baldosas.

Valeria señaló a Quinto.

—¿Veis, hijas, lo poco que vuestro padre se preocupa por sus hijos? —La mano le temblaba mientras el dedo le señalaba—. Habrá que buscaros un marido pronto, para que podáis iros de casa.

—No quiero un marido —dijo Quintina—. Quiero ser como mi tía abuela Tácita. Quiero proteger el fuego sagrado y asistir a fiestas en casa del César.

—¡No me hables del fuego sagrado! —Valeria atravesó la habitación y escupió en la llama de una lámpara de aceite.

—Cuida de las niñas —ordenó Quinto a la esclava—. No dejes que se acerca a ellas hoy.

—Sí, *domine.* —La esclava se llevó a las niñas.

—No puedes alejarme de mis hijas, Quinto. Puede que a ti no te importe si viven o mueren, ¡pero a mí sí!

Quinto sacudió la cabeza y se alejó. Solo el estallido de la lámpara de aceite estrellándose contra la pared le hizo detenerse y dar la vuelta.

—Me meo en la llama sagrada —dijo Valeria.

Al cabo de un rato estaba en el suelo, con la mandíbula rota y los ojos llenos de lágrimas. Parpadeó para despejar la borrosidad de sus ojos y trató de levantarse. La habitación le daba vueltas, así que volvió a sentarse.

—Deshazte de esa cosa inmunda hoy —dijo, señalando con enfado la canasta—. Lleva una semana muerto. No tardarán en llegar las ratas.

—¡Esa cosa es tu hijo! —gritó Valeria—. ¡Vuelve!

Pero ya era demasiado tarde. Ya estaba de espaldas, y se fue antes de que ella pudiera ponerse en pie. Se arrastró por el suelo gateando hasta llegar a la cesta. Destapó la cesta lentamente.

El bebé estaba gris y tenía la cara y el cuerpo hinchados. El olor hizo que se le revolviera el estómago. Acarició su pelo y retrocedió mientras su cuero cabelludo se deslizaba bajo sus dedos. No podía esperar más. Tenía que enviarlo con Plutón.

Suavemente, colocó la manta sobre el pequeño cuerpo y metió las esquinas en los bordes de la cesta. Miró la lámpara de aceite rota en el suelo.

La culpa era de la sacerdotisa Pomponia. Lo sabía. Había maldecido a su hijo. Le había pedido a Vesta que destruyera su hogar, debido a la lujuria que le inspiraba Quinto.

Ella había hecho un sacrificio a la diosa, y Vesta había respondido a sus plegarias manteniendo al niño, el hijo que Quinto deseaba desesperadamente, en el vientre de Valeria por más tiempo del debido. No llegó en el momento adecuado, y Quinto receló hasta el punto de afirmar que no era suyo.

También culpó a Valeria por su muerte. La comadrona le había dicho que el alcohol había hecho que la criatura se marchitara y debilitara, y él la creyó a pies juntillas. Valeria había intentado decirle que había sido Pomponia. ¡Ella le había matado con su magia negra! Pero su única respuesta fue otro ojo morado.

Estaba cegado por la lujuria que dominaba su mente. Tenía que hacer algo.

Miró alrededor. La esclava, quien se acostaba con Quinto regularmente y a la que él ordenaba que la espiara, se encontraba en otro lado de la casa con las niñas.

Se puso una *palla* con capucha, cogió la cesta entre sus brazos y se escabulló de la casa sin ser vista. Quinto se había ido al Forum. Sería muy fácil seguirle el rastro.

Bueno, en un día normal habría sido bastante fácil, pero su vientre acalambrado y la sangre seca entre sus piernas pellizcándole la piel mientras se arrastraba a lo largo de las calles empedradas.

Valeria se lanzó, sin ser vista, dentro y fuera de los pórticos. Se agachó tras las columnas y los árboles majestuosos que se erguían ante las bellas casas de su calle. Más allá, hubo de esconderse detrás de la ropa sucia que colgaba de una de las ventanas de las *insulae* de arriba, todo ello mientras sostenía firmemente la cesta de la mortuoria con sus brazos. Apretó los dientes por un calambre que la hizo detenerse un instante, a la a espera que el dolor disminuyera y pudiera recuperar el aliento, para luego volver a correr tras él.

Estaba sin embargo exhausta y confundida. Quinto no parecía ir en dirección al Forum. Eso quería decir que tampoco iba al Templo de Vesta. Tal vez había acordado encontrarse con su amante en otro lugar. En un burdel, o una habitación alquilada, tal vez. Muchos hombres de su clase se entregaban a asuntos ilícitos en sitios así.

A final acabó siguiéndole por las calles nuevas del Forum de Julio César, un foro más pequeño que el dictador había empezado a construir años antes de su asesinato. El nuevo César estaba haciendo obras de mejora.

Quinto sorteó el andamio, esquivó los martillos que caían y se apartó para no pisar los clavos que había esparcidos por el suelo.

Apretando los dientes a causa de otro calambre, Valeria cojeaba en pos de él, guardando una distancia segura. Cuando Quinto se detuvo frente a la empinada escalera del Templo de Venus Genitrix, ella se escondió en un pórtico.

Él estaba mirando las estatuas de la entrada con gesto contemplativo. Una era de Venus bendiciendo a un niño. La otra era de Julio César.

El corazón le dio un vuelco. Venus Genetrix, diosa de la maternidad y los asuntos domésticos: Quinto estaba allí parado, rezando por la salud de su esposa y el alma de su hijo.

Sin embargo, en lugar de subir los escalones para entrar en el templo, se dio la vuelta y echó por una calle lateral en la que se habían erigido varios santuarios en honor a Venus contra el exterior de mármol del inmenso templo.

Se detuvo frente a uno de ellos. Valeria se escondió detrás de un andamio de mala muerte en el que algunos albañiles habían colgado las capas polvorientas. Se había acercado más de lo prudente, pero necesitaba ver qué estaba haciendo. Necesitaba oír lo que decía.

El santuario consistía en dos pedestales de mármol sobre el que se apoyaba un grueso altar de madera labrada, con la superficie bañada en oro. Había ramos de arrayanes y rosas secas enlazando los pedestales. En la fachada, había un cisne sin vida, un sacrificio a la diosa. El taxidermista había reemplazado los ojos con unas cuentas del color del océano, simbolizando el nacimiento de Venus en el mar. Varias conchas grandes de vieira adornaban la parte superior del altar, con velas altas ardiendo en cada una de ellas.

Un hombre vestido con una túnica blanca y una capa azul se inclinó profundamente ante Quinto conforme este se acercaba al altar. Intercambiaron unas palabras y luego le dio una moneda.

Se arrodilló ante el altar. Alzó sus manos en señal de plegaria y miró los ojos de océano del cisne.

—Venus Dea—dijo—. No habéis tenido ocasión de conocerme, pero soy Quinto Vedio Tácito, fiel soldado veterano de vuestro primogénito Julio César y sacerdote del poderoso Marte. Escúchame, diosa. Vengo a ofrecerte un sacrificio a cambio del corazón de la sacerdotisa Pomponia.

Quinto cogió la daga que yacía sobre el altar.

Al hacerlo, el hombre de la capa azul metió la mano en una jaula que había sobre el suelo y sacó una paloma blanca y regordeta. Inclinó la cabeza en señal de respeto solemne ante el ritual y le pasó el ave.

—Venus, acepta esta ofrenda para que su afecto por mí viva como las brasas en el fuego sagrado, hasta que podamos estar juntos.

Quinto pasó el filo de la daga por la garganta de la paloma y la cabeza del pajarillo cayó entre sus dedos. La sangre le corrió por el brazo formando un pequeño charco rojo en el empedrado.

Valeria se agarró del andamio. En todos los años que llevaba casada con él, jamás le había visto en una posición tan humilde. Jamás había visto semejante ternura y, ciertamente, jamás le había visto sentir nada parecido al amor. Hacia ella, por lo menos, no. Le miró una última vez más, con la cabeza inclinada en la oración y la sangre corriéndole por el brazo, y se alejó de allí.

Estuvo andando durante un buen rato. Anduvo y anduvo por las calles del Forum Julius hasta llegar al Forum Romanum, y siguió andando. Caminó, desprovista de emoción, hasta que llegó al santuario de Plutón, dios del inframundo.

Una mujer delgada con sangre en las mejillas y una *palla* negra envuelta en los hombros miró a Valeria y la cesta que llevaba.

—*Domina* —la llamó—. Venid.

Valeria la siguió obedientemente por una fila de fachadas de madera de tiendas adyacentes al santuario y al interior de una que estaba cubierta por una tela púrpura y negra.

Nada más entrar, la luz del día se desvaneció en un espacio a duras penas alumbrado por lámparas de aceite y un fuerte olor a incienso.

Sin mediar palabra, la mujer le cogió la cesta y la puso sobre la mesa.

Levantó la manta y miró al bebé muerto sin aparente reacción, o mejor dicho, con la reacción de alguien acostumbrado a ver bebés muertos.

Valeria metió la mano en la cesta para coger un monedero que había metido dentro. Depositó algunas monedas de bronce en la mano de la mujer, y luego colocó una brillante moneda de oro en la boca gomosa del bebé, para que pudiera pagarle al barquero el pasaje al Hades.

—Será rápido, *domina* —dijo la mujer delgada mientras cogía delicadamente al bebé—. Y por supuesto, se hará con el máximo respeto.

Se llevó al bebé, esperando a pasar por una cortina para quitarle la moneda de oro de la boca y reemplazarla por una de bronce. Caronte no iba a cobrar tanto por llevar una carga tan pequeña.

Sintiéndose ajena a la realidad, Valeria se sentó a esperar las cenizas de su hijo. Miró fijamente la lámpara de aceite, y dejó que sus pensamientos vagaran, recapitulando la vida que había llevado junto a Quinto Vedio Tácito.

La habían entregado a él, como novia, cuando era una adolescente. Tardaron unos meses en casarse. Incluso entonces prefería a las esclavas antes que a ella, aunque jamás logró entender por qué. Todos decían que era la mujer más bella que su familia había alumbrado en generaciones. Desempeñaba sus deberes de esposa con auténtica devoción y diligencia. Le había dado dos hijas perfectas. Pero el día que se atrevió a preguntarle por qué no la amaba, ni a ella ni a sus hijas, la respuesta llegó en forma de puño.

Ahora todo estaba claro como el cristal. Su obsesión por la vestal se había apoderado de él antes de que se casaran, cuando él y la sacerdotisa todavía eran unos niños. Se había enamorado de ella dentro de los templos de mármol de Roma, mientras aprendían a realizar los sagrados rituales relacionados con Marte y Vesta.

Sin embargo, Quinto sabía, mejor que nadie, que aquel amor era imposible. La sacerdotisa estaba ligada a la orden vestal, confinada a una vida de castidad durante treinta años. Nunca podrían tener una vida juntos. Aun así, cada vez que él la veía, la fantasía con aquella vida que jamás podrían tener danzaba ante sus ojos.

¿Cómo podía Valeria competir con eso? ¿Cómo podía la realidad de su esposa, tan familiar, competir con la fantasía de una mujer a la que nunca podría conocer de aquella manera? No era justo.

No era justo que su primer pensamiento en tiempos de peligro o discordia pública fuera para la sacerdotisa. No era justo que corriera a protegerla, dejando a su mujer y sus hijas a merced de cualquier turba que pudiera rodearlas o entrar por la puerta.

El despecho se instaló en su pecho. Cómo anhelaba ver a la sacerdotisa Pomponia bajando las escaleras que daban al pozo negro del Campo de los Desalmados. Cómo deseaba ver a su marido sufriendo los azotes, castigado no solo por su sacrilegio, sino también por los años de crueldad e indiferencia que él le había inflingido a ella.

Su pecho dolía con creciente ira. No podía acusar a la sacerdotisa de romper sus votos con la diosa. No había ninguna prueba de que la vestal y Quinto hubieran copulado; de hecho, Valeria lo dudaba mucho. Por otro lado, la vestal tenía amigos muy poderosos. César mismo la adoraba. Además, la mayor parte de Roma pensaba que Valeria estaba enfadada por el arrebato en el banquete de bodas de la señora Octavia.

Y aunque odiaba admitirlo, no quería a Quinto muerto, solo quería que él la amara como esposa, y que considerara a sus hijas como una bendición, en lugar de como una carga.

Solo tenía un camino.

—Traedme una lámina de plomo y un punzón —dijo sin referirse a nadie en particular.

Un niño de unos diez u once años se apresuró a recoger la bandeja y ponerla ante la mujer afligida. Su petición no era nada inusual. Aquellos que se sentían atraídos por el santuario de Plutón tenías sus razones para usar la tablilla de la maldición.

Valeria alisó y aplanó la delgada hoja con la palma de la mano. Presionó la punta del punzón contra el suave metal y dibujó un círculo con líneas verticales en los alto, una vasta representación del Templo de Vesta, rodeado de columnas, y escribió la maldición debajo.

—Invoco a Plutón, dios negro y sombrío —susurró—. Invoco a la oscura y oculta Proserpina. *Plutoni hoc nomen offero:* la Virgo Vestalis Pomponia, arpía de velo blanco. Maldigo su comida, su bebida, sus pensamientos, su virginidad… —Dibujó un remolino de fuego en el centro del círculo y arrastró el punzón sobre la lámina, creando remolinos más profundos expandiéndose como llamas devorando todo el templo—. Maldigo su labor de vigilancia sobre el fuego sagrado y su servicio a la diosa. La divorcio de Roma, ya no es su novia, y la caso con Plutón.

La mujer delgada reapareció silenciosamente y colocó una urna de terracota en la mesa, junto a la tablilla de la maldición. Valeria quitó la tapa y metió los dedos dentro, sacando un montoncito húmedo de cenizas grises. Las untó en la tablilla de plomo y la enrolló como si fuera un pergamino.

Permaneció sentada en su silla. Un muchacho se acercó a la mesa y clavó un clavo sobre la tablilla con un martillo, cerrando la maldición.

Finalmente, Valeria se puso en pie, con la urna en una mano y el rollo de la maldición en la otra.

—Podéis hacer lo que queráis con la tablilla —dijo la mujer delgada—, pero os recomiendo que la lancéis al Lacus Curtius, si podéis, o que la enterréis la arboleda de Plutón, cerca del Templo de Ceres. Los dioses oscuros la leerán más rápido.

—*Gratis tibi ago* —dijo Valeria—, pero sé muy bien en qué templo enterrarla.

Capítulo XI

Vestalis Maxima

(Suma Vestal)

Roma. 38 – 37 a. C.

(un año después)

—*Salve,* César y señora Octavia —los saludó Pomponia, dándoles la bienvenida al patio de la Casa de las Vestales—. No me habían informado de que veníais. Voy a pedir que traigan un poco de limonada.

—Ya viene de camino —dijo Fabiana, emergiendo desde el peristilo—. Gracias a los dos por venir. —Señaló los bancos acolchados que había junto a uno de los estanques—. Siéntate, por favor.

Al hacerlo, Fabiana se sentó junto a Pomponia. Posó la mano sobre la rodilla de la joven vestal.

—Pomponia Occia —dijo, usando el nombre completo de la vestal para enfatizar la importancia de lo que estaba a punto de decir. Vas a dejarme a hablar, sin interrupciones, aquí, en presencia de César.

Pomponia estaba desconcertada.

—Claro, Fabiana.

—Tengo ochenta y tres años —dijo la sumisa sacerdotisa—, y he servido a Vesta durante setenta y siete.

—No. —Pomponia se levantó—. No es apropiado. —Trató de refrenarse así misma, y se sentó de nuevo. Fabiana la conocía demasiado bien.

Con todo, en lugar de regañar a la vestal, la voz de Fabiana adoptó un tono indulgente.

—Ya es hora, Pomponia. La diosa quiere que descanse.

—No es apropiado que la Vestalis Maxima…

—Hay precedente en los archivos. La jefa vestal puede renunciar —dijo Fabiana—. Ya lo sabes. Permaneceré activa dentro de la orden, pero serás tú quien nos guíe. —Tomó las manos de Pomponia entre las suyas—. No es poco. La orden vestal no puede ser guiada por alguien débil y frágil. Necesita, merece, una Vestalis Maxima fuerte y vibrante. Esa debes ser tú. De la misma manera que reavivamos el fuego sagrado, así debemos reavivar nuestra orden.

Pomponia frunció el ceño.

—Soy demasiado joven. La sacerdotisa Nona es la siguiente en…

—La sacerdotisa Nona prefiere poner las manos dentro de una olla de aceite hirviendo antes que ser Vestalis Maxima. Nunca ha disfrutado con los cultos ni los espectáculos públicos. Si pudiera hacerlo, sospecho que cerraría el templo y volvería a los días en que Vesta solo era honrada en la casa. Nona apoya mi decisión y te prestará su valiosa ayuda. La sacerdotisa Arruntia era la siguiente de la lista, pero desgraciadamente la barca de Caronte vino a por ella demasiado pronto. He hablado en privado con César y el Pontifex Maximus. Con Tuccia, Cecilia y Lucrecia. Estamos todos de acuerdo. Has servido como jefa vestal durante años, siempre con gracia y esmero. Tanto tus hermanas como los sacerdotes de otras órdenes te profesan un profundo respeto. La gente te quiere y el Senado confía en ti. Serás tú. Y no hay más que hablar.

Pomponia hizo ademán de abrir la boca para volver a protestar, pero Octavio se aclaró la voz y le dijo, cara a cara:

—Todos estamos en deuda con vuestra vida de servicio al templo y a Roma —le dijo a Fabiana—. Habéis mantenido la llama sagrada durante años ayudando a mantener la *Pax Deorum,* pero siempre habéis tenido cierto ingenio, y eso también ha levantado el espíritu de la gente. Noté el afecto que mi divino padre os tenía. De hecho —Octavio ladeó la cabeza—, si Julio César no hubiera contado con el santuario en el pasado, seguramente habría caído en batalla como cualquier soldado insignificante, en lugar de convertirse en un dios. Y yo, estaría rogando por la cuestoría en lugar de ser César.

—Tonterías —dijo Fabiana—. Un hombre con determinación siempre encuentra su camino. Pero os agradezco vuestras amables palabras. He llevado una buena vida, y me siento privilegiada por haber podido servir a Roma. Ahora, si me disculpáis, creo que me gustaría ir a sentarme un rato a la sombra. —Apretó la rodilla de Pomponia—. ¿Ves? Ya he aprendido a eludir mis deberes. Voy a leer algunas cartas que me han llegado esta mañana. Mi sobrina nieta se ha vuelto a casa, ¡por cuarta vez, *mea dea!,* y andará pidiendo consejo o dinero, seguro que lo segundo.

Fabiana se levantó para marcharse al tiempo que una esclava traía una bandeja de limonada.

—Ya era hora —la reprendió Fabiana mientras cogía un vaso y se iba.

Octavia enarcó las cejas.

—Suma sacerdotisa Pomponia —dijo—, parece que hayáis visto al Basilisco debajo de la cama.

—Pues es que así me siento —respondió ella—. No es tan vieja, ¿verdad que no?

—La sacerdotisa Fabiana estará con nosotros muchos años —aseguró Octavia.

Octavio apuró el vaso de agua helada y lo dejó en la bandeja.

—La buena mujer podría darle una buena paliza a Caronte con su propio bastón si se atreviera a venir a por ella. Todo es como debe ser, sacerdotisa. Sabía que serías mi Vestalis Maxima desde el primer día que os conocí.

Su Vestalis Maxima, pensó Pomponia. No la de Roma.

Fue un revelador desliz de la lengua, pero Octavio no lo corrigió. Alargó la mano para coger un pergamino que una esclava le dio:

—Aquí os traigo vuestra primera tarea como Vestalis Maxima. Es una lista de veinte chicas que creo que tienen potencial.

—Ah —dijo Pomponia, con el rostro iluminado de emoción, concentrada en la tarea que tenía por delante—. Somos de la misma opinión. Yo también creo que necesitamos una novicia más, por lo menos.

—He recopilado los nombres de las mejores familias de Roma —prosiguió Octavio—, y yo mismo he pasado revista a las niñas. Son todas inteligentes y libres de defectos. —Le dio el pergamino a Pomponia.

—Empezaré a entrevistar a cada una de las niñas y a sus familiares —dijo Pomponia—. Podéis esperar mi recomendación al Pontifex y al Senado en calendas.

—Muy bien —contestó Octavio.

—Hermano —dijo Octavia—, si los asuntos del templo han terminado, me gustaría quedarme un rato más. Cogeré una litera vestal para volver a casa.

—Como quieras, hermana. —Se giró hacia Pomponia—. Mañana por la mañana me acompañaréis junto a los otros pontífices al Senado para el anuncio oficial de vuestro ascenso. Después, clavaremos la noticia en la puerta del Senado, y un heraldo público la declamará desde la Rostra. —Hizo ademán de marcharse, y añadió en tono más personal—. Un cargo muy merecido, sacerdotisa.

—Gracias, César.

Pomponia miró a Octavia. Su hermano no había salido todavía del templo, cuando ella empezó a llorar.

—Ay, señora Pomponia —lloró—, vuestro ascenso no es lo único que anunciará el noticiero desde la Rostra.

—¿Qué más? ¿Cuál es el problema?

Octavia suspiró y se enjugó unas lágrimas.

—Sabéis que Marco Antonio ha estado en Egipto… Mi hermano lo mandó para administrar la provincia.

—Sí, lo sé.

Los ojos de Octavia volvieron a inundarse de agua.

—Me prometió que no volvería con Cleopatra. Pero lo ha hecho. Hasta ha reclamado los hijos que ha tenido con ella. ¡Mellizos! —Recuperó el aliento—. Un niño y una niña. Cleopatra Selena y Alejandro Helios. Sus nombres significan luna y sol. —Apretó los dedos alrededor del vaso de agua que tenía entre las manos—. ¿No es una dulzura?

—Tan dulce como el veneno, Octavia. ¿Qué va a hacer César?

—Nada, no hay nada que pueda hacer ahora mismo. —Octavia recuperó algo de compostura—. Marco Antonio me ha demostrado que es un marido infiel, pero por alguna razón, está honrando su acuerdo con César. Los impuestos y el grano están llegando. No siempre llegan a tiempo, pero por lo menos llegan. Esa es la principal preocupación de mi hermano. La infidelidad de Marco Antonio es una menudencia, aunque me esté humillando.

—El pueblo romano no os juzgará por los actos de Marco Antonio —dijo Pomponia. Os adoran. El único que va a perder su respeto es él.

—Eso es lo mismo que me dijo mi hermano. Si os soy sincera, creo que las noticias le agradan. Cuanto peor imagen dé Marco Antonio, mejor imagen tendrá él.

—Es un político y un César. Es de esperar. —La vestal acarició la espalda de su amiga con afecto—. Pero eso no debe haceros dudar del amor que os profesa.

Octavia le pasó el vaso a la esclava y cruzó las manos sobre el regazo. Pomponia se fijó en algo. En los últimos eses, rara vez la había visto llevar otra cosa que una simple estola blanca con las menos joyas posibles. Curiosa elección para una mujer con más oro que Midas. Quizás la hermana de César no tenía más capacidad para elegir su propio atuendo de la que tenía para elegir marido.

—Me niego a derramar esta lluvia de lágrimas, y más en vuestro gran día —Le dio un empujoncito cariñoso, hombro con hombro—. Veamos los nombres de esa lista. ¿Quién será la nueva novia vestal de Roma?

Pomponia abrió el pergamino y trató de no reaccionar al leer el primer nombre que vio en la lista: Quintina Vedia. La hija mayor de Quinto. Tenía ocho años y pertenecía a una familia noble, así que no debería haberse sorprendido.

Octavia miró por encima del hombro de la vestal para leer el pergamino.

—Ah, la pequeña Quintina—musitó—. La he visto. Una buena candidata, sin duda. Su padre es un buen fondo político y religioso, y su familia cuenta con un largo historial de servicio a la diosa.

—Sí. —Pomponia tenía la boca seca. Tomó un sorbo de agua—. La vestal Tácita era tía lejana suya. —Sonrió con suficiencia—. Golpeó a un galo hasta matarlo con un atizador. Había entrado en el templo con la intención de apagar el fuego sagrado.

—He oído esa historia muchas veces. —Octavia sonrió—. Una verdadera vestal y una auténtica romana. Esa chica lleva buena sangre corriendo entre sus venas.

—Lo sé —dijo Pomponia con voz más aguda de la que pensaba—. Supongo que tendré que reunirme con ella.

* * *

Una esclava del templo acompañó a Quinto y a su hija Quintina a través de la Casa de las Vestales, hacia el despacho de la Vestalis Maxima.

La niña iba agarrada de la mano de su padre, absorbiendo la belleza de la casa: frescos coloridos de la naturaleza en las paredes, intrincados mosaicos en el suelo, arcadas de columnas corintias y jónicas con cordones de flores, muebles con dorados, estatuas pintadas, y gruesas cortinas rojas, verdes y amarillas. El olor a incienso y hierba fresca. El sonido del agua de una de las fuentes interiores reverberando en el mármol.

La nueva Vestalis Maxima estaba sentada frente a un amplio escritorio, rodeado de paredes pintadas al fresco de azul, con representaciones de todos los dioses y diosas del panteón romano. Tenía la cabeza agachada, absolutamente concentrada en un pergamino en el que estaba garabateando algo, mientras que con la otra mano se atusaba un mechón de pelo suelto detrás de la oreja.

—*Domina* —dijo el esclavo—. Quinto Vedio Tácito y su hija Quintina están aquí.

Pomponia se puso en pie. Vio que los ojos de Quinto la estaban inspeccionando con cierto asombro, y se le ocurrió que lo que le pasaba es que raramente la había visto vestida con otra cosa que no fuera una estola o el atuendo oficial. Sus interacciones eran siempre en ocasiones religiosas o eventos sociales semiformales. Aquel día, sin embargo, no había necesidad de etiqueta, e iba vestida con una túnica larga desmangada de color blanco, ceñida bajo el pecho con un cinturón de cordón dorado. Llevaba el pelo recogido en un moño. No llevaba velo.

—*Salve,* Quinto —dijo con la mayor claridad posible antes de sonreír a su hija—. Encantada de conocerte, Quintina. Mi nombre es Pomponia.

La muchacha hizo una amplia reverencia.

—Suma sacerdotisa Pomponia. Deseo unirme a la orden vestal. Me encanta esta casa —dijo.

Quinto le dio un tirón en el brazo.

—¿Qué te he dicho? Responde a las preguntas que te hagan, nada más.

Pomponia salió de detrás del escritorio y la tomó de la mano, desasiéndola de la de su padre. Podía ver el parecido: el pelo y los ojos negros, los rasgos marcados que le conferían un aspecto demasiado adulto, siendo como era una niña tan bonita, como si fuera mayor de lo que era.

—Habla con total libertad —le dijo a la muchacha, cuyos ojos se abrieron como platos. Nunca había visto a nadie desafiar la autoridad de su padre, y menos una mujer. Y lo más impactante de todo, era que se padre había cedido.

—Te mostraré una de las cosas favoritas de estas casa —le dijo Pomponia—. Ven —animó a la muchacha. Luego se dirigió a Quinto—: Podéis quedaros aquí o acompañarnos, lo que queráis.

—Iré.

Pomponia los condujo a través de la casa y a lo largo del peristilo para entrar en el patio, continuando hacia uno de los estanques. Estaba rodeado de rosales blancos y en el centro de uno de ellos había una estatua de mármol de Vesta vertiendo un cuenco de llamas en el agua. Varios pájaros azules le lavaban las plumas en el borde.

Era la misma escena que había en el fresco de la pared de la casa de César, el mismo que Pomponia había estado admirando en la alcoba silenciosa cuando Quinto la agarró del brazo para besarla. El día que le habló de amor. Habían pasado casi dos años.

—Es una bonita estatua de Vesta —dijo Quintina.

—Si esas cosas te gustan —contestó Quinto.

—Me gustan, padre —contestó con un rescoldo de impertinencia.

Pomponia ahogó una sonrisa. La chica tenía la legendaria chispa de su tía dentro de ella. Sin duda, también había heredado el carácter fuerte de su padre, aunque si la enseñaban a manejarlo, podía ser un punto a favor. Pero ¿qué había de la madre?

Por un momento, Pomponia se preguntó cómo estaría llevando Valeria la posibilidad de que su hija se uniera a la orden vestal, aunque, por supuesto, eso era lo de menos.

La *patria potestas* otorgaba a los padres romanos el control sobre sus hijos. Cuando una muchacha o una mujer se casaba, el control se transfería a su marido.

Había excepciones, claro está, en las que las romanas podrían disfrutar de independencia financiera y legal. Las vestales encabezaban la excepción.

Si Quintina resultaba elegida para servir a la diosa y al templo, Quinto perdería todo su control sobre ella. Si decidiera casarse, tras años de servicio, la joven seguiría conservando su independencia legal, así como su riqueza. La idea de que su vida fuera controlada por la de un marido debía ser tan remota y desagradable para Quintina como lo era para Pomponia.

—Hay algo que creo que te va a interesar mucho más —le dijo—. Ven.

La vestal condujo a Quintina y a su padre al extremo del patio. Allí, a la sombra del peristilo, unos escultores polvorientos estaban dando forma a un bloque de mármol, moldeando una estatua a tamaño natural de una sacerdotisa. Cinceles, martillos, barrenos, raspadores y picadores yacían esparcidos sobre la hierba mientras los escultores discutían, meneando la cabeza negativamente ante las imperfecciones de su trabajo.

Al darse cuenta de que la vestal se estaba acercando, el que ostentaba el cargo de maestro escultor se apresuró a decir:

—Estamos trabajando diligentemente. Estaréis muy contenta con nuestro trabajo, una vez terminado. —Se quitó el polvo de los ojos.

—Lo sé, Agesandro —contestó Pomponia a la ligera—. Fabiana me hace venir todas las noches al patio con ella para ver cómo avanza el trabajo a la luz de la antorcha. Seguid así.

El escultor rio y volvió a la piedra. Era César quien había encargado esculpir las estatuas nuevas, pero había sido la sacerdotisa Fabiana quien había insistido en que las hicieran en el patio en lugar de en el taller del escultor. Pomponia conocía la razón. Fabiana quería estar allí cuando los rostros de las sacerdotisas que alguna vez había conocido, los rostros de sus hermanas, volvieran a la vida.

Siguieron recorriendo el peristilo hasta llega a una estatua de una vestal en particular. Los ojos marrones oscuros parecían a punto de parpadear. Un collar de oro le colgaba del cuello.

—Esta es la sacerdotisa Tácita. Tu tía lejana —informó Pomponia.

El rostro de la muchacha se llenó de tanta emoción que hasta Pomponia podía sentirla. Sin pedir permiso, cogió una flor del jardín y la depositó a los pies de la estatua.

El cuerpo de su padre se tensó ante la audacia de su hija. Había hecho lo que había podido durante toda su vida para suprimir su naturaleza impetuosa, pero la sacerdotisa parecía estar haciendo ahora todo lo contrario, motivándola a darle rienda suelta.

—¿Conoces la historia de Tácita y el galo? —preguntó Pomponia.

—Sí, sí —contestó orgullosamente—. Padre dice que es la mejor de la historia de nuestra familia. Nos la está contando todo el rato.

Había algo en la forma en la que Quintina miraba a su padre. Con tanta familiaridad. De repente, se imaginó a Quinto en su casa, charlando ociosamente con Valeria y contando historias a sus hijas. Las niñas que había creado con ella en la oscuridad de la noche y en el calor de su lecho. Pudo imaginarlo agarrando del brazo a Valeria de la misma manera que la había agarrado a ella.

Ese mundo y una vida que ella nunca había conocido le despertó un cúmulo de emociones encontradas. Tristeza; curiosidad; envidia; un anhelo de conocer a Quinto de otra forma, libre de los protocolos y tradiciones que los separaban; de una manera privada y familiar, como Valeria lo conocía.

—Si me aceptan en la orden, ¿podré ver a mis padres? —preguntó Quintina trayéndola de nuevo al momento presente.

—Claro que sí. Podrás ir a tu casa muchas veces. Y aquí también tenemos días de visita para la familia.

—¿Os visitan vuestros padres?

—Ya no, tristemente. Murieron siendo yo muy joven.

—¿Cómo?

—Mi madre murió al dar a luz a mi hermano Pomponio. Mi padre fue asesinado en la campaña de Pompeyo el Grande. —Pomponia se preguntó si Quinto recordaba las flores de color púrpura que le había dado cuando eran niños.

—¿Hace cuánto que sois vestal?

—Me eligieron cuando tenía siete años y he sido vestal durante diecisiete años ya, así que… —Pomponia fingió contar con los dedos—, me quedan trece años de servicio.

Quintina rio.

—¿Os casaréis cuando terminéis o seguiréis siendo sacerdotisa?

Pomponia podía sentir los ojos de Quinto clavados sobre ella.

—El destino no ha hecho girar ese hilo todavía.

—¿Cuántas sacerdotisas viven aquí?

—Hay seis sacerdotisas vestales que se dedican a atender la llama sagrada en el templo y llevar a cabo los rituales públicos —dijo Pomponia—, y luego hay tres vestales antiguas, retiradas, pero que permanecen con nosotras en la orden. Nos ayudan con la educación de las novias, las más jóvenes, como tú. Si eres aceptada, serás una de ellas.

Quintina asintió, como si estuviera de acuerdo.

—¿Las que se educan aquí van a otros templos? ¿Qué hay en el Templo de Vesta en Tívoli, o en el de Capua? ¿O en los de África o las otras provincias?

—La orden vestal de Roma supervisa todo lo que puede —dijo Pomponia—. Nuestras sacerdotisas acuden a menudo a gestionar los templos en otras ciudades o regiones, especialmente en las épocas más duras, de cambio o crisis, pero intentamos hacer que cada templo sea lo más independiente posible.

—Porque ya tenéis bastante trabajo, ¿verdad?

Pomponia se rio.

—Sí, eso es.

La chica tenía un sentido práctico de las cosas. Sin duda, lo había heredado de Quinto.

—Tenemos muchos deberes importantes que atender aquí. Debemos enseñar a la novicias, mantener el templo y los suministros, recoger el agua del manantial, realizar los ritos diarios, dirigir el molino, asistir a todos los rituales religiosos y eventos públicos, salvaguardar los testamentos importantes y otros documentos oficiales, transcribir los libros pontificios de la biblioteca, despachar con Césasr y el Senado, visitar a los dignatarios extranjeros, informar de nuestras contabilidad y... Eh.... ¿Se me olvida algo? ¡Ah, sí! ¡Y asegurarnos de que el fuego sagrado no se apague!

Quintina se rio mientras la vestal miraba por encima del hombro a una novicia risueña de aspecto dulce con túnica blanca que esperaba pacientemente para hablar.

—¿Qué pasa, Sabina? —preguntó Pomponia.

—Sacerdotisa, ¿puedo enseñarle el interior del templo?

—Por supuesto. Pero busca a Nona para que os acompañe.

Quinto vio a su hija marchar, llena de emoción, junto a la otra muchacha.

—Es demasiado atrevida para ser una chica —dijo—. Será difícil de gobernar. —La miró fijamente, como si la desafiara a no estar de acuerdo.

Su mirada hizo que Pomponia se sintiera, de repente, desnuda. Cogió una *palla* que había sobre una silla del peristilo y se la dejó caer sobre su cabeza, envolviéndose los hombros con ella, como si estuviera helada.

—Algunas mujeres desean gobernarse a sí mismas. ¿Tan difícil es de entender para un hombre?

—¿Y qué hay de vos, señora Pomponia? ¿Sois una de esas mujeres?

Pomponia dio un paso atrás. No había perdido el control en ningún momento, pero su atrevimiento, y el revoloteo de las mariposas en el estómago amenazaban con derrumbar su fachada de confianza.

—La Regia está vacía al anochecer. Si os pidiera que nos viéramos a solas allí esta noche, ¿lo haríais? —dijo en voz baja.

Pomponia se sonrojó.

—No.

Quinto le ofreció una sonrisa condescendiente.

—Entonces no os gobernáis nada, sacerdotisa.

* * *

Tenía los ojos dilatados y hablaba con dificultad. Sus movimientos eran lentos, forzados, torpes. Pero al menos estaba callada. Al menos la furia y sus arrebatos habían disminuido. Al menos lo dejaba tranquilo la mayor parte del tiempo.

Quinto permanecía en el *triclinium,* mirando a su esposa, quien estaba en el sofá apurando el vino que le quedaba en la copa. Sabía que el tónico que el médico le había dado, mezclado en la bebida, la haría quedarse dormida en breve, no lo suficientemente rápido para él.

Pero por el momento, todavía se resistía.

—¿Le han cortado el pelo? —preguntó.

—Sí.

—¿Quién?

—La Vestalis Maxima. —No le dijo que Pomponia era ahora la jefa vestal. Valeria todavía creía que era Fabiana. No había salido de casa en semanas y no tenía sentido decírselo. Solo habría sido motivo de pelea.

—¿Lloró?

—No.

—¿Y qué hizo?

—Estaba feliz. —Soltó un suspiro de irritación—. Ella misma colgó los mechones del árbol Capillata.

—¿Y qué más?

—El Pontifex la aclamó como novia de Roma y ella pronunció los votos. Iba con la túnica blanca y el velo. Cuando volví a verla, tiempo después, parecía... No sé... Como una de ellas.

Valeria trató de tomar otro sorbo de vino, pero se dio cuenta de que la copa estaba vacía. La dejó caer al suelo.

—¿Qué más?

—No sé, Valeria —rezongó—. La mayoría de los ritos *captio* tienen lugar en el interior del templo. —Se acabó su copa de vino de un trago—. Será más feliz allí.

—A ti la felicidad de tu hija te importa un bledo —repuso Valeria—. Lo único que te importa es progresar y tener una buena excusa para visitar la Casa de las Vestales.

Quinto apretó el puño y se acercó a ella.

Valeria le apuntó, furiosa, con el dedo.

—Eres asquerosamente transparente, Quinto. Pero ¿sabes qué? Me alegra saber que nunca tendrá que someterse a un marido como tú. Me alegra saber que... Yo... —Inclinó la cabeza, cayendo nuevamente recostada en el diván.

Quinto se sentó junto a ella. Valeria tenía razón: era transparente. Y si no encontraba la forma de sacarse a Pomponia de la mente, todo el mundo acabaría dándose cuenta de sus sentimientos por ella. Era cuestión de tiempo.

Ya se había retirado de muchas de casi todas sus funciones religiosas, todo por limitar el contacto con ella. Ahora estaba más inmerso en sus deberes cívicos y senatoriales. Y así tendría que seguir siendo. No podía arriesgarse a tener tantos ojos encima, cuando ella estaba presente.

Una esclava entró silenciosamente en la habitación.

—*Domine,* ¿debería llevar a la señora Valeria a la cama?

—No —respondió Quinto—. Déjala aquí.

Miró a la esclava. Ella entendió lo que significaba aquella mirada. Asintió obedientemente.

—Por supuesto, *domine.* Me prepararé y os esperaré en vuestra alcoba.

«Siempre hay una forma de olvidar», pensó Quinto.

Capítulo XII

Militiae Species Amor Est

(El amor es una especie de guerra - Ovidio)

Roma. 36 – 33 a. C.

(un año después)

—Por las benditas tetas de Luna —masculló entre dientes Livia. Sangre. Otra vez. La regla se le presentaba todos los meses con la misma precisión del ciclo lunar. No fallaba. Llevaba tres años intentando concebir un hijo con Octavio. Después de todo, un César necesitaba un hijo. Su sobrino Marcelo ya había sido designado como su heredero, pero Livia no estaba dispuesta a consentir que ese niñato u Octavia ocuparan esa distinción. Con todo, cada vez era más difícil aferrarse a la esperanza. Al principio, su marido solía preguntarle todos los meses: «¿Estas embarazada?». Pero ya había dejado de hacerlo. Ahora ya empezaba a darse cuenta de que vientre de su esposa era tan estéril como el de la salada Cartago.

La esclava Medousa le dio un paño menstrual para absorber el flujo, y Livia se lo metió entre las piernas. Le estaban dando calambres, así que dejó que la esclava le pusiera una compresa caliente en el vientre antes de caer de espaldas sobre la cama con un gemido de dolor.

—Medousa, dime algo.

—¿Sí, *domina?*

—¿Te ha estado tomando César más últimamente?

—Sí, *domina.*

—Ya. Me lo imaginaba.

Medousa puso una almohada bajo la cabeza de Livia. Ambas habían desarrollado una dinámica única durante los últimos dos años, en gran parte debido al hecho de que Medousa todavía era considerada como propiedad de la Vestalis Maxima Pomponia.

La cuestión de la propiedad no afectaba realmente a la vida cotidiana: Medousa era una esclava en la casa de César y se esperaba que hiciera cualquier cosa que se le pidiera, lo que incluía satisfacer las necesidades sexuales de César. Aquel particular acuerdo le permitía escapar del duro trato que Livia propinaba a los esclavos domésticos con frecuencia.

Medousa no había tardado en descubrir que era el tipo de ama que pegaba a sus esclavos casi hasta la mitad de camino del Hades, solo por deporte. Sin embargo, César solía torcer el gesto ante tales exhibiciones de maltrato y a menudo, hablaba públicamente en contra del abuso excesivo de los esclavos.

Sin embargo, Livia era conocida por destrozar una o dos espaldas cada vez que él no estaba en casa.

Se echó una manta encima de las piernas.

—Cuando estáis juntos, ¿qué te pide que hagas? —le preguntó a la esclava—. ¿Algo raro? ¿Algo que pueda sorprenderme?

Medousa se sentó en el borde la cama. Era una informalidad por la que habría hecho azotar a cualquier otra esclava hasta arrancarle la piel a tiras.

—La primera vez creyó que era virgen —empezó ella—. Tenía la fantasía de que yo era Rea Silvia y él Marte. Últimamente le ha dado por ahí otra vez. Uso una esponja empapada de sangre, y cada vez que me penetra, hago como si me doliera y estuviera sangrando. Parece que eso le produce mucho placer, *domina.*

Livia frunció el ceño, pero no estaba enfadada. Estaba pensando.

—¿Son imaginaciones mías, Medousa, o César mira a veces a su hermana con deseo?

—Yo no he notado nada de eso, *domina.* Pero me parece que le atrae la pureza y la virtud. Creo que por eso le pide a la señora Octavia que se vista como lo hace. Tiene tantas estolas blancas en el armario que a veces pienso que estoy de nuevo en el templo.

Livia resopló. Aquella esclava era una bocazas, pero por lo menos tenía una boca útil.

—Coge tu capa, Medousa. Vas a hacerme un recado.

* * *

La última vez que Medousa había estado en el mercado, había sido como mercancía. Ahora era ella la compradora. Le sobrevino una maraña de recuerdos.

El bullicio de los cuerpos y los gritos de los competidores. Las jaulas de madera con hombres, mujeres y niños sucios dentro. Algunos de ellos miraban a través de los barrotes con los ojos vacíos. No eran nuevos. A estos los habían comprado y vendido antes. Sabían lo que estaba pasando. Así era la vida. Lo único que podían hacer era esperar y ver a qué amo tendrían que servir aquella noche.

Otros lloraban, oraban, o temblaban de miedo. Los habían arrancado de sus casas, en otras tierras, como botín de guerra o piratería, y los habían llevado a Roma para ser vendidos como esclavos. Los que eran miembros de una misma familia se aferraban unos a otros, como si el abrazo pudiera evitar que los traficantes de esclavos los destrozaran robándole toda esperanza de volver a verse en la vida.

Gritaban en un coro de lenguas extranjeras, pero todos decían lo mismo: «¡No te lleves a mi hijo! ¡Quiero estar con mi madre! ¡Para! ¡No soy un esclavo! ¡Por favor, piedad! ¡Dioses, ayudadme».

En la mente de Medousa se escuchó una voz lejana, perdida en el tiempo: «Te quiero, Penélope. Mamá te ama, nunca lo olvides. Pase lo que pase, acuérdate siempre de eso».

La voz dolía como una herida abierta. Trató de imaginarse el rostro de su madre, pero no se formó nada, excepto la visión del colgante de Medusa que siempre llevaba alrededor del cuello y la vaga imagen de cabello grueso de color castaño rojizo.

Pero todavía podía ver la cara de su padre. Oscura, barbuda y fuerte. Había aguantado con dignidad y coraje, hasta que vio a su esposa desnuda en la plataforma de subasta, y se volvió loco de furia contra las cadenas que lo ataban como a un animal salvaje en la arena.

Solo Hera sabía qué había sido de ellos.

—Medousa, ¿eres tú?

La voz la trajo de vuelta. Se giró y se encontró con la cara de Quinto Vedio Tácito. Iba vestido con una túnica cara pero sencilla de manga corta, atada a la cintura, y llevaba pastilla de cera muy usada en una mano y un punzón de escribir en la otra. El esclavo que iba junto a él cargaba una brazada de pergaminos.

—Sí, soy yo —contestó—. No sabía que estabais haciendo negocios con esclavos.

—Y no los hago. Estoy aquí por asuntos oficiales. —Apuntó con la barbilla hacia los pergaminos que el esclavo llevaba bajo el brazo—. Auditorías fiscales a traficantes de esclavos.

—Ya. —Lo miró fríamente—. ¿Algo más?

El rostro de Quinto se desviaron con una mueca de incomodidad y luego la miró. Por un momento, Medousa pensó que iba a disculparse o, por lo menos, reconocer que había cometido un gran sacrilegio y que, por culpa de eso, se había tenido que separar de Pomponia. Pero aquella bestia no tenía capacidad para pensar en nadie más, salvo en sí mismo.

Se apoyó en el otro pie con gesto torpe. Medousa sonrió. Sabía que lo que quería era preguntarle por la sacerdotisa. No iba a darle la oportunidad de hacerlo.

—Si me disculpáis —dijo, y pasó de largo sin mirar atrás. Ella también estaba allí por asuntos oficiales.

Medousa estiró el pescuezo por encima de la multitud hasta que finalmente vio lo que estaba buscando: un gran letrero de madera que anunciaba *Virgo,* con un dibujo irregular de una mujer desnuda. Bajo el letrero había una plataforma, y sobre ella, una niña desnuda de unos dieciséis años.

Trató de cubrirse los pechos con las manos, pero el traficante de esclavos la empujó con un palo y desistió de inmediato. Ladró algo y volvió a apuntar con el palo. Ella se dio la vuelta lentamente para mostrar el trasero a los postores.

—Eso son tres mil denarios —gritó el traficante de esclavos—. ¿He oído tres mil quinientos! ¡Deberían ser cinco o seis mil por lo menos! Mirad bien a la chica, es una belleza. ¡Y tan dócil! Como un corderito. Habla latín bastante bien. Intacta y fértil. Garantizado. —La golpeó con el palo y se dio la vuelta.

—Demuéstralo —gritó un hombre desdentado de entre la multitud—. ¡Ábrele las piernas!

El traficante de esclavos tiró una piedra acertándole en la cabeza.

—¡Vete de aquí, saco de mierda, o llamaré a los guardias! ¡Solo compradores serios! Ve a la Subura si quieres mirar gratis.

—¡Tres mil quinientos denarios! —gritó Medousa.

—¿Dónde está tu hombre, cariño? —preguntó el traficante.

—Comprador privado —contestó, y levantó la pesada bolsa de dinero que Livia le había dado.

— Tres mil quinientos—anunció—. ¿Cuatro ¿He mencionado ya que esta saber leer un poco? —Pero la muchedumbre ya se estaba dispersando en busca de algo más barato. El traficante se encogió de hombros Tres mil quinientos era más de lo que había esperado. La gente no estaba muy gastadora últimamente. La truncada alianza entre César y Marco Antonio, y los rumores de que los graneros no estaban precisamente a rebosar, eran malos para el negocio. La gente no gastaba en tiempos de incertidumbre. Arrojó una túnica sucia hacia la niña y ella se la puso.

Medousa puso unas cuantas monedas más en el desvencijado escritorio del comerciante de esclavos para acelerar la transacción y la esclava no tardó en seguirla obedientemente por la calle hasta la casa de César, en el monte Palatino.

Caía la noche cuando llegaron, y ambas estaban sudando la gota gorda. Medousa llevó a la niña, que aseguró llamarse Maia, a los baños, donde Despina, ya estaba esperándola junto a una esclava encargada de embellecerla.

Le cortaron el pelo, la depilaron y la lavaron con agua antes de vestirla con una estola y un velo blancos.

—Te va a penetrar un hombre —le dijo Medousa a la joven de ojos muy abiertos.

Una inclinación de cabeza.

—Será doloroso, pero no intentes ocultar tu dolor. Deja que lo vea. No durará mucho y después te cuidará y te dará de comer. ¿Tienes alguna pregunta?

La niña agitó la cabeza con gesto negativo. Justo en ese momento, Livia entró en la estancia. Miró a la niña de arriba abajo como si fuera carne de vaca: la inspección era necesaria, pero no necesariamente desagradable.

—¿Está intacta? —le preguntó a Medousa.

—Sí, *domina.* El médico del mercado así lo ha confirmado.

—Bien. —Levantó la estola de la esclava para mirar de bajo—. Ven conmigo.

Con la niña a remolque, Livia marchó por la casa tenuemente iluminada, en dirección a la alcoba que compartía con Octavio, forzándose por transformar su expresión sobria en una sonrisa coqueta antes de abrir la puerta y mirar a la vuelta de la esquina, como una niña traviesa a punto de jugar a algo…

—Hola, querida —dijo Octavio. Estaba acostado en la parte superior de la lujosa cama de cuatro plazas. El dosel de seda roja ondeaba con la brisa de una ventana abierta. Cuando adivinó su expresión, dejó el pergamino que estaba leyendo y miró de reojo su sonrisa pícara—. ¿Qué estás tramando, pequeña descarada? Pareces Discordia a punto de pecar.

—Tengo un regalo para ti, esposo.

Él se cruzó las manos sobre el pecho y chasqueó la lengua.

—¿Y cuál es ese regalo?

Livia abrió la puerta y condujo a la esclava al pie de la cama.

—Esposo, este regalo está envuelto en blanco puro —alisó amorosamente el velo que caía por la espalda de la chica—, y por una razón que pronto descubrirás.

—¡Oh! —exclamó Octavio tratando de mostrarse desapasionado, pero Livia podía ver la prueba de su excitación formándose bajo su túnica—. Dime, esposa. ¿Vas a compartir este regalo conmigo?

—No lo creo —dijo Livia con malicia—, pero compartiré una copa de vino con mi marido cuando termine con ella. —Puso sus manos sobre los hombros de la esclava para empujarla a la cama, y luego se deslizó vertiginosamente hacia la puerta, guiñándole un ojo a su marido mientras se marchaba—. *Salve,* César.

La puerta se cerró tras de sí, y Livia exhaló, apoyándose en ella. Medousa ya estaba esperando en el pasillo.

—Acabará en menos tiempo del que se tarda en hervir un huevo, *domina.*

—Cuando acabe, lleva a la chica al cuarto de los esclavos a pasar la noche. Y luego la mandas de vuelta al mercado a primera hora de la mañana y la vendes.

—Ya no va a valer lo mismo.

—Da igual —dijo Livia—. Y la próxima vez elige una que no sea tan bonita.

—Sí, *domina.*

—Que tengan listas unas sábanas para cambiarlas en cuanto acabe. Y trae una palangana para lavar a César también.

—Sí, Domina.

—Y después traes unos refrescos. Vino. Tal vez peras o higos, y un poco de carne fría. Comeré con César.

—Así se hará, *domina.*

Livia vio a Medousa desaparecer por el pasillo. Apretó la oreja contra la puerta. Un gruñido. Un grito de dolor. Menos tiempo del que se tarda en hervir un huevo.

Ella sabía que no había cumplido con su propósito primordial como esposa de César: proveer a su poderoso esposo con un hijo y heredero.

Como mujer divorciada con hijos de otro hombre, tampoco podía explotar la virtud *univira* sobre la que César tanto amaba predicar. Venía de buena familia, eso sí, pero su pasado personal daba poco peso a su personalidad pública como hombre defensor de la moral tradicional romana y los valores sexuales.

Sin embargo, había otras maneras de servirle. Y mientras ella siguiera trayendo mujercitas a su cama, vestidas de blanco puro como los Alpes, su estatus como esposa de César estaría asegurado.

* * *

—Oh, no… —Pomponia se subió la estola por encima de los tobillos, al tiempo que navegaba a través de un lodazal en el establo vestal. Vio a varias esclavas corriendo en dirección a ella—. ¿Por qué no está esto limpio?

—Profundas disculpas, suma sacerdotisa, es que anoche llovió.

—En octubre llueve todas las noches —la regañó—, no es que sea un suceso sobrenatural. —Luego se mordió el labio. Cada día se parecía más a Fabiana.

Se sentó en un banco, y una esclava acudió a ella con una palangana. Le desató las sandalias y sumergió los pies manchados. Movió la mano con un gesto de irritación.

—Aparta, que no puedo ver.

Miró hacia el picadero. Quintina estaba acariciando a un caballo blanco formando amplios círculos con la mano. La niña aprendía con mucha facilidad y rapidez, y montar a caballo no iba a ser una excepción.

La educación de una vestal incluía clases de equitación, en caso de que tuviera que salir de Roma de forma apresurada, ya fuera por causas de incendio, inundación, o invasión, de modo que la orden tenía sus propios establos, no lejos del templo. destinados a las clases de equitación.

Cabalgar por placer también era uno de los muchos privilegios que disfrutaban las sacerdotisas vestales. Tuccia solía ir con frecuencia por los establos. Pomponia rara vez tenía tiempo para hacerlo. Ni ganas. Siempre había preferido los pergaminos a las sillas de montar.

El jefe del establo, un liberto musculoso y alto llamado Laurentius, saludó educadamente a Pomponia mientras se acercaba. Quinto le seguía. Quinto iba caminando junto a él. Ambos conversaban relajadamente. Las visitas de Quinto para ver a su hija montar a caballo se había vuelto normales así que no era raro verle allí.

—Gran sacerdotisa —dijo—. Quinto Vedio Táctito ha venido a ver a la señorita Quintina.

—Gracias, Laurentius.

El jefe del establo se fue y Quinto se limpió la suela de la sandalia en el peldaño inferior de una valla, dejando un pegote de barro sobre ella.

—Deberíais azotar a los esclavos —gruñó.

—Tal vez debería dejar que vos lo hicierais. A lo mejor así os poníais de mejor humor.

Quinto dejó de limpiarse las suelas y la miró directamente.

—Mi humor es perfectamente normal.

—Lo sé.

Se frotó los pies descalzos en el agua para terminar de limpiarse la tierra, al tiempo que Quinto se sentaba junto a ella, aunque a una distancia respetable. Se inclinó hacia delante con las manos sobre las rodillas.

Era la postura que Quinto siempre adquiría cuando estaba a su lado. Seguía siendo incómodo. Se le notaba inseguro, a pesar de que Quintina llevaba ya cuatro años en la orden vestal y siempre agendaba sus visitas a los establos cuando sabía que Pomponia estaría presente.

De hecho, aquellas visitas se habían ido volviendo cada vez más frecuentes durante los últimos meses. También se habían vuelto más personales. El interés compartido en Quintina había abonado un terreno común sobre el que, después de tantos años, había echado raíces la amistad, una amistad incómoda, eso sí, pero en evolución.

Era una relación diferente a la de aquellos años en los que llevaban a cabo los deberes religiosos juntos, siempre tensos, a la vista del público. Ahora, sin el escrutinio de Roma mirando cada una de sus interacciones con Pomponia, Quinto podía respirar un poco más tranquilo. Quinto todavía era Quinto, por supuesto. Duro, crítico, autoritario. Si estaba aprendiendo a tratarla como una persona normal, era gradualmente.

—¿Cómo está la sacerdotisa Fabiana? —preguntó él.

Pomponia se encogió de hombros.

—Tiene sus días buenos y sus días malos. Está empezando a olvidar las cosas.

—¿Y Perseo?

—Perseo es un miserable sabueso del infierno que destroza flores y se come mis sandalias. Ese perro ya debe tener cien años. Es inmortal.

Quinto sonrió ampliamente.

Pomponia odiaba cuando hacía eso. Su rostro se abría extrañamente, haciendo desaparecer al colérico Quinto que lo habitaba, transformándolo en alguien accesible, casi agradable. Siempre la desarmaba, y le resultaba difícil apartar la mirada. Le recordaba al hombre que había conocido hacía ya unos cuantos años en casa de César, en la alcoba.

—Pomponia, ¿qué pensáis de mí?

— Pienso que sois un salvaje bien vestido que tiene que controlar cada situación y que os deleitáis diciéndome lo que tengo que hacer.

—Me habéis pillado. Decidme que soy el único hombre al que amaréis. Juradlo por el altar de Juno.

No habían vuelto a hablar de ello desde aquel día. Ni del día que Quinto llevó a su hija al templo por primera vez, cuando se dejó las apariencias y la retó a encontrarse con él en la Regia después del anochecer.

Nunca habían hablado de todas aquellas cosas, a pesar de que los recuerdos formaban parte de cada conversación, cada mirada y cada interacción entre ellos. Desde las palabras que elegían hasta la forma en la que se sentaban el uno junto al otro, la tensión siempre estaba ahí. El pasado tácito siempre estaba presente.

—¿Y vuestra esposa y la pequeña Tácita? ¿Bien? —preguntó Pomponia. Salpicó con los pies en el agua para enfatizar lo despreocupada que pretendía ser aquella pregunta.

El semblante de Quinto se dejó invadir por una risilla tonta. Aquello no era nada nuevo. Un momento resultaba de lo más agradable, y al momento siguiente se ponía del mal humor, que era como casi siempre estaba. Era difícil de predecir.

Incluso en los instantes en los que se le veía más abierto, relajado y tolerante, siempre parecía estar en guardia, a punto de regañar a Pomponia por algún paso en falso, real o imaginario. Había aprendido a vivir con ello. A ignorarlo.

Agitó la cabeza, irritado, y luego se giró hacia ella.

—¿Por qué tienes que hacer preguntas de las que ya sabes cuál es la respuesta?

—¿Por qué tienes que ser tan cambiante?

Quinto estaba que echaba chispas.

—Mi hija pequeña está bien. Mi mujer… —Volvió a agitar la cabeza—. Irrelevante.

—Estoy segura de que estaría encantada de oírte hablar así de ella.

Pomponia supuso que aquel comentario haría que Quinto se levantara y se fuera hecho una furia, así que se obligó a sí misma a sacar los pies de la palangana, como si no le importara lo que hiciera. Cogió la toalla que tenía al lado, pero Quinto forcejeó tirando de ella hasta lograr arrebatársela. Y luego hizo algo que la vestal no se esperaba. Se arrodilló frente a ella, extendió la toalla sobre sus piernas, y colocó los pies descalzos de Pomponia encima, levantando los bordes de la toalla para secar suavemente, casi con adoración, sus pies.

Aquel acto estaba más que prohibido.

—Quinto. —Se dijo a sí misma que debía apartar los pies de él, pero por alguna razón los sentía como dos bloques demasiado pesados como para poder levantarlos de sus piernas. Las plantas de sus pies temblaron al sentir su calor, y el contacto de su cuerpo. La visión de sus manos, sentirlas moviéndose sobre sus pies, le agitó la respiración.

—He vuelto a ver a Medousa en el mercado —dijo, como si no estuviera pasando nada raro.

Pomponia recuperó el aliento.

—¿Qué estaba haciendo?

—Solo estaba comprando más esclavas para la casa de César, supongo. —Subió con la toalla hacia su tobillo, para secar la humedad de esa zona.

Empezó a acariciar la pierna con la otra mano, moviéndose lentamente hacia arriba, hasta que sus dedos se deslizaron por detrás de la curva de la rodilla, acariciando la piel suave y sensible.

—Quinto, para.

No se detuvo, por supuesto. Él nunca hacía lo que ella le decía; aun así, esta vez no estaba siendo desafiante. Simplemente estaba absorto en lo que estaba haciendo. Pero luego dejó de acariciarla y le agarró la pierna con más fuerza.

—César me manda a Egipto —dijo abruptamente—. La reina Cleopatra ha dejado de pagar a Roma. Peor aún, los cargamentos de grano son cada vez más escasos. César sospecha que Marco Antonio está conspirando con Sexto Pompeyo para matar de hambre a Roma, y derrocarlo. Debo reunirme con el general Marco Antonio y hacer un informe de la situación. —Aflojó la presión y volvió a acariciarla suavemente—. Se está gestando una guerra entre César y Marco Antonio. Y va a estallar pronto. El general Agripa ya está planificando la campaña.

—Sabía que las cosas no iban bien —dijo Pomponia—. Pero no sabía que estaban tan mal. —Apretó los dedos contra sus piernas. Él respondió envolviéndole los tobillos con sus poderosas manos—. ¿Cuándo os vais? —preguntó sin dejar de respirar con dificultad.

—Mañana.

—¿Mañana? ¿Por qué no me lo habéis dicho antes?

—Me lo han dicho esta misma mañana.

—¿Y cómo puede pediros que os vayáis tan pronto, sin previo aviso?

—Es el César, puede hacer lo que le dé la gana.

—¿Cuánto tiempo debéis estar allí?

Pomponia apretó los labios.

—Indefinidamente.

—Entonces, ¿estaréis allí cuando la guerra entre Egipto y Roma comience?

—Sin duda alguna —dijo—, pero ya he estado antes en otras batallas.

—No como esta. César será implacable y Marco Antonio responderá como un animal acorralado.

—Como en cualquier batalla, Pomponia. —Se dio cuenta de que había pronunciado su nombre si el «sacerdotisa» honorífico delante, pero no se disculpó. En lugar de eso, se levantó para poder mirarla cara a cara—. Vendréis a la Regia esta noche. —No se lo estaba pidiendo. Era una orden—. Nos despediremos allí.

Y luego se fue, abriéndose paso por el barro, en dirección al picadero y la silueta ondulante de su hija a caballo.

Una esclava regresó con las sandalias ya lavadas y secadas de Pomponia. Se arrodilló frente a ella para atárselas, pero Pomponia le hizo un gesto con la mano.

—Lo haré yo misma.

Se las ató rápidamente y se puso en marcha hacia el establo. Laurentius estaba ocupado reparando unos aperos en la mesa de trabajo.

—Tengo que irme —dijo al jefe del establo—. Los escoltas de Quintina la acompañarán después de la clase. Y Laurentius, manda unos cuantos esclavos extra para acompañarlos, ¿quieres? Asegúrate de que vayan armados.

—¿Paso algo malo, *domina?*

—No. Es solo que hoy estoy un poco nerviosa.

—Siempre es sabio prestar atención a la intuición, suma sacerdotisa. Es la forma en la que Dios nos habla. La mandaré de vuelta con mis mejores hombres.

—Gracias.

Pomponia se metió en la *lectica* y se dejó caer entre los cojines antes de que los porteadores tomaran posición.

Quinto estaba loco si pensaba que iba a hacer lo que le había dicho. Sus palabras, su presuntuosidad, eran groseramente insultantes para ella. Peor aún, eran una sacrílega afrenta hacia la gran diosa y la orden vestal.

Y por si aquello fuera poco como para condenarle, que no lo era, estaba aquella bárbara falta de juicio y total desprecio hacia el peligro que conllevaba para ambos. Su renuencia a verle desollado vivo en el Forum igualaba a la renuencia que le producía la idea de acabar enterrada viva en el Campus Sceleratus.

Pero Quinto se iba a Egipto, posiblemente para no volver.

El resto del día transcurrió agoniosamente lento para Pomponia, ejerciendo sus deberes cotidianos siendo consciente de cada hora que pasaba; supervisó el inventario de leña y obleas sagradas, y luego fue a inspeccionar el molino; escribió cartas a los otros templos; revisó con Cecilia el currículum de las novicias, confirmó que los documentos seguían en las cajas fuertes y pasó algún tiempo entre los archivos; y echó un vistazo a las obras de construcción que estaban teniendo en varias áreas de la Casa de las Vestales. Repasó con Tuccia, Cecilia y Lucrecia la agenda de próximos rituales, festivales y eventos públicos.

Sin embargo, y a pesar de todas las cosas que hacía, no podía dejar de pensar en lo que había pasado con Quinto en el establo.

La sensación de sus manos fuertes alrededor de sus tobillos; el sonido de su voz; pensar que pronto saldría de su vida para cruzar el *Mare Nostrum* hacia lo que quiera que el Destino le tuviera reservado.

Estaba siendo un día largo, uno de aquellos en los que sus deberes de vestal no la dejaban acercarse a la fogata del templo; uno de aquellos días en los que echaba de menos tiempos más tranquilos, cuando podía pasarse las horas en el templo, atendiendo la llama sagrada de Vesta con sus propias manos.

La vida era más fácil antes de que Fabiana se retirase. La vida también era más fácil antes de Quinto.

Se dijo a sí misma que iría a verlo, aunque fuera únicamente para despedirse de él. Solo para decirle que, a pesar de su vulgar insolencia y sus votos sagrados, deseaba con todo su corazón que estuviera a salvo. Rezaría cada día y haría ofrendas para que la diosa le protegiera.

El atardecer descendió sobre Roma como una vibrante manta naranja, acostando a la gente en sus camas. Pomponia deambulaba todavía por la Casa de las Vestales. Las otras sacerdotisas estaban cuidando el templo o en sus habitaciones privadas. El trabajo había terminado, aunque para ella nunca se acababa de verdad, y a excepción de un puñado de esclavos, era la única que permanecía despierta. O eso creía. Perseo trotó por el pasillo en su busca para hacerle la fiesta, las uñas chasqueando contra el suelo de mármol y la lengua fuera.

Se agachó para rascarle las orejas.

—Me da miedo salir sola, Perseo —susurró—. Puedes venir conmigo.

Pomponia se deslizó por el pórtico hacia la calle vacía de la Via Sacra. Miró por encima del hombro. El sol poniente arrojaba un profundo resplandor anaranjado sobre el mármol blanco del templo circular de Vesta. Parecía más hermoso que nunca. Vio el humo de la hoguera sagrada saliendo por la abertura del broncíneo techo abovedado del templo, ascendiendo en espiral hacia el cielo vespertino, hacia la diosa.

Podía oír a Caeso y Publio riendo y contando chistes verdes con los otros guardias del Forum, al otro lado del Templo de Vesta, a la altura del Templo de Cástor y Pólux. El Forum Romanum esta amurallado y cerrado al público al caer la noche, así que su laxitud no era un problema. De hecho, la beneficiaba, porque no podían verla desde su posición. Pomponia dudó por un instante, pero entonces Perseo tiró de la correa como desafiándola a seguir adelante, y caminó con un brío renovado.

Sin duda, la Regia, que se encontraba a tan solo unos pasos del Templo de Vesta, estaría vacía. Como residencia histórica de los primeros reyes de Roma, incluyendo a Numa, al actual Pontifex Maximus, únicamente se usaba durante el día y solo cuando Lépido estaba en Roma, y en aquel momento se encontraba fuera.

Al acercarse al pórtico de la Regia, sus ojos recorrieron las altas columnas del cercano Templo de la Estrella Cometa. Era el templo que Octavio había dedicado a Julio César años antes. Se encontraba justo en el lugar exacto donde la multitud enfebrecida había erigido una improvisada pira funeraria y quemado al dictador con llamas del fuego sagrado de Vesta.

Pomponia lo recordaba bien. La turba exaltada por el discurso de Marco Antonio se abalanzó sobre la Rostra para hacerse con el cuerpo de César, y Quinto apareció junto a ella. La había escoltado por las caóticas calles del Forum hasta alcanzar la seguridad de los escalones del templo. Pero Valeria ya estaba allí: había agarrado a su marido de la capa, furiosa: «¡Sabía que estarías aquí!».

Sintió una puñalada de culpa. Ella estaba violando gravemente sus votos religiosos al reunirse con Quinto (aunque solo fueran a hablar), y el estaba deshonrando los votos de matrimonio que había intercambiado con Valeria a causa del afecto que había entre ellos. Se ajustó la correa de Perseo a la muñeca con tanta fuerza, que empezó a ponerse pálida y quedarse sin circulación.

«Estoy perdiendo la visión de mí misma. Debo estar en comunión con la diosa», pensó.

Aflojó la correo y dio la vuelta, de regreso a la Casa de las Vestales. En ese momento, Quinto abrió las puertas de la Regia desde el interior.

—Venid —dijo.

Pomponia miró nerviosamente alrededor. El Forum estaba tranquilo. Aparte de los guardias del templo y los barrenderos, que estaban barriendo y limpiando las calles y recogiendo la basura a la luz de sus antorchas, Quinto y ella parecían ser las únicas almas que todavía andaban despiertas.

Subió los escalones de la Regia y accedió al interior. Quinto cerró las pesadas puertas tras de sí, y ella se esforzó por ver a través de la luz que daba una única antorcha fijada en una de las paredes rojo sangre.

Con su llamarada parpadeante, la imagen pintada del guerrero de Marte parecía resucitar, listo para matar y con sed de batalla.

Pomponia había estado en aquel mismo espacio sombrío muchas veces. Tenía un santuario especialmente imponente y sagrado en honor a Marte debido a las antiguas reliquias (un gigantesco juego de lanza y escudo) que yacían sobre el altar de mármol.

Se decía que habían pertenecido al propio Marte, y que el dios los había arrojado desde los cielos para proteger a los romanos. Los pasados pontífices y sacerdotes de Roma decían que la lanza temblaba y traqueteaba en el altar, como si demandara que alguien la empuñara, cada vez que Roma estaba amenazada.

Perseo gimió y luego se sentó obedientemente frente al altar. En cualquier otro momento, la visión de aquel perrillo comulgando con el gran dios de la guerra habría hecho que Pomponia se muriera de la risa. Pero en aquel momento no. Sentía el corazón martillándole el pecho, el estómago revuelto con una extraña mezcla de aprehensión y excitación.

Quinto se acercó hacia ella. La envolvió con la fortaleza de sus brazos, atrayéndola hacia sí, hasta descansar su rostro contra su pecho. Ella sintió un calor inundando su cuerpo, y una extraña dureza presionando contra su abdomen.

—Es mi deseo por vos —dijo él, con la voz más dulce que Pomponia jamás había oído—. No me avergüenza. —Desplazó su cabeza hacia la nuca de ella—. Pertenecéis a Roma —dijo en su cabello—. Pero juro por el altar de Marte que algún día seréis mía.

Se echó hacia atrás y enmarcó su rostro en las manos.

—Marte os protegerá cuando yo no pueda hacerlo.

Ella puso sus manos sobre las de él y sintió la sangre de la palma de su mano goteando por su mejilla. Le había ofrecido su propia sangre al dios de la guerra. Para protegerla.

—Que Vesta os traiga de regreso a casa —dijo ella.

Entonces él salió por la puerta y lo único que oyó fueron sus pisadas alejándose, y el rasguño de las escobas sobre los adoquines.

Capítulo XIII

Auribus Teneo Lupum

(Tengo al lobo agarrado por las orejas - Terencio)

Egipto y Roma. 32 a. C.

(un año después)

La reina Cleopatra se sentó en el borde azul y vidrioso del estanque del patio del palacio y miró pensativamente el agua turquesa. El canto de un corremolinos resonó en algún lugar de las aguas pantanosas de los extensos jardines. La reina sonrió lánguidamente ante el agradable sonido. Tenía motivos para hacerlo.

Podía imaginar la cara de Octavia cuando su hermano le diera la noticia: «Tu querido Marco Antonio te ha abandonado. Se ha casado con la reina egipcia».

Había sido una batalla a duras penas ganada por Cleopatra. Marco Antonio no era tan manejable como creía. A pesar de su naturaleza infantil y grosera, había demostrado ser un romano de pies a cabeza. Cada vez que leía una carta de su esposa Octavia, el sentido del orgullo y el deber le hacía correr a través de las arenas del desierto de vuelta a su cama. Y cada vez que lo hacía, la alianza con Octavio se renovaba y fortalecía.

Aquellas malditas cartas. Siempre encontraban la manera de llegar a manos de Marco Antonio, sin importar cuántos guardias asignara Cleopatra a los astilleros, el desierto y el propio palacio para interceptarlas. La reina sospechaba que el responsable era Quinto, el hombre de Octavio. Qué depresión de hombre, tan puritano.

Cleopatra no le escribía cartas. Ella optaba por enviar mensajeras a Roma. Era un enfoque mucho más personal y persuasivo, y siempre elegía a las mensajeras cuidadosamente.

En primer lugar, las seleccionadas siempre estaban entre las mujeres más guapas de Egipto. Luego se encargaba de que fueran entrenadas en arte dramático: las lágrimas tendrían que parecer genuinas, y las palabras sinceras. Lloraron cuando describieron cómo Cleopatra había estado a un suspiro de abrirse las muñecas, con el corazón destrozado; y cómo sus amados hijos Alejandro Helios y Cleopatra Selena derramaban lágrimas día y noche anhelando el regreso de su padre.

Más allá de su capacidad de actuación, todas ellas llevaban un mensaje muy íntimo, directamente de los labios de la reina. Y si estaba solo en su alcoba romana, se arrodillaban ante él y se lo entregaban con sus propios labios.

Sus espías en Roma le habían contado todo sobre Octavia, la esposa de Marco Antonio, quien, según todos los relatos, era la matrona romana ideal. Obediente. Dócil. Subordinada a su marido. Libre de vicios y ambiciones. Virtuosa y apropiada en todos los sentidos. Aparentemente, también se vestía para encajar con aquel papel. Cuando no iba en estola blanca, iba en túnica blanca. Si no hubiera sido mancillada por su marido, podría haber pasado por una virgen vestal.

En lugar de intentar competir con la naturaleza sumisa y complaciente de Octavia, envuelta en capas de ropa blanca, Cleopatra hizo todo lo contrario. Donde Octavia se habría doblegado ante la sabiduría de Marco Antonio, Cleopatra le desafiaba. Donde Octavia le habría calmado, Cleopatra le regañaba.

Donde Octavia se hubiera escabullido silenciosamente cuando se emborrachaba, Cleopatra le servía más vino y jugaba a beber con él.

En lugar de la matrona envuelta sin gracia en capas de tela blanca, Cleopatra elegía vestidos de colores vibrantes que se abrazaban a sus curvas, pendientes rozando sus hombros desnudos, collares sumergiéndose en sus pechos, atrayendo los ojos de Marco Antonio a los lugares en los que ella quería que se concentrara. Su perfume exótico no tenía más propósito que el de colarse por sus fosas nasales y agitarle la respiración.

El día que la tomó por primera vez, no se tumbó en virtuosa sumisión, a merced de sus deseos, como le contaron que había hecho Octavia, sino que gritó de placer sin vergüenza, le golpeó en la cara y se puso encima de él. Fue una estrategia arriesgada, pero había funcionado a la perfección.

Sin embargo, la estrategia más efectiva que había empleado era la misma que usaba con todos los hombres, el doble si cabe con los romanos: inflar su ego.

Le dijo, una y otra vez, cómo ese enano usurpador de Octavio no era digno de llamarse César, pues no era más que un debilucho llorón, un pequeñajo que no estaba a su altura. Tampoco se cansó de decirle que ese niñato del general Agripa no estaba a la altura de su genio militar.

¿Cómo se atrevían aquellos niños mimados a decirle al general Marco Antonio lo que tenía que hacer? ¡Y a mandarle a Egipto para que les rindiera cuentas del oro y el grano!

Había encendido un fuego de indignación y un deseo creciente de violencia en las entrañas de Marco Antonio.

Oyó el barullo detrás de ella y giró la cabeza. Marco Antonio estaba completamente desnudo, aunque solo parcialmente borracho, paseando por el patio. La vio junto al estanque y se dirigió hacia ella, hipando.

—Hola, mi amor —saludó—. Ven aquí, acurrúcate en el regazo de tu amada esposa. —Él obedeció y ella le acarició el pelo—. No deberías andar en cueros por palacio —dijo—. Las sirvientas pueden confundirte con Hércules y olvidar sus deberes.

—Tienes la boca de una encantadora de serpientes, Cleopatra.

Ella le arañó el cuello cabelludo con las uñas y él gimió de placer.

—Hoy he estado pensando algo —dijo ella—. Algo sobre el testamento de Julio César.

—¿De qué se trata?

—César te tenía mucho afecto. Me lo dijo en muchas ocasiones. Confiaba en tu habilitad militar y en tu devoción personal hacia él. ¿No es un poco raro que decidiera nombrar a Octavio como su único heredero?

—Tampoco es tan raro. César no era un sentimental.

—Eso son tonterías —le desafió delicadamente—. Te consideraba un hijo. Si lo piensas bien, en comparación, apenas conocía al joven Octavio.

—¿Dónde quieres ir a parar?

Frunció los labios y deslizó las suaves palmas de las manos por sus mejillas.

—Hace tiempo que sospecho que el testamento de César era falso.

—Imposible. Lo custodiaban en el Templo de Vesta. Es un lugar sacrosanto.

—Tal vez —dijo, y luego habló como si se le acabara de ocurrir lo que iba a decir—, pero Octavio y su hermana siempre se han llevado muy bien con la vestal Pomponia, ¿no es así? A lo mejor esas amistades se remontan más atrás de lo que tú sabes. No hay forma de saber qué pudo pasar con la última voluntad de César tras las puertas cerradas de ese templo, especialmente en medio de aquel caos que siguió al asesinato.

—Conozco a esa sacerdotisa desde hace años —dijo Marco Antonio—. No lo creo. El testamento no puede ser falso.

—Lo que tú digas —contestó Cleopatra a la ligera. Clavó los ojos en Carmión, quien permanecía en silencio junto al estanque. La esclava asintió discretamente, comprendiendo, y se fue.

Al cabo de un rato regresó con una bandeja de exquisiteces y un ánfora de vino fresco. Marco Antonio no estaba en condiciones de notarlo, pero el vino todavía seguía arremolinándose con la tintura de opio que le habían añadido. Se sentó y fue apurando una copa tras otra.

Cleopatra aguardó pacientemente y volvió al ataque.

—Recuerdo que César hablaba de ti —dijo— con tanta admiración. Cuando oí que Octavio era su heredero, no podía creerlo. Me dije: «Aquí hay gato encerrado». Alguien con mucha ambición y sin ningún escrúpulo ha dado el cambiazo. El César que yo conocía y amaba pensaba dejar tanto su legado como su fortuna a su mejor amigo y aliado, Marco Antonio.

Marco Antonio parpadeó lentamente y la miró entrecerrando los ojos.

—Qué raro —dijo—, que no me dejara nada.

—Octavio no tiene escrúpulos.

—Ni pelotas —dijo Marco Antonio—. Es el tipo de comadreja cobarde que hace que las mujeres hagan el trabajo sucio. Y mi esposa... Quiero decir, mi exesposa... Bueno, ella siempre ha estado ansiosa por ser su siervecita. Habría sido capaz de chuparle la polla a Júpiter si le hubieran dicho que con eso podía falsificar el testamento.

—Ahora sí que está el gran general de Roma pensando claramente.

Marco Antonio se puso en pie de un salto, repentinamente embargado de una energía violenta.

—Tengo al lobo agarrado por las orejas —dijo—. Yo controlo las riquezas de Egipto y su ejército. Yo controlo los silos de grano. Yo decido si Octavio puede pagar sus legiones o si Roma tiene comida en la mesa—Agitó la cabeza mientras los pensamientos corrían por ella—. Pero en algún momento debo soltar al lobo. Y cuando lo haga, morderá.

Cleopatra se arrodilló y le abrazó las piernas desnudas.

—Mi amor —dijo—. Lo mataremos antes de que te muerda. Y cuando el lobo de Roma esté muerto, Egipto gobernará el mundo.

Se agachó y la tomó entre sus musculosos brazos.

—Te equivocas —la corrigió—. Marco Antonio y Cleopatra gobernarán el mundo.

* * *

Llevaba fuera un año, pero todos los meses llegaban fielmente sus cartas, por lo menos una, siempre entregadas por el mismo esclavo egipcio que Quinto había comprado en Alejandría, todas ellas dirigidas a la Vestalis Maxima, y lacradas con el sello del César. Los deberes de Quinto en Egipto le permitían utilizar aquel cuño, y ese pequeño trozo de cera roja estampada era el mayor secreto que Pomponia podría haber pedido. Después de todo, el castigo por romper el sello del César no solo era la muerte, sino una de las formas más dolorosas y espantosas que un verdugo podía infligir. Y los verdugos podían llegar a ser muy creativos.

Pomponia se sentó en su escritorio y abrió el pergamino. Quinto siempre le escribía en el mejor papiro egipcio y muchas de sus cartas iban acompañadas de regalos: un paquete de especias exóticas; un pequeño gato o muñeco hecho de cañas; flores o hierbas secas; granates pequeños, cornalinas o lapislázuli pulido.

Una vez, incluso le envió un escarabajo muerto. Debió pensar que el insecto podía ser de su interés, pero cuando la carcasa de aquella criatura negra cayó inesperadamente del pergamino sobre su regazo, se llevó tal susto que gritó y tiró una vela de cera abeja encendida sobre la mesa que casi prendió fuego a la carta antes siquiera de haberlo leído.

Ahora tomaba más precauciones antes de desenrollar los pergaminos.

Mi queridísima amada:

Estos egipcios no están bien de la cabeza. Sus dioses son unos bestias de los pies a la cabeza. Pero sus templos son tan magníficos como cualquier otro de Roma, que los dioses me perdonen por decirlo. No obstante, te entran ganas de crucificarlos cuando descubres el engaño que usan (una especie de truco de magia del templo) para obligarte a adorar a sus dioses.

He visto la estatua colosal de Isis en el gran templo. La diosa llora lágrimas reales, cayendo desde sus ojos, pero después de unos minutos de oración piadosa, el flujo se detiene. La gente está convencida de que es su fe lo que agrada a la diosa. Entonces las lágrimas empiezan a brotar nuevamente, y le gente se ve obligada a rezar más.

Me enoja admitir que al principio yo mismo caí en la estafa, pero luego seguí al sacerdote al santuario, y allí lo descubrí todo. La estatua tiene un agujero oculto en la parte posterior de la cabeza. El sacerdote va echando una sustancia mágica en un ánfora de agua que posteriormente va vertiendo en la cabeza de la estatua. De buenas a primeras, no hace nada, pero no tarda en solidificar para impedir el paso del agua durante un breve espacio de tiempo. Sería ingenioso, de no ser un sacrilegio. Os envío un poco de esta sustancia, para que podáis comprobarlo por vos misma.

Es un espectáculo similar al del Templo de Horus. Suena una especie de música de flauta y los brazos del dios con cabeza de halcón se abren de par en par y de ellos emergen un par de alas emplumadas. Cuando la música se detiene, las alas se doblan de nuevo en los brazos del dios. El efecto es magistral. Verdaderamente, es algo digno de ver. He oído hablar de otros templos donde las estatuas arrojan lanzas, pero no lo he visto con mis propios ojos. No puedo decidir si los dioses debieran maldecir o aplaudir semejante engaño.

A principios de este mes, tuve la oportunidad de visitar la antigua ciudad egipcia de Giza. Es un lugar antiguo con los monumentos más increíbles que uno pueda llegar a imaginar. Hay una extensa necrópolis sobre la que se asientan tres estructuras piramidales que son tan grandes que el visitante debe levantar y mover la cabeza para asimilarlo todo. Una mirada no abarca para verlo todo a la vez. Nadie parece saber para qué se usaron las pirámides por primera vez. Algunos dicen que eran tumbas de los antiguos faraones. Otros dicen que coinciden con la posición de las estrellas en el firmamento, y por lo tanto son un mensaje para los dioses. Hasta he oído decir que cuando el viento sopla de cierta manera, las pirámides emiten un sonido que habla a los dioses.

Cerca de estas pirámides hay un enorme monolito de una esfinge, que es una criatura monstruosa con cabeza humana y cuerpo de león. La población local llama a esta criatura el Padre del Terror. Se dice que la esfinge y las pirámides tienen más de dos mil años de antigüedad. ¡Ni la piedra negra es tan antigua! Mi esclavo Ankhu tiene mucho talento para el dibujo, y le he pedido que pinte toda la escena para ti en una piel de camello (una bestia bastante odiosa, por cierto). Desgraciadamente, no estará seco en el momento de mandarte esta carta, así que te lo enviaré en la siguiente.

Mi querida Pomponia, no creáis que me gustan todos estos exotismos. Solo paso el tiempo para luego poder escribiros sobre ellos. De hecho, la mayor parte de las horas las paso intentando no explotar en llamas por el sol egipcio, arrancando la tela de mi túnica de las garras de los miserables gatos de la reina, o trabajando sobre el estado abismal del tesoro real. *¡Insanos Deos!* ¡Qué extraño que estos egipcios sobresalgan en astronomía, matemáticas, ciencia y filosofía, y no sean capaces de cargar un contenedor con dinero para Roma!

Esta mañana al despertar tuve la sensación de estar oliendo vuestro pelo. Pero luego me di cuenta de que era el olor de las flores de loto que entraba a través de la ventana abierta de mi alcoba. La experiencia me dio una pausa, sin embargo, porque los egipcios creen que la fuerte fragancia de una flor significa que la diosa está cerca. No es de extrañar que pensara en vos.

Me sacrifico por Marte todas las semanas para que vele por vuestra seguridad. Rezo a Venus por vuestro amor.

Quinto.

Pomponia terminó la carta y volvió a leerla una vez más. Y otra. En persona, Quinto podía ser más malo que el Minotauro. En papiro, sin embargo, podía ser tan romántico y lírico como un Cupido enamorado.

Una vez que ya casi había memorizado la carta, la enrolló y acercó el borde del pergamino a la llama de la vela de cera de abeja que había sobre el escritorio. El papiro ardía, y las palabras volaban hacia la diosa. Pomponia no tenía secretos para ella.

Dejó caer las cenizas del pergamino en un cuenco de plata y luego desenrolló el papiro en blanco que Quinto había incluido en su carta, lista para escribirle de vuelta.

Quinto:

Qué extrañas y maravillosas deben ser las pirámides y la esfinge. Dudo que alguna vez pueda estar frente a esos monumentos, pero vuestras cartas me permiten contemplarlos a través de tus ojos, y eso me agrada mucho. En cuanto a la magia del templo practicada por los egipcios... Bueno, supongo que eso deben juzgarlo los dioses, aunque debo decir que tales payasadas huelen más a comedia que a piedad.

Os percibo bien, Quinto, aunque frustrado por la reina. No temas, no sois el único. Estoy segura de que César os ha hecho saber en sus cartas que el sentimiento de hostilidad que los romanos tienen contra ella es cada día más grande. La gente está convencida de que ha hechizado a Marco Antonio y es por eso que permanece en Egipto. Siempre han querido al general, y hasta cuando les crujen las tripas de hambre hallan un modo de justificarlo, diciendo que no es él quien bloquea el grano, a pesar de que César diga lo contrario.

Pero pasemos a noticias más alegres.

Vuestra hija Quintina sigue prosperando en el Templo de Vesta. No dejo de maravillarme con su belleza. Parece una Vesta encarnada, su rostro se vuelve más hermoso cada semana, y domina cualquier ritual o rito nada más ver cómo se hace la primera vez. Sus tutores están constantemente sorprendidos por la agudeza de su mente. Me alegra informaros que no se parece en nada al hosco de su padre. ¡Qué alivio! Contagia alegría. Es una bendición para el templo y, personalmente, para mí. He llegado a quererla mucho y me tomaré la libertad de decir que ella también me quiere a mí.

Quintina me dice que os ha escrito poniéndoos al día sobre la situación de vuestra hija menor, Tácita, y ha solicitado su tutela hasta que regreséis a Roma. Sé que no conoces mucho a tus hijas, Quinto, y que habéis estado fuera mucho tiempo. Sin embargo, os insto a aceptar el consejo de Quintina. Ahora es una joven de catorce años, pero con una sabiduría y juicio que exceden a los de su edad.

La desagradable verdad es que la madre de las niñas se ha sumergido en el culto a Baco. No es un secreto para nadie que ciertas personas de nuestro círculo y de las clases superiores se comportan escandalosamente con otras bacantes, incluyendo la práctica de ritos corporales poco apropiados para su clase. A vuestra hija menor le faltan pocos años para casarse, y hay que mantener su reputación si quiere encontrar un buen marido. Es lo único que diré al respecto, ya que no me corresponde a mí decir más. Solo lo menciono para que toméis en serio las palabras de vuestra hija mayor.

Hago ofrendas diarias a Vesta para que os traiga de regreso a casa y agradezco vuestros sacrificios a Marte. No necesitáis cargar a Venus con demasiadas oraciones, porque mi afecto es el que debe ser.

Pomponia.

Dejó la pluma y volvió a leer sus palabras mientras la tinta se secaba. Quinto hablaba abiertamente de su amor por ella en las cartas, a veces presa de un arrebato enfermizo de amor del que jamás lo habría creído capaz; sin embargo, ella siempre le respondía con mesura. Ya les habían dado un aviso, y si sospechaban que su relación era tan íntima, especialmente física, el castigo que ambos tendrían que afrontar sería impensable.

Además, ella era la Vestalis Maxima, y a pesar de sus sentimientos por él, tenía un deber con la diosa, con la orden vestal y con toda Roma. No importaban los brincos que le diera el corazón al pensar en él; ese deber tenía que ser lo primero.

«Además, da igual lo que escriba», pensó mientras enrollaba el pergamino, lo sellaba y lo metía en una caja de pergaminos. «Quinto leerá las palabras que quiera ver. Sabe el amor secreto que siento por él». Sonrió, a pesar de sí misma, al recordar su característica presuntuosidad, y llamó al esclavo mensajero egipcio.

* * *

Era la Vestalia, el festival público anual que se celebraba cada mes de junio, y ninguna de las sacerdotisas había disfrutado de una noche entera de sueño en dos meses. El tiempo que tardaban en organizarlo duraba tanto como el propio festival, en parte, por culpa de la elaboración de la *mola salsa* y las obleas sagradas. El agua usada para hacerlas tenía que recogerse del manantial. Había que moler la harina, santificar la sal... Y todo de acuerdo con los mismos rituales sagrados y estrictos que las vestales llevaban honrando durante siglos.

Una vez hechas, las obleas sagradas se repartían por los altares, los templos y otros lugares a lo largo de toda Roma. Teniendo en cuenta que la población superaba con creces el millón de habitantes, no era una tarea fácil.

Antiguamente la gente iba al templo a recoger las obleas de durante los festivales religiosos o en tiempos de crisis, pero como el tráfico de gente había llegado al punto de congestionar el Forum durante la Vestalia, Fabiana había decidido distribuirlas por toda la ciudad.

Era solo una de las cosas en las que Fabiana había innovado las prácticas de la orden para lidiar con el crecimiento de la población. La salsa de mola o las obleas sagradas podían usarse para purificar animales de sacrificio y ofrecerlas al fuego de Vesta, pero las favoritas eran las obleas. Los romanos las usaban para hacer ofrendas de alimento purificado a la diosa en sus propios lares para que ella estuviera presente entre las paredes de sus casas, e hiciera de sus hogares un espacio sagrado. Sí, también llevaban a cabo otra suerte de ofrendas al fuego, un poco de pan, fruta, aceite o vino, pero las obleas eran especiales, así que las vestales seguían haciendo cantidades ingentes para la gente. Aún así, mucha gente todavía acudía al Forum durante la Vestalia. Lo hacían para hacer ofrendas en los cuencos ardientes del exterior del templo y para coger de ellos brasas para sus hogares. Era también durante la Vestalia cuando las mujeres, y solo las mujeres, podían entrar en el santuario para ver el fuego sagrado y hacer una ofrenda directamente a la diosa. Acudían en rebaños, vestidas con sus mejores sedas y túnicas, dejando las sandalias en la base de los escalones de mármol del templo para entrar descalzas al *sanctum*.

Llevaban platos de comida para la diosa: algunos contenían ricos manjares, otros mendrugos duros de pan. Inclinaban la cabeza y cruzaban el suelo de mosaicos blancos y negras, miraban la *aeterna flamma* ardiendo en el lar, sintiendo su calor en el rostro.

El fuego crepitaba mientras colocaban los platos de comida en el suelo, a lo largo de la pared interior curvada del templo. A las vestales que estaban vigilando la llama eterna, les regalaron joyas, obsequios dulces, tallas decorativas o finas telas.

Pomponia se había pasado la mayor parte del día ejerciendo sus labores de suma sacerdotisa dentro del templo, de pie, junto al lar sagrado, en compañía de Tuccia y aceptando las oraciones y ofrendas de los fieles.

Necesitaba una bocanada de aire fresco, así que se las arregló para que Nona la relevara y descendió por los escalones del templo (siempre bajo la atenta vigilancia de sus guardias, Caeso y Publio), sintiéndose rejuvenecida por el aroma de las guirnaldas de laures y flores que rodeaban las columnas del templo y colgaban de su friso. En los alrededores del área sagrada de Vesta, los músicos hacían sonar sus flautas.

La sacerdotisa Cecilia estaba junto a uno de los cuencos ardientes de bronce repartiendo obleas sagradas, bendiciendo a aquellos deseosos de conocer a una virgen vestal cara a cara. Pomponia se acercó a ella.

—Roma está creciendo demasiado —dijo—. El año que viene voy a proponer que mantengamos el templo abierto durante dos días más en la Vestalia. He oído que mucha gente se queda sin poder entrar.

—Buena idea —dijo Cecilia—. Un cambio necesario. —Miró a Fabiana, sentada en una silla acolchada a varios metros de distancia—. Aunque puede que te encuentres con la oposición.

Pomponia sonrió.

—No sé —dijo—. Pero últimamente a Fabiana ya no le preocupan tanto las costumbres. ¡Mírala! Un día tan sagrado como hoy, y ahí está, con esa criatura maloliente manchándole la estola. ¿Qué santo precedente existe para esto?

Sonrieron a la antigua jefa vestal, sentada en una silla de respaldo alto frente al templo, con un toldo púrpura real extendido sobre su cabeza. Enroscado en su regazo estaba Perseo. Cecilia rio.

—Sí pero tú bien que sacas a pasear a la criatura maloliente cada noche por el Forum. Sí, Pomponia, todas te hemos visto sentarte en los escalones de la Regia con él, y alzar la vista a las estrellas.

El perro levantaba la cabeza para mirar a cada hombre, mujer y niña que se arrodillaba ante Fabiana, cada uno pidiendo una bendición o rezando a la diosa con ella.

Pomponia sabía (todos lo sabían) que aquella podía ser la última Vestalia que la enferma Fabiana compartiría con ellas. La antigua Vestalis Maxima también parecía saberlo, por lo que se había forzado a salir de su fría alcoba y a quedarse todo el día sentada al sol junto al templo. Fabiana parecía estar despidiéndose de los romanos aquel día, aunque Pomponia tratara de apartar ese pensamiento de su mente.

Pomponia se balanceó sobre sus talones y miró alrededor. La sacerdotisa Lucrecia se movía entre la multitud de hombres y niños que ofrecían platos de comida. Solo las mujeres tenían permitida la entrada. Sin embargo, el Destino se había llevado a muchas mujeres durante el parte, lo que significaba que algunas familias ya no tenían una esposa o una madre que pudiera hacer una ofrenda en el Templo de Vesta.

Los hombres y niños de estas familias esperaban fuera y pedían a una vestal que hiciera la ofrenda por ellos. Tal era el deber de Lucrecia aquel día, y lo cumplía incansablemente, incluso cuando el sol ardiente golpeaba sin piedad su cabeza apenas cubierta por el velo blanco.

Frente a otro cuenco ardiente, Quintina permanecía en un escalón, inclinándose sobre una gran olla de terracota, casi tan grande como ella, llena de aquella misma harina salada con la que hacían las obleas sagradas. Llenó un cucharón y lo vertió en la escudilla descascarillada de un niño hambriento.

—No se lo des todo a la diosa —le dijo Quintina—. Vesta está llena. Cómetelo tú.

—¡Sí, señora! —El chico corrió para que el siguiente de la fila se acercara a Quitina con su escudilla vacía.

En algún punto de la fila, se había iniciado una pequeña pelea entre dos o tres hombres, lo que provocó que una niña cayera sobre los adoquines. Se levantó, y una mujer le limpió la sangre de las rodillas.

Un centurión de aspecto sombrío, uno de los muchos que se encontraban alrededor del templo para ayudar a la guardia regular, miró a los hombres con gesto de advertencia, echando mano a la empuñadura de su espada.

—¡Id al final de la fila, comemierdas!

Los hombres agacharon la cabeza como un par de niños haciendo pucheros e hicieron lo que se les dijo.

Pomponia miró el bullicioso Forum más allá del Templo de Vesta. Como de costumbre, las guirnaldas de plan y flores colgaban de las tiendas, las basílicas y la Rostra, así como de otros edificios y templos. Había guirnaldas similares adornando las casas privadas de toda Roma. Sin embargo, Pomponia se dio cuenta de que aquel año había más flores que panes.

Una repentina oleada de gritos y aplausos llamó su atención en la Via Sacra. La gran litera de César se abría paso lentamente a través de la multitud en dirección al templo. Unos ordenanzas corrían para despejar el camino de gente o de cualquier otra cosa con la que los fornidos y bien vestidos *lecticarii* pudieran tropezar.

Las monedas salían volando desde el interior de la gran *lectica* hacia el suelo, y la gente corría a recogerlas. Otros saludaban, asombrados, subiendo a sus hijos en hombros para que pudieran ver a César y a su hermana Octavia.

«¡Por la misericordia de Concordia! ¡Justo ahora que pensaba que tenía al Caos encadenado!», pensó Pomponia.

La litera paró frente al templo. Octavia salió, rodeada por los lictores y soldados de César, y seguida por su hermano. Algunas personas aplaudían y gritaban, pero otras, simplemente, miraban fijamente, con ojos inexpresivos en el mejor de los casos, y acusadores en el peor de ellos. El hambre había erosionado sus ánimos hacia César. Podía tirar todas las monedas que quisiera: cada vez había menos y menos pan que comprar con ellas.

Octavio saludó primero a Pomponia. Señaló con la barbilla a dos mujeres que se estaban peleando por un denario en la calle.

—Es una pena que no puedan comer plata —dijo, pareciendo leer la mente de la vestal.

Octavia, vestida con una estola blanca, inclinó la cabeza ante Pomponia.

—He venido a hacer una ofrenda a Vesta —informó. Sostenía un simple plato de terracota sobre el cual había frutas variadas y pan bañado en aceite.

—La diosa se pondrá contenta —dijo Pomponia.

Un momento después, otra figura emergió de la *lectica.* La esposa de César, Livia. A diferencia de su modesta cuñada, llevaba un vestido verde intenso y pendientes cayendo en cascada sobre sus hombros. Sin soltar un plato de oro repleto de carnes de todas clases, pisó cautelosamente el empedrado e inclinó la cabeza ante la vestal.

—Sacerdotisa Pomponia —dijo—. Espero que nuestra presencia no sea una carga para vuestras labores de hoy. Haremos nuestras ofrendas y nos iremos.

—Para nada —dijo Pomponia—. Haced vuestras ofrendas a la diosa, que luego nos tomaremos una limonada en el patio.

Pomponia estudió a las dos mujeres mientras se descalzaban en los escalones del templo y se deslizaban a través de las puertas abiertas hacia el s*anctum*. Se fijó en Livia. Había conocido a muchos hombres y mujeres ambiciosos durante todos los años que había pasado en la orden vestal, pero la joven esposa de César tenía algo especial. Aquella sonrisa, y la forma en la que se expresaba; cada palabra parecía elegida estratégicamente por una razón que solo ella conocía.

Livia era un río de ambición, sí. Pero había algo por debajo de la ambición: la inseguridad. Era el trasfondo visible y Pomponia tenía la sensación de que arrasaría con todo lo que se cruzara en su camino.

Cuando las mujeres hicieron sus ofrendas, Pomponia las condujo a ellas y a César a través del pórtico de la Casa de las Vestales hacia el patio. El jardín ofrecía un medio refugio del que resguardarse del sol implacable y el calor febril. Señaló dos divanes con sendos toldos que había junto a una de las fuentes y los invitó a tomar asiento. Octavia y ella se sentaron en uno; Octavio y Livia en el otro.

—Limonada —dijo Pomponia a una esclava—. Dulce y con hielo, si es que aún nos queda.

—Enseguida, *domina*.

—Es increíble lo pronto que ha llegado el calor este año —dijo Octavio.

—Hace que la gente se ponga irritable, César —observó Pomponia—. Hoy ha sido un día tranquilo, pero puedo sentirlo en la ciudad.

—Acalorados y hambrientos —dijo Octavio—. Una combinación poco saludable, especialmente cuando se trata de mantener el orden público.

Fue Octavia quien se atrevió a decir lo que todos estaban pensando:

—La culpa es de mi marido.

—¿Cómo lo lleváis? —preguntó Pomponia.

—Tengo días buenos y días malos, amiga mía. Juno me da fuerza.

—Me alegra oír eso —dijo Pomponia agitando la cabeza con gesto de frustración—. El día que asesinaron a Julio César, Marco Antonio vino a esconderse aquí. Se paró justo en este lugar, junto a esta fuente, y bebió de ella. Fue entonces cuando le di el testamento de Julio César... Si tan solo hubiera llegado a imaginar en lo que acabaría convirtiéndose... Habría hecho que Quinto le cortara el cuello ante los pies de Vesta. Perdonadme, el calor también enciende mi ira. Cuesta creer que Marco Antonio le esté haciendo esto a su esposa y a su propia gente.

—Todos hemos dicho y pensado cosas peores —dijo Octavio.

La esclava acababa trajo limonada con miel, las hojas de menta arremolinándose en la jarra alta de cristal y los trozos de hielo flotando en los vasos a rebosar. Octavio dio un gran sorbo a la bebida refrescante.

—El problema es que mucha gente común no cree que Marco Antonio todavía cuenta con algunos apoyos en el Senado y entre la gente corriente, incapaz de creer que esté actuando en su contra.

—Si hubiera una manera de probar su deslealtad… —dijo Livia.

Octavio trituró un trozo de hielo entre sus dientes y la miró. Su esposa todavía no había aprendido a dominar el arte del disimulo en el que su hermana Octavia y él sobresalían.

Pomponia miró a Octavio

—¿Qué me estáis pidiendo, César?

Él no esquivó la mirada.

—El testamento de Marco Antonio está en el templo. Creo que probaría que su lealtad y afecto están con su esposa y sus hijos egipcios. Ahí está la prueba de que no está con los romanos, no con Roma.

Octavia tomó las manos de la vestal entre las suyas.

—La gente necesita darse cuenta de quién es realmente.

—¿Y de qué servirá eso? —preguntó Pomponia—. No cambiará nada. No hará que venga el grano, ni que Egipto pague los impuestos.

—No —dijo Octavio—, pero demostrará que su lealtad descansa en Cleopatra, y me dará el apoyo que necesito en el Senado para declararle la guerra, matarlo como traidor y hacerme con el control de Egipto.

Pomponia se detuvo a pensar unos instantes. Al fin salía a la luz el precio de su amistad con César. Eligió las palabras cuidadosamente.

—No simpatizo con Marco Antonio. Nunca he ha caído bien, pero sabéis que no puedo hacer lo que me pedís. El templo es sagrado. Los hombres más importantes de Roma han confiado sus últimas voluntades a la orden vestal durante siglos, y Marco Antonio todavía es un general de Roma. El Senado y las órdenes religiosas serían extremadamente críticos ante semejante sacrilegio, y ante mí persona, como Vestalis Maxima. También serían críticos con vos, César, especialmente si el testamento nada con lo que podamos acusar a Marco Antonio. —Apretó las manos de Octavia—. Tomo esta decisión por un deber legal. Si tuviera la libertad de hacerlo por amistad, sería una decisión diferente.

—Por supuesto —dijo Octavia—. Perdonadnos.

—Sí, perdonadnos —dijo Octavio—. La petición ha sido fruto del estado de desesperación en el que nos encontramos. Hallaremos otra forma de hacer lo que hay que hacer.

La conversación se alargó durante unas cuantas limonadas más, hasta que Livia suspiró pesadamente y se puso en pie.

—Esposo —dijo—, y hermana, me temo que el calor me está afectando.

—Deberíamos irnos —dijo Octavio—. Me disculpo de nuevo por mi equivocada apelación, sacerdotisa. No ha sido justo por mi parte presionar políticamente a la orden más sagrada.

—No hay nada por lo que disculparse —dijo Pomponia—. Sois el César y estáis haciendo el trabajo del César.

Livia inclinó la cabeza ante la vestal.

—Gracias por habernos congraciado con vuestro tiempo en un día tan ocupado. Me pregunto si podríais venir a cenar a casa con Octavia y conmigo después de la Vestalia. Nuestro nuevo cocinero prepara el lirón más exquisito que hayáis probado jamás. ¿No es así, Octavia? Es el hijo mortal de Edesia, estoy segura de ello.

—Será un placer —dijo Pomponia—. Nuestros lirones saben a cuero hervido. Acabo de traer a una nueva cocinera del país, así que tenemos grandes esperanzas. —Los acompañó a la salida, donde la litera de César aguardaba frente al pórtico.

Intercambiaron despedidas y Livia entró en la *lectica* seguida de Octavia, pero Octavio todavía se detuvo un instante. Parecía que iba a decir algo importante, pero al final solo dijo un simple «Adiós» antes de seguir a su esposa y su hermana. Mientras la suma sacerdotisa se despedía con la mano y caminaba ya de vuelta hacia el templo, cerró las cortinas rojas y se reclinó en el asiento.

—Te dije que no lo haría.

—Valió la pena intentarlo, esposo.

—Tal vez. —No parecía muy convencido.

Octavia se enjugó una lágrima y luego apoyó la cabeza en el hombro de su cuñada. Livia sintió que el pecho le explotaba de irritación. Aquella mujer se había vuelto insufriblemente llorona desde que Marco Antonio se había casado con Cleopatra. Reprimió el fastidio y acarició lentamente el cabello de Octavia.

—Tranquila, querida hermana —dijo—. Encontraremos la manera de hacer que vuestro bárbaro marido pague por su infidelidad.

—Lo haremos —dijo Octavio—. Sin embargo, hay que admirar a la sacerdotisa Pomponia —continuó, pensativo—. Es una jefa vestal estricta, pero está claro que nos favorece políticamente. Nos podría ser útil.

En el pecho de Livia ya no cabía más irritación. *«Mala Fortuna!* La vestal os rechaza ¿y aún le profesáis más respeto?». Se humedeció los labios. Ella ya se esperaba que la Vestalis Maxima rechazara la solicitud del testamento de Marco Antonio por parte de César, pero también esperaba que la negativa empañara el afecto y admiración que su esposo profesaba a las vírgenes vestales. Y por si aquello fuera poca consternación, parecía haber surtido justo el efecto contrario.

—¿Quién es el tal Quinto del que ha hablado la sumisa sacerdotisa? —preguntó inocentemente—. ¿Es el mismo que enviaste a Egipto? ¿El de la esposa bacante?

—El mismo —dijo Octavio.

—No sabía que eran tan amigos —dijo Livia—. Merece la pena recordarlo.

Pero su esposo no la escuchó. Estaba distraído, escudriñando una caja de pergaminos y gruñendo sobre impuestos atrasados, letrinas públicas obstruidas y una epidemia de ampollas venéreas en los burdeles de Subura. Todos los problemas de Roma parecían señalarle.

—Aparentemente, no solo soy el culpable de que les crujan las tripas de hambre —murmuró—, sino también de las verrugas que les salen en las pollas.

—Ya veo. —Livia sintió que la cabeza de Octavia se dejaba caer con todo su peso con el movimiento lento y rítmico de la litera, meciéndola en sueños. En vez de apartarla, la arrulló y continuó atusándole el pelo. Sabía que a César siempre le impresionaba ver aquellas muestras de amor fraternal hacia Octavia.

Octavio se ocupó de los pergaminos hasta que llegaron al pórtico de la casa. Con la preocupación de los asuntos de Roma pesando sobre él, salió de la *lectica* y empezó a dar órdenes a su secretario antes siquiera de que Livia despertara a Octavia.

—Livia, querida, cómo lo siento —dijo una parpadeante Octavia—. Creo que el calor también me ha afectado.

Siguieron a Octavio al interior de la casa y luego se fueron por caminos separados: Octavia a la cama y Livia a los baños de las esclavas donde Medousa supervisaba el último regalo de su marido, una colección de nueve niñas vírgenes, una por cada noche de la Vestalia.

Cinco de ellas estaban sumergidas hasta la barbilla en la gigantesca bañera, haciendo todo lo posible por comunicarse entre sí en diferentes lenguas extranjeras, mientras que otras tres permanecían sentadas mientras les cortaban el pelo. En el centro había una de pie, con los brazos y las piernas abiertos. Le estaban depilando el vello corporal.

—¿Cómo las ves, Medousa? —preguntó Livia.

—Son buenas, *domina.* César va a tener mucho que agradecerle a su esposa.

—Esa es la idea.

Medousa dudó, pero luego se arriesgó a decir:

—¿Habéis visto a la Vestalis Maxima hoy?

—Sí.

—¿Cómo estaba?

—Como siempre —refunfuñó Livia—. Muy blanca. Medousa se maldijo a sí misma. No tenía sentido preguntarle nada a su señora.

Sin embargo, sintió una amarga y dulce nostalgia al imaginar a Pomponia y las otras vestales atendiendo la llama sagrada y navegando entre la multitud de fieles que en días como aquel abarrotaban el templo.

La Vestalia siempre era una época de mucho lío en el Templo de Vesta, y a pesar de que ella tan solo era una esclava, solían confiarle tareas importantes. Había sido muy feliz sirviendo a la diosa y, a su manera, incluso a la anciana Fabiana, quien, a pesar de no sentir mucha simpatía por ella, siempre la elogiaba por su buen hacer durante el festival.

Las cosas habían cambiado tanto… Ahora cuando llegaba la Vestalia, ella se dedicaba a pasar el tiempo comprando y preparando a chicas vírgenes para ser desfloradas por César. Era un insulto a la diosa. Y cada vez que una de aquellas niñas salía de la alcoba de César, desaliñada y llorando, Medousa pedía perdón a Vesta.

Livia puso los brazos en jarras y escudriñó a la muchacha desnuda del centro de la estancia. Bajo su atenta mirada, Medousa y otra esclava vistieron a la niña en una estola blanca, y le cubrieron el pelo con un velo del mismo color pureza. Una lágrima rodó por la mejilla de la niña.

—¡Juno, dame fuerzas! —gimió Livia—. Ya he tenido suficientes llantos por hoy. —Dejó caer los brazos en los costados y luego contempló a las otras ocho niñas que había en la sala de baños—. Como mi marido siga desvirgando vírgenes a este ritmo, de aquí a calendas solo habrá putas en el templo.

* * *

Mi querida Pomponia:

El sol egipcio sigue sin darme tregua. Aquí solo hay dos tipos de clima: calor opresivo y calor opresivo en mitad de una tormenta de arena. Hoy es uno de esos días. Tengo los ojos heridos por el azote de la tormenta de arena, así que no os extrañe si veis que esta carta tiene los renglones torcidos.

En honor a la Vestalia del mes pasado, la reina Cleopatra nos dejó prender fuego en un altar dedicado a Vesta en el Templo de Isis. Vinieron muchos soldados y oficiales romanos a rezar, yo el primero. Algunos de ellos tienen a sus esposas aquí, consigo, así que las mujeres se pasaron el día haciendo ofrendas en el fuego, en representación de los hombres. Algunos ofrendaron miel a la diosa, que es lo que los egipcios ofrecen a sus dioses. Le pidieron a Vesta que todos los hombres destinados en Egipto pudieran volver a Roma. Me di cuenta de lo mucho que os echaba de menos al escuchar aquellas plegarias.

En el templo tuve la oportunidad de hablar con varios de los soldados de Marco Antonio. La discordia aumenta entre sus filas, y muchos de ellos están perdiendo la paciencia con su general. Dicen que Cleopatra es un *fatale monstrum* que ha hechizado a Marco Antonio y que será su perdición. La desprecian. Incluso he oído que envenena su mente con un compuesto exótico que lo convierte en una criatura a su merced.

Es extraño verlos juntos. Si no fuera por mi naturaleza cínica, esa que sabéis que pesa como una maldición sobre mí, diría que están enamorados y que hacen la pareja perfecta. Cleopatra es muy astuta y Marco Antonio tiene en alta estima su opinión, tanto o más que la suya propia. No es algo nuevo. A Marco Antonio siempre le han gustado las mujeres que se creen tan capaces como los hombres. No me extraña que dejara a la señora Octavia. Es una matrona virtuosa que sabe cuál es su lugar, pero sus soldados no ven con buenos ojos que la haya abandonado.

Todo el mundo sabe que Marco Antonio y César se están distanciando cada día más, y que la relación es abiertamente hostil. Marco Antonio envía poco dinero o ayuda a casa, pero hasta donde yo sé, la mayoría del grano se va. Por mi parte, veo que Marco Antonio y Cleopatra siguen sentándose en sus tronos labrados en oro como si fueran el rey y la reina del mundo. Y lo que más me desconcierta es que Cleopatra goza del apoyo y el amor de su pueblo. Les dice que Egipto no es una mera canasta de pan de Roma, sino una gran nación independiente con sus propios dioses e historia. ¡Menudo descaro tiene esa ramera pintarrajeada!

Gracias por ponerme al día con lo de la madre de mis hijas. Permitiré a Quintina ejercer la custodia de su hermana pequeña.

Mi regalo de este mes es un amuleto: un anillo *shen*. Lo adquirí de un sacerdote de Isis. El círculo representa la eternidad. Cuando me lo dijeron, pensé en el amor que os tengo, y en el fuego eterno que custodiáis.

Quinto.

Cuando terminó de releer la misiva y quemarla en la llama de una vela, Pomponia cogió una pluma y mordió contemplativamente el extremo. Había momentos en los que todavía no sabía muy bien a qué atenerse con Quinto. Podía ser más cortante que el acero en una frase, berreando sobre las mujeres que debían saber cuál era «su lugar»; y en la frase siguiente, ser más dulce que un panal: «Pensé en el amor que os tengo».

Miró el amuleto de plata que yacía sobre el escritorio, dejándose embargar por el calor de su imaginación, viendo a Quinto eligiéndolo para ella, y luego llevó la punta de la pluma sobre el papiro.

Quinto:

El regalo es hermoso, como todos los que me enviáis. Pero ¿no se cansa Ankhu de llevar y traer tantas cartas entre Roma y Alejandría a toda velocidad? O es un Mercurio alado o monta en Pegaso sobre el mar. No hay otra mujer en Roma que salude al mensajero con más alegría que yo. Debéis saber que podemos fiarnos de Ankhu. Es amable y complaciente y la correspondencia llega siempre en perfectas condiciones.

Me alegra saber que Quintina asumirá el cuidado de su hermana menor. Ella anticipó vuestra aprobación y ha estado haciendo arreglos para que Tácita se traslade a vivir con vuestro hermano y su mujer. Me han dicho que son buenas personas y que están por encima de todo reproche, y sienten un profundo afecto por su sobrina.

¡Qué hermosa imagen me has dado al describirme el fuego sagrado de Vesta ardiendo en el Templo de Isis! Hay un santuario dedicado a Isis en el Campus Martius, y se hablaba de construir un templo allí, que sería coordinado por nuestra orden, pero César lo ha prohibido ahora debido a la hostilidad de Egipto. Encontraré una excusa para visitar el santuario, y cuando lo haga, pensaré en ti, cociéndote bajo el triste sol egipcio.

No sabéis cuánto deseo que la situación entre Marco Antonio y César se resuelva de una forma u otra. Quizás una batalla sea mejor que esta incertidumbre y tensión infernales. Tiene a Roma y Egipto en la cuerda floja, y a nosotros separados.

Me temo que también ha suscitado cierta tensión en mis relaciones con César y su hermana Octavia. Es casi increíble, pero me pidieron que les diera el testamento de Marco Antonio que custodiamos en el templo. César cree que su contenido justificaría una guerra contra él. No tuve más remedio que rechazar su petición, aunque no me sintiera feliz haciéndolo.

Él se tomó mi rechazo con deportividad, como buen político, y pero solo la diosa sabe lo que estará pensando, o lo que irá a hacer. Creo que es ese lobo con piel de cordero del que habla Esopo en sus fábulas. Y me parece que tengo al lobo agarrado por las orejas. Si muestro el más mínimo signo de debilidad, como Vestalis Maxima, entrará en el templo profanando su sacralidad.

Roma también es un hervidero de habladurías en relación al poder que Cleopatra ejerce sobre Marco Antonio. Yo misma vi, hace ya muchos años, cuando tenía encandilado a Julio César, el poder que la reina egipcia puede llegar a tener sobre los hombres romanos. Tal vez si a las romanas se les permitiera gobernarse a sí mismas, como hace Cleopatra, el encanto e ingenio del faraón no serían tan atractivos para nuestros hombres.

Pero basta ya de hablar de política y filosofía. Oremos a Vulcano para que el humo de estos días se despeje pronto, y para que el hábil dios pueda forjar un puente de hierro por el que conducirte a salvo de regreso a casa.

Pomponia levantó la pluma del papiro y enroscó el instrumento de escritura entre sus dedos, rumiando un pensamiento. Sus ojos volvieron a fijarse en el amuleto de plata que tenía sobre el escritorio. Había tantas cosas que quería decirle a Quinto, tantas cosas que quería y, aún así, dudaba, todavía no se atrevía a expresar el amor que sentía por él.

Volvió a hincar el papiro con la pluma y terminó la carta con una honestidad tan cruda que le salieron lágrimas de los ojos.

Te echo mucho de menos, Quinto.

Pomponia

CAPÍTULO XIV

DE FUMO IN FLAMMAN

(HUIR DEL FUEGO PARA CAER EN LAS BRASAS - PROVERBIO ROMANO)

ROMA. 31 A. C.

(UN AÑO DESPUÉS)

EL NOTICIERO SE COLOCÓ EN LA PLATAFORMA DE LA ROStra y empezó a declamar las últimas noticias sobre Egipto a voz en cuello ante los que se iban reuniendo a su alrededor en el Forum.

Al terminar el anuncio público, y antes siquiera de poder seguir hablando, la noticia empezó a circular a medida que la gente recorría las calles, difundiendo los informes oficiales con la misma rapidez con la que se propagan los rumores. Las noticias, las buenas y las malas, viajaron rápidamente por toda Roma.

—Desde las arenas intemporales de Egipto —dijo el lector—, el hechizo exótico de la reina Cleopatra se mantiene firme sobre el otrora gran general Marco Antonio. Los espías de César nos dicen que el faraón, la reina Cleopatra, es tan depravada como astuta, habiendo hecho favores sexuales a cien soldados de Marco Antonio.

—¡Dile a los espías de César que nos manden grano —gritó una mujer enfadada—, en lugar de tanto chisme obsceno!

Una calurosa ovación de consenso.

El noticiero la ignoró. Los objetantes molestos no eran nada nuevo.

—Por orden del Senado y César —continuó—, se hace saber que durante la Lupercalia no se permitirá ningún acto de vandalismo en los edificios públicos, ni se consentirá ninguna interrupción durante los rituales religiosos, ni ningún comportamiento público de indecencia sexual. Cualquier acto de este tipo será considerado traición y los responsables serán entregados a la *carcer,* donde serán flagelados o ejecutados públicamente. —Pasó un dedo por su garganta, como si se estuviera rebanando el cuello, y abrió bien los ojos para ver el efecto que provocaba—. ¡Sin excepciones!

Un leve murmullo.

—Y por último. —Señaló en el Forum a ninguna parte en particular—. Se aconseja a los ciudadanos que eviten los burdeles del distrito de Subura al menos hasta la Veneralia —dejó caer una mano ahuecada sobre sus genitales—, debido a un grave brote venéreo. —Echó una mirada de advertencia a la multitud, dejó el pergamino en manos del secretario y se bajó de la plataforma de oradores.

Valeria vio al noticiero cruzar por la calle en dirección al vendedor de vino de la Basilica Aemilia. Se envolvió los hombros con la *palla* de lana. Era un día fresco y húmedo. Tal vez no era el día más agradable para celebrar la Lupercalia, pero la lluvia siempre era auspiciosa en aquella época. Simbolizaba limpieza, una especie de purificación, una promoción de salud y fertilidad.

La Lupercalia, la fiesta de la loba, honraba al animal que había salvado y amamantado a Rómulo y Remo, hijos gemelos de la vestal Rea Silvia y el dios Marte.

Valeria solía amar el espíritu y la celebración especial del festival. Siempre le había dado esperanza, pues se creía que una mujer que concibiera durante la Lupercalia daría a luz a un hijo fuerte. Ahogó un sentimiento de tristeza al recordar al bebito grisáceo yaciendo en su cesta de muerte.

Caminó a lo largo de la Via Sacra, prestando poca atención al bullicio de la gente, visitando los magníficos templos y basílicas multicolor, arrodillándose en oración ante las grandes estatuas de dioses, o deteniéndose frente a algunos de los santuarios improvisados y carros de vendedores ambulantes alineados en las calles del Forum durante la celebración. Finalmente, ascendió por una escalera en dirección al Monte Palatino, gran parte del cual había sido abierto al público aquel día. Se detuvo brevemente en una fuente para tomar un trago de agua clara, pero una mujer hosca y gorda le dio un manotazo en el hombro, empujándola a un lado, y lanzando un montón de cuencos en la pila de agua limpia.

—¿Quién te crees que eres, señoritinga? —se rio la mujer—. ¿La reina Salacia? Bebe y aparta tu elegante trasero del camino. Algunos tenemos trabajo que hacer.

En otro tiempo, Valeria le habría atizado con el cucharón de agua. Ahora, simplemente, no importaba.

Siguió caminando hasta alcanzar el santuario, el corazón de la Lupercalia: aquel donde la loba había amamantado y alimentado a los gemelos, llenando a Rómulo de la ferocidad y devoción necesarias para fundar la gran ciudad de Roma.

A pesar de que la entrada de la cueva estaba sellada por miedo a que la gruta pudiera colapsar, el nuevo César había jurado contratar a los mejores ingenieros del mundo para fortificar la cueva y otorgarle su merecida magnificencia, aunque primero tenía una guerra civil que ganar, claro está. Aquel era el aspecto más triste del legado de los gemelos: hermano contra hermano. Era lo que había definido a Roma en su pasado más reciente.

El Pontifex Maximus Lépido y otros dos sacerdotes estaban ya de pie frente al altar de Lupa, presidiendo el sombrío sacrificio público consistente en matar dos machos cabríos y un perro, ante la congregación de hombres, mujeres y niños que observaban.

Valeria vio a algunos de sus compañeros bacantes apoyados en una gran columna, hablando ligeramente alto. Se movió entre la multitud para llegar hasta ellos. El vino se derramaba por el borde de sus copas y se reían, haciendo caso omiso del ritual que se estaba llevando a cabo a tan solo unos escalones de distancia.

El perro degollado empezó a formar un charco de sangre. El Pontifex Maximus inclinó la cabeza ante la figura de velo blanco que se adelantaba hacia el fuego ardiente y brillante del gran cuenco de bronce que coronaba el altar. La Vestalis Maxima Pomponia cogió una pátera y roció el fuego sagrado con algunas gotas de leche, antes de derramar el resto en el altar.

Valeria la miró con odio. De hecho, estaba tan inmersa en aquel sentimiento, que no se dio cuenta de que los soldados la habían rodeado, a ella y a sus ruidosos compañeros. Agarraron a los alborotadores por el cuello. Solo uno tuvo la mala idea de oponer resistencia, cosa que le valió un cabezazo con casco en toda la cara, y una nariz rota con difícil arreglo.

Valeria salió corriendo. Se abrió camino entre las multitudes celebrantes del Palatino y pasó por la galería de tiendas del Circo Máximo hasta encontrarse en una calle comercial desconocida pero muy concurrida. Jadeando, se arriesgó a volver la vista hacia atrás. El soldado todavía la estaba persiguiendo. Corrió más deprisa, lanzándose tras las columnas, entre los escaparates y los puestos de los vendedores, y escondiéndose detrás de un burro robusto hasta que vio un camino que llevaba a la calle y que se había despejado inesperadamente ante ella. Se levantó el vestido y escampó por el empedrado, ignorando el polvo y la inmundicia que se atascaba en la parte delantera de sus sandalias.

Finalmente, vio lo que podría servirle de escondite, una letrina pública. Se deslizó hacia el interior, se levantó el vestido por la cintura, y eligió un inodoro que había al lado de una madre e hija sentadas. Parecían estar discutiendo sobre el novio de la hija mientras hacían sus necesidades. Estaba a salvo. Solo los soldados más entusiastas se aventuraban a seguir a una simple agitadora de la chusma hasta la inmundicia de los baños públicos.

Desafortunadamente para Valeria, el soldado que la seguía se tomaba el trabajo muy a pecho. Irrumpió en la letrina como un toro cretense, ajeno a los gritos de profanación de la madre y la hija, y sacó a Valeria a rastras, como una Pasífae.

—Suéltame —ordenó ella—. ¡Soy una mujer noble!

—Eres una borracha, eso es lo que eres —dijo el soldado—, y estás interrumpiendo un ritual público. Estoy cumpliendo órdenes.

La metió en un carro de la prisión con barrotes de metal que apestaba a vómito. Trató de ponerse en pie, pero olvidó que la suela de las sandalias estaba cubierta de lodo y se resbaló, golpeándose fuertemente la cabeza.

Oyó la voz extrañamente amortiguada del soldado, y sintió un zumbido en los oídos antes de que el mundo se volviera negro y silencioso.

Poco a poco, volvió a oír. El sonido del metal. Una tos seca y penetrante en algún lugar distante. El tintineo de las cadenas y el clic de una cerradura de acero. El sonido de las voces de los hombres resonando en un espacio cerrado.

La visión llegó después, borrosa al principio, clara después. El espacio a su alrededor era oscuro. Sólido. El techo parecía demasiado cerca, demasiado pesado. Le dolía la cabeza y tenía la garganta en carne viva.

—Tomad un poco de agua, señora Valeria.

Se incorporó levemente hasta lograr sentarse, y miró a los ojos a la sacerdotisa Pomponia.

La vestal le dio un vaso de agua. Ella lo aceptó y bebió.

—Estás en la *carcer* —informó Pomponia—. Habéis sido arrestada por desorden público. No es vuestro primer arresto por esto y probablemente seréis sentenciada a muerte en esta ocasión. Los sacerdotes de la Lupercalia ven la interrupción del ritual como un mal presagio y pedirán que se os ejecute.

Valeria no dijo nada.

—Vuestra hija Quintina está esperando afuera, en la *lectica*. ¿Queréis que la haga pasar?

—No. —Agitó la cabeza—. No quiero que me vea así. —Llevaba el pelo y el vestido manchados de barro, y se notaba el labio inferior hinchado—. ¿Os ama mi marido?

Curiosamente, a Pomponia no le sorprendió que se lo preguntara directamente.

—Sí —contestó.

—¿Habéis tenido relaciones sexuales?

—No. Yo jamás rompería mis votos sagrados con Vesta. Y él tampoco me lo pediría nunca.

—Pero si os ama…

—El amor no está prohibido para una vestal —dijo Pomponia—. Lo que está prohibido es tener relaciones sexuales.

Valeria se apartó el pelo enmarañado de la cara.

—Nunca me ha querido —dijo con naturalidad—. ¿Creéis que quiere a sus hijas?

—No hay duda de ello.

—¿Cómo están? —preguntó Valeria—. ¿Cómo están mis chicas?

—Crecen como rosas de mayo —dijo Pomponia—. Son felices y las cuidan bien.

Valeria estiró la espalda y se encogió por el dolor que le bajaba por la columna vertebral.

—He desperdiciado tantos años de mi vida tratando de hacer que él me amara. Qué tonta fui. —Rio. Una risa amarga—. Sueno como un actor de comedia griega. El despertar solo llega al final.

—No tiene por qué ser el final, Valeria. Puedo perdonaros, pero tendréis que iros de Roma. Vuestros vicios son bien conocidos y os habéis convertido en objeto de ridículo. No puedo permitir que vuestra reputación manche el servicio de Quintina. El exilio es la única opción. —Pomponia miró alrededor de la celda de piedra—. Tiene sus beneficios. Podréis tener una vida nueva, comenzar desde cero. Viviréis confortablemente y permitiré que os escribáis con Quintina. ¿Quién sabe lo que el Destino os tiene reservado? Tal vez algún día podáis volver a formar parte de la vida de vuestras hijas.

—¿Por qué ibais a hacer eso por mí?

—Quintina es la sacerdotisa más brillante que la orden ha visto en muchos años —dijo Pomponia—. He estado repasando los archivos y jamás en todas nuestras generaciones ha pasado por nuestras filas una chica con su capacidad de ritual y comprensión. Quizá sea la sangre de su tía abuela, la gran vestal Tácita. Sea como fuere, la madre Vesta os eligió a vos para alumbrarla y que nos la trajerais. Debéis manteneros en un nivel más alto. Tenéis vuestro propio deber con la diosa.

—Sí.

La vestal se puso en pie.

—Organizaré los preparativos. Seréis puesta en libertad en breve. Id a casa y aguardad noticias de vuestra partida. Es preciso que abandonéis Roma de inmediato, antes de que César se entere de lo ocurrido y derogue mi perdón.

Sin mediar más palabra, Pomponia salió y el soldado cerró dando un portazo.

—No hay nada como tener amigos importantes, ¿eh, señora? —dijo a la prisionera.

Valeria se recostó contra la fría pared de piedra de la celda y cerró los ojos. Lo siguiente que supo fue que la puerta con barrotes de acero estaba abierta nuevamente y el guardia le estaba gritando:

—¡Vamos! ¡Arriba! ¡Es hora de irse, chica elegante!

Y un momento después, ya estaba caminando bajo el cielo azul, y era como si las últimas horas, las más aterradoras, conmovedoras y surrealistas de su vida, nunca hubieran tenido lugar. Descendió por las escaleras de la prisión, caminando entre los cadáveres de los criminales ejecutados (los dejarían allí hasta el anochecer, como advertencia a los otros), y caminó por las calles empedradas del Forum Romanum, como tantas otras veces.

Quería irse a casa. Quería acurrucarse entre las sábanas como una oruga dentro de su capullo y esperar hasta que llamasen a la puerta y un barco se la llevara rumbo a su nueva vida en otra tierra. Si quería volver a ver a sus hijas y ganarse su amor, tendría que salir de Roma.

Pero primero, debía hacer algo.

Los sonidos y las vistas de la Lupercalia se arremolinaban a su alrededor mientras descendía en dirección al Templo de Vesta. Guirnaldas de follaje y flores frescas abrazaban las columnas desde la base hasta el capitel, como en todas las fiestas. El humo del fuego eterno de Vesta salía por el techo de bronce en su camino de ascenso hacia la diosa. Las llamas ardientes de los broncíneos fogones del exterior crepitaban sin cesar.

Valeria pasó junto al templo y sus guardias (tuvo suerte de que no la pararan porque su aspecto zarrapastroso) bordeando la Casa de las Vestales hasta llegar al bosquecillo de la parte trasera. Se aproximó a uno de los árboles del tranquilo huerto de frutales y se agachó hasta que vio lo que estaba buscando en la hierba, una piedra plana con la que había cubierto su obra la última vez que estuvo allí. Se arrodilló y cogió la piedra hasta revelar la tierra negra que había debajo. Excavó hondo con los dedos hasta dar con la tablilla enrollada de la maldición que había puesto allí años atrás.

—¿Qué llevas ahí?

Valeria se levantó de un brinco. Era el mismo soldado que la había arrestado durante el ritual de la Lupercalia. Aquello ya era pasarse de la raya: la había seguido a pie, solo para asegurarse de que se iba directamente a casa, tal y como la sumisa sacerdotisa le había ordenado.

—No es nada —tartamudeó Valeria—. No es de tu incumbencia.

—Eso lo decidiré yo. —Le arrancó la tablilla de las manos, le quitó el clavo con la hoja de su daga y la desenrolló.

Para entonces, ya se había formado una pequeña multitud alrededor. Una anciana envuelta en una *palla* negra apuntaba a la tabilla de plomo que el soldado tenía en sus manos.

—¡Es una tablilla de maldición! ¡Aquí, en la arboleda de Vesta! ¡Les ha echado una maldición a las vestales!

—¡No! —exclamó Valeria—. ¡Se la estaba quitando! ¡La estaba revocando!

—Léelo en voz alta —gritó alguien al soldado.

El soldado se puso pálido nada más empezar a leer las palabras grabadas en el plomo. Le temblaban las manos.

—Invoco a Plutón, dios negro y sombrío. Invoco a la oscura y oculta Proserpina. *Plutoni hoc nomen offero:* la Virgo

Vestalis Pomponia, arpía de velo blanco. Maldigo su comida, su bebida, sus pensamientos, su virginidad… Maldigo su labor de vigilancia sobre el fuego sagrado y su servicio a la diosa. La divorcio de Roma, ya no es su novia, y la caso con Plutón.

Cuando terminó de leer y alzó la vista, el número de curiosos había pasado de unos cuantos a unas cuantas docenas.

La anciana de la *palla* negra señaló a Valeria con un dedo torcido.

—¡Has maldecido a la Vestalis Maxima! ¡Has hecho que la diosa nos abandone! ¡Roma se muere de hambre y está al borde de la guerra, todo por tu culpa!

La multitud rodeó a Valeria como una manada de lobos hambrientos acechando a un animal herido. Cuando la primera piedra la golpeó, ni siquiera sintió el dolor. Así de grande era el trance en el que se encontraba. Pero luego siguieron más piedras, más dolor, y más pánico. Los cuerpos se le acercaban por todos lados. No había adónde huir. «¿Quién sabe lo que el Destino os tiene reservado?». Y de nuevo aquel zumbido en los oídos, y el mundo tornándose silencioso y negro, por segunda vez en el día.

El soldado desenvainó la espada, pero no sabía dónde o a quién atacar. ¿Debería apuñalar a la anciana? ¿Al patricio de la toga cara? ¿La matrona con joyas? ¿El chico plebeyo? ¿El mercader? ¿El judío barbudo? Acababa de decidirse por el judío barbudo cuando alguien gritó:

—¡Está muerta!

Y la multitud se dispersó perdiéndose por el Forum.

El soldado se agachó a recoger el cuerpo de la mujer. No podía dejarla en la arboleda de Vesta, ¿verdad? La anciana de la *palla* negra se arrodilló y empezó a rascar las palabras de la tablilla de plomo con el canto de una piedra del pavimento.

Una mujer más joven, también envuelta en una *palla* negra, se arrodilló junto a la anciana y vertió un pequeño frasco de sal que llevaba colgando del cuello sobre la tablilla. Ambas frotaron la sal con las manos, murmurando conjuros a Proserpina, rogándole suavemente que revocara la maldición.

—¿Funcionará? —les preguntó el soldado, ya con el cadáver de Valeria colgando sobre el hombro.

—Eliminará la maldición —dijo la joven—, pero solo los dioses sabrán cuándo.

* * *

Cuanto más miraba el negro pelo grueso de su hijo pequeño Druso, más se convencía de que era producto del cerdo peludo de Diodoro.

—¿Cuántos años tienen los pequeños, *Domina?* —preguntó Medousa.

—Pues no estoy muy segura, Medousa. El cabeza hueca tendrá unos diez u once, y el peludito siete u ocho.

—Qué encantador, *domina.*

Livia pensó en azotar a la esclava en aquel mismo instante. En los ocho años que Medousa llevaba viviendo con ella, había aprendido a dejar pasar muchas cosas. De no haberlo hecho, ya hacía años que la habría mandado azotar, y tendría las manos en carne viva de sostener el látigo.

Tiberio el cabeza hueca y Druso el peludo corrieron hacia ella con los ojos llenos de malicia. Tiberio abrió la mano mostrando el cuerpo negro de una araña moviéndose con solo dos de sus patas todavía intactas.

—Mirad lo que hace, madre —dijo.

—Qué príncipe eres —dijo Livia.

En ese momento entró en el triclinio Julia, la hija de Octavio. Miró la palma de la mano de Tiberio, frunció el ceño y le dio un empujón tan fuerte en el pecho que le hizo caer sobre su propio trasero.

—Eres un niño cruel y mezquino, Tiberio —dijo—. No me extraña que mi padre te odie tanto.

Tiberio se incorporó levemente sobre el suelo y se quedó mirando a Julia, cuyo temperamento amenazaba con desbordarse. Levantó el puño como para golpear a la niña, pero ella se rio en su cara.

—Como si tuvieras el valor —dijo ella sonriendo, mirándole por encima del hombro mientras salía de allí para buscar a su primo Marcelo.

Tiberio se puso en pie rígidamente, con la mandíbula apretada por la ira. Al igual que su madre, sentía un profundo desprecio por su hermanastra desde el primer día que la vio, durmiendo en su cuna con aquella carita suya tan pomposa.

—¡Tiberio, sal de aquí! —ordenó Livia—. ¡Y llévate a Druso contigo!

El muchacho agarró a su hermano del brazo, gruñendo, y se fue corriendo, sin duda alguna en busca de más arañas con las que aliviar su frustración.

Livia maldijo a su exmarido Tiberio por haber llevado a los niños allí. Normalmente, los visitaba en casa de su padre. Y cuando Tiberio quería deshacerse de ellos, Livia se encargaba de que los mandaran a casa de su hermana Claudia, y cuando eso sucedía, iba a visitarlos allí.

No es que tuviera muchas ganas de ir a verlos. Cuando se trataba de sus hijos, se encontraba entre Escila y Caribdis: si no iba a verlos, César podía verla como una madre fría e indiferente; pero si iba a verlos, le estaba recordando que había tenido dos hijos de con su anterior esposo, pero ninguno con él.

Se reclinó en un diván del triclinio ricamente pintado al fresco, mientras Medousa le acercaba un tazón de uvas, anunciando la llegada de una invitada.

—*Domina,* vuestra hermana Claudia está aquí.

Claudia miró inquisitivamente el barro del suelo al entrar en el triclinio. Iba vestida, como siempre, con uno de sus característicos vestidos de color púrpura.

—Asumo que los queridos demonios están de visita —dijo secamente, dejándose caer en el diván, junto a su hermana pequeña.

—Ese desgraciado de Tiberio —mascullό Livia llena de enojo—. Sabe que odio que venga a dejármelos sin avisar. Lo hace solo para provocarme, ya lo sabes. Es su patética forma de agitar la polla ante César.

—Aún es pronto —respondió Claudia—. Quizá te envíe una litera para recogerlos antes de que vuelva tu marido.

—Lo dudo. Hoy no hay asuntos del Senado, así que seguramente César vuelva antes de lo habitual.

—¿Se lleva bien con los chicos? —preguntó Claudia.

—Tolera a Druso, pero no puede con Tiberio.

—¿Crees que sospecha —Claudia bajó la voz— que pueden ser de padres diferentes?

—Creo que hace todo lo posible para no pensar en ello —respondió Livia—, y yo también. Ya sabes cómo se pone hablando de las virtudes de la matrona romana y de la importancia de la moral sexual pura. No importa cuántas de las esposas de sus amigos se haya tirado en la despensa durante la cena, o cuántas esclavas vírgenes se haya pasado por la polla, el hombre se ahogaría en normas morales si supiera cómo me taladraba Diodoro.

—La hipocresía sexual es un lujo de la hombría, querida hermana.

Livia suspiró pesadamente y se giró sobre su espalda, repentinamente pensativa.

—Aun así... Los chicos son tan distintos, Claudia, que es difícil no verlo. Ambos son unos bestias, pero Druso, por lo menos, tiene algo de ambición. A menos que Tiberio lo convierta en un borracho en un catamita, podría llegar a ser alguien.

—Hum, esperemos. —Claudia cogió un racimo de uvas y empezó a desplumarlo metiéndose algunos granos en la boca. Habló mientras masticaba.

—He oído que las raciones de grano han subido por la Lupercalia.

—El Senado mandó aumentarlas. César no se opuso, pero tampoco estaba muy contento con la idea. Dice que eso es pan para hoy y hambre para mañana.

—¿Y todavía se niega a sacar el testamento de Marco Antonio del Templo de Vesta?

—Para mi marido, el sol brilla en el culo de las vestales.

Claudia masticó otra uva.

—¿Y las vírgenes que le conseguiste? ¿Ya se ha cansado de ellas?

—¿Se cansa el zorro del gallinero?

—Hum. —Claudia escupió una semilla de uva al suelo. Verdaderamente, su hermana Livia podía llegar a poner a prueba la paciencia de Clementia. Allí estaba ella, la mismísima esposa del César, fuera del lecho conyugal. No podía dejar que la situación se deteriorase más. Después de todo, su suerte dependía de la de Livia, y quería seguir disfrutando de la adulación de ser conocida como la cuñada de César. Pinzó una uva entre sus dedos—. Me parece, hermana, que es hora de que tu marido deje de idolatrar a las vestales.

—Buena idea, pero dudo que eso vaya a suceder. Pensé que se enfadaría con la mosquita muerta de la suma sacerdotisa cuando se negara a darle el testamento de Marco Antonio, pero pasó justo lo contrario. Se quedó más admirado que nunca con ella. ¡Yo no podía creerlo!

—Él admira su virtud —dijo Clauda—. Cuanto más virtuoso es el comportamiento, más las reverencia.

—Lo que tú digas.

—No me estás escuchando, Livia. —Se inclinó hacia delante—. Eso significa que lo contrario también ha de ser cierto. Cuanto menos virtuosa sea la conducta de las vestales, menos las venerará. Tu esposo tiene que darse cuenta de que no son las castas guardianas de la llama sagrada que él cree que son.

Livia se sentó y miró a su hermana de frente.

—Te escucho, Claudia.

* * *

Mi querida Pomponia:

Hoy he visto tres cosas que jamás habría imaginado. La primera tiene que ver con Marco Antonio. Esta mañana, uno de los más grandes generales que la historia de Roma ha conocido ha salido del cuarto de vestir maquillado como una mujer.

Es costumbre que los hombres de Alejandría usen maquillaje para protegerse del tiránico sol egipcio, y parece que Marco Antonio ha adoptado la práctica cada vez que sale al aire libre. Se cubre los párpados con khol, que hace que sus ojos parezcan los de un gato. Espero no estar sonando como una mujer al describiros estas cosas. Me siento incómodo al hablar de ello, pero quería contároslo. También ha empezado a beber cerveza, en vez de vino, como hacen los egipcios. Yo lo he intentado, pero no tengo estómago.

La segunda tiene que ver con Cesarión, el hijo que Julio César tuvo con Cleopatra. Tal vez penséis que sigue siendo el mismo niño pequeño de dos o tres años, la edad que tenía cuando Cleopatra estaba en Roma, pero el tiempo vuela, y ya tiene dieciséis.

Llevo dos años en Alejandría, pero es la primera vez que lo he visto en suelo egipcio, ya que Cleopatra solo permite que los romanos que le han jurado lealtad a Marco Antonio y ella estén cerca de él. El encuentro fue por accidente. Yo tenía que desplazarme en litera con uno de los hombres de Marco Antonio, pero me confundí y entré en una *lectica* dentro de la cual estaban sentados la reina y Cesarión.

Debo decir, Pomponia, que mirar a ese niño era como mirar a César, aunque él nunca llegara a reconocerlo, y siempre se pusiera en duda la paternidad, os puedo asegurar que no hay dudas sobre su filiación.

Los hombres de Marco Antonio me dicen que Cesarión tiene las cualidades de un líder capaz. Ha heredado la innegable inteligencia de la madre, y el temperamento igualmente sagaz del padre. Pero, por desgracia, si Octavio César viene a Egipto con la espada en la mano, el joven Cesarión no durará mucho en este mundo. No creo que el hijo adoptivo del divino Julio deje vivir al verdadero hijo de Julio César.

Y aquí viene lo más fuerte, Pomponia. Puede que hayáis visto algunas cosas perturbadoras en vuestra vida, pero nada en comparación con la momificación. Los romanos sabemos que solo el espíritu viaja al Elíseo, pero los egipcios creen que sus cuerpos físicos también van al más allá. Por lo tanto, necesitan preservar el cadáver para albergar el espíritu.

Os insto a sentaros mientras leéis esto para que vuestra constitución femenina no se debilite. Una vez que los sacerdotes han pronunciado sus encantamientos a los dioses, los embalsamadores sacan el cerebro, poco a poco, con la ayuda de un gancho afilado insertado en la nariz. Si el cerebro se resiste, el embalsamador golpea la parte superior del cráneo para desalojarlo. Cuando el cerebro ya está fuera, vierten resina líquida por la nariz para llenar el espacio que ha quedado en la cabeza.

Entonces cortan el cuerpo de forma ritual, y le quitan el estómago y otros órganos, para depositarlos en una urna. Solo queda el corazón. Los egipcios creen que su espíritu y todo lo que son reside en el corazón. A continuación, los embalsamadores envuelven el cuerpo en una gasa blanca, usando ungüentos de olor extraño para mantener la tela en su lugar, mientras los sacerdotes cantan y colocan amuletos a lo largo del cuerpo para espantar a los espíritus malignos.

El cuerpo se coloca en un sarcófago y se entierra en lo profundo de la tierra con algunas cosas que necesitará en el más allá, como comida y bebida. Esto me confundió un poco, sobre todo porque no entendía cómo era posible que el más allá egipcio estuviera tan mal abastecido como para que los muertos tuvieran que llevar su propio sustento y muebles. Lo que más me extrañó es que nadie dejó una moneda para pagarle al barquero. Los sacerdotes dijeron que no creían en esas cosas, pero Mario y yo sospechamos que, simplemente, no querían soltar el dinero. Dejé una moneda junto al sarcófago cuando nadie miraba.

La Lupercalia habrá terminado para cuando llegue esta carta, pero confío en que lo haga antes de las calendas de marzo y la renovación de la llama eterna de Vesta en el templo. Mi mayor deseo es veros una vez más llevando a cabo un ritual sagrado con mis propios ojos. Por ahora, encenderé una vela en calendas y haré una ofrenda a la diosa. Le hablaré del amor que os tengo, y seguramente ella iluminará mi camino de regreso a casa pronto.

Quinto

P.D.

He escrito a Valeria para divorciarme de ella. Ya solo os quedan seis años en la orden vestal. Cuando vuelva a Roma, empezaré a trabajar por nuestro futuro. Nos casaremos e iremos a vivir a Tívoli.

Pomponia dejó el pergamino en el escritorio y se recostó sobre la silla. A menudo se sentía mareada tras leer las cartas de Quinto. Derrochaban emociones y mensajes contradictorios: calidez y afecto en una frase, arrogancia y condescendencia en la siguiente. Aquella tarde, los mareos fueron más fuertes de lo normal.

Releyó la postdata: «Os quedan seis años en la orden vestal. Cuando vuelva a Roma, empezaré a trabajar por nuestro futuro. Nos casaremos e iremos a vivir a Tívoli».

Qué típico. No era una declaración de amor o una humilde propuesta de matrimonio, sino una orden.

Amaba a Quinto, eso era innegable, pero todavía no se había parado a pensar seriamente en si dejaría la orden al final de los treinta años de servicio. Le alegraba saber que él la amaba tanto, pero no le agradaba la idea de que asumiera que era suya y podía gobernarla a su antojo. Su deseo de gobernarse a sí misma no solo le irritaba, sino que le desconcertaba.

Volvió a leer la postdata antes de enrollar el pergamino y quemarlo. Mientras el papiro ardía, las palabras volaban hacia la diosa y Pomponia se preguntaba qué haría con ellas. ¿Qué querría Vesta que hiciera? ¿Convertirse en la esposa de Quinto o seguir casada con Roma?

La idea de una vida privada con Quinto sonaba bien. Habían compartido fugaces momentos íntimos que prefiguraban los placeres que podía darle.

Le gustaba pensar en sus labios sobre los suyos, la sensación de sentir su aliento, el tacto de sus brazos fuertes, el sonido de su cariñoso susurro en el oído. Momentos que habían sido como ligeras sombras de lo que un día podría vivir con toda su luz. Siempre había querido conocerle en la intimidad, como Valeria.

Valeria. Quintina había escrito a Quinto contándole lo de la muerte de su madre, pero por lo visto todavía no le había llegado la carta. Pomponia se preguntó cómo reaccionaría cuando se enterase. Nunca había mostrado afecto por ella, y no era de extrañar que pidiera el divorcio ahora que sus hijas ya eran independientes. Pero ¿provocaría la noticia de su muerte algún tipo de culpa o arrepentimiento en él?

El rostro de Pomponia se enrojeció al pensar en Valeria: una mujer de alta cuna, madre de una bendita sacerdotisa, hallada con una tablilla de maldición amenazando el cuidado de una vestal sobre el fuego sagrado. ¿Acaso no le importaba la miseria y muerte que semejante maldición podía traer a Roma y su pueblo?

Fue el fuego sagrado de Vesta lo que mantuvo alejados a los bárbaros de Roma; lo que salvó a los romanos de la esclavitud. Era Vesta quien había protegido a las esposas e hijas de los romanos de la violación de los invasores; la que se encargaba de cuidar a los romanos en el campo de batalla. Bendecía y santificaba el hogar.

Echar una maldición así era imperdonable y Pomponia no podía sentir lástima por la violenta forma en la que Valeria había cruzado el umbral de Plutón.

Como si el sonido quisiera responder a la cólera de Pomponia, se oyó el eco de unos gritos distantes, procedentes de algún lugar de la casa. Una oleada de voces fuertes, en cualquier caso extrañas, máxime a esa hora tan tardía. Se apresuró a quemar la carta y salió a investigar lo que estaba pasando, corriendo escaleras abajo en dirección al atrio, desde donde provenía el alboroto.

Al girar la esquina en dirección al atrio se encontró con el rostro inesperado de un hombre: Lépido.

Le acompañaban dos soldados que parecían algo incómodos. Llevaban la cabeza gacha y evitaban establecer contacto visual con las dos sacerdotisas, Tuccia y Lucrecia, que estaban frente ellos, con las manos en las caderas y el rostro empañado de indignación.

—Pontifex —dijo Pomponia—. ¿Habéis perdido el juicio? ¿A qué se debe esta intrusión?

Lépido se frotó las sienes y agitó la cabeza.

—No puedo creerlo.

—¿El qué? ¿Qué ha ocurrido?

—Sacerdotisa Pomponia —dijo Lépido—. Creo que este es el deber más duro que he tenido que cumplir en m mi vida, pero debo informaros de que se ha hecho una acusación de *incestum* contra la orden vestal.

Pomponia se quedó blanca.

—¿Contra qué sacerdotisa?

Lépido se detuvo y se mojó los labios antes de darle a Pomponia un pergamino.

—Contra la sacerdotisa Tuccia.

Tuccia se llevó las manos a la cara y se tiró al suelo.

—*Protege me, dea* —clamó. ¡Diosa, protégeme!

Lépido dio un paso hacia Pomponia y bajó la voz.

—Lo siento, no me complace decirlo, pero debe venir con nosotros. No puede permanecer cerca del fuego sagrado. Puede que su impureza nos haya hecho perder el favor de la diosa. La alianza entre César y Marco Antonio se ha roto, y el poder de Egipto sobre las provisiones de grano amenaza la distribución. Estamos a punto de entrar en pánico.

—Pontifex —dijo Pomponia severamente, sosteniendo el pergamino que Lepidus le había entregado—. A menos que este pergamino contenga la letra de la diosa en oro vivo, condenando a Tuccia, podemos asumir que se trata de una acusación falsa. Permanecemos a favor de la diosa.

—No podemos arriesgarnos —replicó Lepidus—. Soy el Pontifex Maximus, sacerdotisa. La decisión es mía. Debe acompañarnos.

—¡Pomponia, no! —gritó Tuccia—. ¡No es cierto, te juro que no es verdad!

Pomponia se obligó a pensar. ¿Cuál era el protocolo para aquello?

—Levantaos, Tuccia. —Era la voz de Fabiana. La anciana sacerdotisa pasó junto a los soldados y al Pontifex Maximus como si no estuvieran allí y miró a Tuccia—. Recuerda lo que eres y levántate de una vez.

Tuccia se levantó. Le temblaban las piernas, pero se enfrentó a Lépido con repentina dignidad.

—Ve con ellos —dijo Fabiana. Miró a Lépido—. Llévala a casa de la antigua vestal Perpennia en el monte Esquilino.

—Sí, sacerdotisa.

—Vamos a ver qué podemos hacer. Mañana te mandamos aviso. Que Vesta sea contigo —le dijo Fabiana a Tuccia.

Tuccia cruzó los temblorosos brazos sobre el pecho y siguió al Pontifex Maximus y a los soldados. Al salir de la Casa de las Vestales se cruzó con Nona y Cecilia, que acababan de salir del templo para averiguar qué estaba haciendo allí el Pontifex Maximus con soldados, y a esas horas. Vieron a Tuccia pasar por delante de ellas, pero Tuccia tenía la mirada fija en la capa escarlata del soldado que iba delante de ella, y no las vio.

Las vestales permanecieron juntas en silencio, esperando a que pasase la primera oleada de asombro e incredulidad. A Pomponia se le pasó por la cabeza la idea de castigar a Nona y Cecilia por haber dejado el templo solo, al cuidado de las novicias, aunque solo hubiera sido por un instante y en ningún momento hubieran descuidado la vigilancia, pero luego lo pensó mejor. Lo que necesitaban en aquel momento era una demostración de unidad. Además, nunca se había sentido con autoridad para corregir a una vestal mayor que ella, como Nona, ni siquiera ahora que era la Vestalis Maxima. Abrió el pergamino que Lépido le había dado y lo leyó:

—Han acusado a Tuccia de haber cometido incesto con un tal Galo Gratio Januario.

—Lo conozco —dijo Lucrecia—. Es un auriga del equipo de los Azules.

A Pomponia le palpitaban las sienes. Un auriga. Mala señal. La afición que Tuccia tenía por las carreras era bien conocida en Roma y la joven y bella sacerdotisa mantenía abiertas amistades con los aurigas más famosos. Continuó leyendo el pergamino.

—La que ha interpuesto la acusación es Claudia Drusilla.

—¿Por qué me resulta tan familiar ese nombre? —preguntó Cecilia.

Nona chasqueó la lengua.

—Es la hermana de la mujer de César —dijo— y una ramerilla chismosa y manipuladora.

Las vestales más jóvenes levantaron las cejas ante la sacerdotisa veterana. A veces Nona podía escupir veneno por la boca.

Lucrecia se enjugó una lágrima de la mejilla y todas permanecieron en silencio hasta que oyeron un suave repiquetear en el suelo de mármol, que las hizo girarse a mirar.

Perseo trotó entrando en el atrio en dirección a Fabiana. Bostezó aburridamente y se sentó a sus pies.

—El poderoso héroe viene a matar a la bestia, y a salvarnos a todos, ¿verdad? —Cecilia levantó al animal y lo puso en los brazos de Fabiana.

—Vamos al templo —ordenó Fabiana a las sacerdotisas—. Tengo una historia que contaros.

Capítulo XV

La historia de la vestal Licinia

Roma. 31 a. C.

(la misma noche)

La tarde refrescaba y Fabiana condujo a las sacerdotisas, todas ellas descalzas, por las escaleras de mármol del templo níveo de Vesta del tranquilo Forum Romanum.

Al atravesar las puertas de bronce, la bóveda negra estrellada del cielo nocturno dio paso a la cúpula circular del santuario interior del templo. El fuego eterno rugía y crepitaba en su hogar de bronce, el humo sagrado se elevaba hacia arriba, saliendo del óculo en el ápice de la cúpula y ascendiendo hacia la diosa.

El templo estaba iluminado no solo por el fuego, sino por una serie de lámparas de aceite de oliva fijadas a las columnas de mármol que rodeaban el santuario. Las sombras titilantes se echaban sobre las paredes redondeadas. El suelo de mosaicos blancos y negros estaba fresco, y los pies descalzos de las vestales sentían el frío bajo sus pies descalzos.

Pomponia despidió a las novicias que estaban cuidando el lar y se fueron sin hacer ruido, con los ojos llenos de miedo y confusión. Usando un par de pinzas de hierro, eligió dos trozos de leña de un cuenco de terracota y los colocó cuidadosamente en la hoguera sagrada. Lucrecia avivó las brasas con un atizador y el fuego rugió de nuevo, con las chispas chasqueando y las pavesas volando en el aire.

Pomponia miró el fuego. El día anterior, Tuccia y ella habían estado debatiendo si la divina ley permitiría usar carbón en el lar, en lugar de madera. Nona se resistía a la idea, pero Fabiana se pronunció a favor.

—*Tempora mutantur, nos et mutamur in illis* —les había dicho. Los tiempos cambian, y nosotras con ellos.

Fabiana había nacido para ser Vestalis Maxima. Siempre había sido capaz de equilibrar las antiguas costumbres con las nuevas ideas. Siempre había sido capaz de resistir cualquier crisis, política o religiosa, con gracia y competencia. Pomponia agradeció a la diosa que, a pesar de su edad, todavía se encontrara con fuerzas para ayudarla a navegar en mitad de aquella malvada tormenta que se había desencadenado sobre ellas.

Las sacerdotisas se sentaron en unas sencillas sillas de madera junto a la hoguera. Fabiana acarició al viejo perrito que dormía en su regazo, y todas permanecieron tranquilas, a la espera de escuchar sus palabras. Cuando finalmente habló, su voz se mezcló con el chisporroteo del fuego, reverberando en las paredes marmóreas. Pomponia tuvo la sensación de que la diosa estaba escuchando.

—Cuando yo era una vestal novicia de ocho años —comenzó—, mi sacerdotisa favorita era una joven llamada Licinia. Todo el mundo la quería. Su padre tenía un gran colmenar en el país y solía enviarle cajas gigantescas de miel caramelizada para la Vestalia. Las repartía entre las novicias y los niños de Roma. Lo recuerdo perfectamente. La miel estaba deliciosa. A veces podías saborear las notas de tomillo y romero. Los enjambres de niños se arremolinaban como abejas a las puertas del templo durante la Vestalia, aguardando durante horas, solo para llevarse un poco.

»Licinia era un encanto. Por eso todo el mundo la quería, las novias, la gente, el público en general, pero no gozaba de favor de la Vestalis Maxima, que en aquellos momentos era Tullia. Todas sabéis de quién estoy hablando. Su estatua lleva décadas en el peristilo. Tullia era una jefa vestal diligente y una verdadera servidora de la diosa. Sentía que su deber era mantener la dignidad de nuestra orden y podía ser muy severa si se enfrentaba a la más mínima desviación de la costumbre sagrada, por pequeña que fuera.

»Licinia procedía de la familia rica y noble de Licinio, que en aquellos días era mucho más rica y grande de lo que es hoy. Los Licinii eran dueños de algunas de las mejores tierras de Italia y Licinia contribuyó a engrandecer esa riqueza comprando una villa en Frascati y otra en Capri. Recuerdo que una vez llevó a todas las novicias a su casa de Frascati y nos tomamos el granizado más delicioso que podáis imaginar.

»En aquellos días, la Galia Cisalpina era un sinvivir. Había allí algunos asentamientos romanos de considerable tamaño, pero siempre estaban bajo ataque. El peor de los bárbaros era una tribu de cimbros que amenazaban con invadir toda Italia. Ahora ya sabéis la historia: el cónsul Cayo Mario y su legado Sulla lograron derrotar a los cimbros y acabaron con la invasión, pero hubo momentos en los que la victoria no siempre estuvo tan segura, y vivimos tiempos de terror, constantemente preocupados por la amenaza de la invasión. La suma sacerdotisa Tullia siempre hacía ofrendas a Vesta, rogando por la seguridad de Roma.

»Y a pesar de que acabamos ganando la guerra, tuvimos algunas pérdidas al principio. Una de las peores derrotas militares fue la que sufrieron las legiones de Cneo Carbón. Si no estuviera en tierra consagrada ahora mismo, escupiría en el suelo a su nombre. Carbón era un tonto sin muchas luces que hizo marchar a casi mil soldados romanos directamente hacia la muerte a manos de los bárbaros.

»A su regreso a Roma, Carbón fue expulsado del ejército y vilipendiado por su espectacular estupidez y las bajas que había causado. Se esperaba que cometiera suicidio, pero se retiró de la vida pública durante un tiempo y se fue a pasar unos meses de vacaciones a casa de un buen amigo suyo de Capri. Ese amigo se llamaba Cálido, y su villa se encontraba junto a la de Licinia.

»Yo jamás llegué a ver la villa de Licinia en Capri, pero todos decían que era mucho más bonita que la villa de Cálido. Estaba en la costa y cultivaba las mejores uvas. Tenía una enorme presa de aceitunas y Licinia, a menudo, enviaba el aceite al templo para que pudiéramos usarlo en los ritos sagrados. Había rumores de que las sirenas descansaban sobre las rocas que podían verse de la orilla de Licinia, y que en las noches más calurosas desde verano se las oía cantar la caída de Troya, y eso hacía que los esclavos, absolutamente aterrados, se apresuraran a cerrar todas las puertas y ventanas por miedo.

»¿Por dónde iba...? ¡Ah, sí! Ya me acuerdo. Cuando Carbón regresó a Roma, no estaba solo. Su amigo Cálido iba con él. Fueron directamente al Senado y pidieron la palabra, pero se la negaron, claro está, aunque ellos no se resignaron, y dijeron que lo que tenían que decir era sumamente importante, y que la existencia de la misma Roma dependía de ello, deshaciéndose en dramáticos aspavientos si no atendían los presagios de perdición.

»Carbón le dijo al Senado que la culpa por haber perdido la batalla no era suya, sino de una vestal incasta: Licinia. La habían visto en compañía de uno de sus soldados legionarios, un hombre llamado Marco Sergio Rufo. Con manos temblorosas y ojos húmedos, Carbón juró que el incesto de la sacerdotisa había hecho que Vesta diera la espalda a Roma.

»Gritó que su traición había roto la *pax deorum* y enfurecido a los dioses, y advirtió que su pérdida militar sería solo la primera de muchas si no obligaban a la sacerdotisa a expiar la rotura de sus votos; porque sin la protección de Vesta, la invasión y la esclavitud del pueblo romano estarían aseguradas.

»Por supuesto, nadie le creyó. Conocían a Licinia desde que era una novicia de tan solo seis años. Sin embargo, Carbón dijo que tenía testigos fiables y que Cálido, un rico terrateniente, era uno de ellos. Cálido testificó que en más de una ocasión había visitado la villa de la vestal en Capri por asuntos de negocios, dada la vecindad, y que la había visto abrazada con el legionario, Rufo. Ambos se las arreglaron para que un sacerdote griego presentara una profecía sibilina apoyando la acusación.

»Algunas personas empezaron a dudar. Era cierto que Licinia era una de las favoritas de la legión de este soldado en particular, y lo había sido desde niña. Eran muchos los soldados que le regalaban los botines de sus campañas a cambio de una bendición de la diosa. Pero no era menos cierto que otras legiones hacían lo mismo con otras de sus vestales favoritas. Se trataba de una costumbre inmemorial.

»Sin embargo, el momento de la acusación era fatídico. Se produjo justo antes de otro triunfo de los cimbros en la Galia y la amenaza de la invasión parecía inminente. Una ola de pánico comenzó a extenderse por toda Roma. El pueblo necesitaba un sacrificio. Y ese sacrificio fue Licinia.

»Recuerdo a los hombres irrumpiendo en la santidad de nuestra casa en mitad de la noche...».

Al recordarlo, la voz de Fabiana se quebró. Hubo un silencio. Se enjugó una lágrima con la *palla* y acarició la oreja de Perseo.

«El Pontifex Maximus estaba con ellos. Tullia le tiró una estatuilla. Lo recuerdo porque pensé que el Pontifex se enfadaría, pero no, él no. Se disculpó y le dijo que Licinia tenía que acompañarlos. Licinia salió de la habitación para ver qué era todo aquel ruido. Llevaba un vaso de agua en la mano cuando le dijeron lo que estaba pasando, y se le cayó al suelo estallando en mil pedazos. Yo era una niña... Recuerdo que pensé: "Me van a hacer limpiarlo".

»Pobre Licinia. Era una joven tan encantadora... La llevaron al antiguo Templo de Júpiter cuando todavía se encontraba en el Capitolio, antes de que un incendio lo destruyera y volvieran a construirlo. Tenía varias cámaras subterráneas y fue allí, en aquellas oscuras cavernas, donde la azotaron. Tuvieron que traer a un hombre de Judea para hacerlo. Ningún romano se atrevía a hacerlo, ni los que la habían condenado.

»La suma sacerdotisa Tullia nos tenía a todas nosotras, incluso a algunas de las novicias, esperando a las puertas del Templo de Júpiter. Teníamos una lámpara de aceite encendida con la llama viva y oramos por ella. La vi salir cuando la sacaron. Su vestido blanco estaba hecho jirones y le corrían ríos de sangre por las piernas. No podía andar, así que la llevaban a rastras dos sacerdotes.

»Había un carro de dos caballos listo para llevarla al Campus Sceleratus. Nos miró, ¡oh, nunca olvidaré su cara!, mientras le ponían un pañuelo en la boca para acallar sus sollozos. Ataron las muñecas y la metían en una caja. Esa fue la última vez que la vi. La suma sacerdotisa y la sacerdotisa Flavia se negaron a ir en su carruaje y en lugar, subieron al carro con la caja. Flavia se sentó de rodillas y acercó su boca a la pared de la caja. Seguramente estaba hablando con Licinia a través de la pared de aquella jaula.

»Luego el carro se fue y todas nos quedamos allí durante un buen rato, viendo cómo desaparecía por la calle. Casia, ¿recuerdas lo que dijiste…? Dijiste…». Fabiana se corrigió a sí misma.

«Pero ¿en qué estoy pensando? Casia está muerta». Acarició a Perseo mientras las vestales intercambiaban miradas de desconsuelo.

Pomponia tomó una de las manos de Fabiana y la apretó con fuerza.

—Cuéntanos el resto. ¿Qué pasó con el soldado? —la animó a continuar.

Fabiana asintió con tristeza.

—Rufo había servido en el ejército durante quince años. Era un hombre grande, incluso para ser legionario. Su esposa había muerto al dar a luz y su hijo vivía son su hermana y su familia. También era un hombre orgulloso. Cuando el Pontifex Maximus le preguntó si quería pedir perdón a la diosa por su crimen, le preguntó al Pontifex si quería él pedirle perdón a su esposa por tener una polla tan pequeña.

»Lo desnudaron y le ataron a un poste frente a la Rostra. Fue azotado más veces de las que puedo contar. Vi una gran masa de piel despegándose, como yeso desconchándose en una pared. Gritó el nombre de su esposa muerta y luego no volvió a oírsele. Su asesinato fue tan repugnante para la diosa como el de Licinia.

»Cuando Tullia y Flavia regresaron del Campus Sceleratus, estábamos rezando en el templo por Licinia. Flavia se fue a su dormitorio, pero Tullia entró en el santuario. Se acercó al fuego, justo ahí».

Fabiana señaló con el dedo.

»No dijo nada, solo se puso a llorar. Estábamos impactadas. Nunca habíamos visto a la suma sacerdotisa llorar, ni cuando murió su hermana, quien había fallecido hacía poco ese mismo año.

»Lloró como una niña. No tenía consuelo. Cuanto más lloraba, más sabíamos que todo lo que había visto en el Campo de los Desalmados iba más allá del horror, más allá del dolor. Pasó un año antes de que pudiera hablar de ello. Nos contó cómo Licinia había clamado a la diosa para que la protegiera, cómo había recuperado su dignidad metiéndose en el pozo negro con la misma valentía con la que Perseo se había enfrentado a Medusa. Nos dijo que llevaba la llama sagrada del pozo con ella.»

Lucrecia se restregó las lágrimas de la cara.

—¿Qué pasó con sus acusadores?

—Sí, eso… —contestó Fabiana—. Esos hombres, larvas demoníacas… Carbón se quitó de encima la deshonra, y pasó a ser considerado el salvador de Roma. La marea de la guerra se volvió en favor de Roma y muchos dijeron que había sido gracias al descubrimiento del incesto de la vestal que Carbón había hecho lo que había salvado a la ciudad y a su gente.

»Cálido también tenía razones para estar contento. Pusieron las propiedades de Licinia a la venta y él se quedó con su villa a precio de ganga».

Fabiana resopló.

«En el momento del asesinato de Licinia, había un cargamento de aceite de oliva ya camino al templo. ¿Te puedes creer que ese demonio intentó acusar a Roma por ello, clamando que era de su propiedad?».

Fabiana suspiró. Dejó caer los hombros, como si quisiera liberar algo de la tensión y la amargura que llevaba dentro.

«Pero Veritas siempre nada desde su oscuridad hacia la luz del día. Veréis, Rufo tenía un hijo muy cariñoso. Nunca creyó en la acusación que habían hecho contra su padre y no pasó mucho tiempo antes de que Roma se diera cuenta de lo que había hecho. Y el horror de la verdad era aún peor que la mentira.

»El joven Rufo presentó pruebas que evidenciaban la inocencia de su padre y de la vestal. Comenzó con el descubrimiento de varias cartas escritas por Cálido a Licinia, en las que le ofrecía comprar su villa de Capri. Quería añadir la propiedad a la suya. Ella rechazó la oferta, pero él siguió enviando cartas, cada vez más agresivas que las anteriores.

»Y luego estaba el sacerdote griego que había presentado la profecía de la sibila. Resultó que ni siquiera era sacerdote, sino un liberto griego que había sido esclavo de un sacerdote griego. El hombre sabía lo suficiente como para sonar creíble. Se derrumbó como un loco durante el interrogatorio.

»Pero la chispa que realmente prendió fuego a la pira funeraria de los hombres fue el regreso de un hombre llamado Laenas. Era un centurión muy respetado en las legiones de Carbón. Durante la vergonzosa batalla que había deshonrado a Carbón, Laenas fue uno de los pocos oficiales que todavía gozaba del respeto de sus hombres. Abundaban los relatos sobre su valentía, y cómo había arriesgado su vida para salvar incluso al más humilde de los hombres bajo su mando. En el momento en que se hicieron las acusaciones, estaba luchando en las legiones de Sila en la Galia.

»Cuando llegó a sus oídos lo que había pasado, volvió a Roma como un trueno lanzado por Júpiter, furioso y a la velocidad del rayo. Lo que dijo convulsionó a Roma. Dijo que una vez había oído por casualidad a un Carbón borracho decirle a un soldado ya muerto que, si perdía la batalla, echaría la culpa a los votos rotos de una vestal, aunque tuviera que tirarse a la sacerdotisa él mismo.

»Así que, por segunda vez en un año, vi cómo azotaban a otro hombre en el Forum. Flavia eligió quedarse y cuidar de la llama sagrada en el templo, pero Tullia insistió en que el resto de nosotras fuéramos a presenciarlo, incluso las novicias más jóvenes. Lo recuerdo vívidamente. Tullia colocó su silla a un brazo de distancia del poste al que habían atado a Carbón. Cuando lo azotaron, la sangre salpicó su estola. No le quitó los ojos de encima en ningún momento.

»Cuando ya casi estaba muerto, Tullia pidió que dejaran de azotarlo. Por un momento, pensábamos que iba a concederle misericordia. En lugar de eso, ordenó que lo llevaran a la cima de la Roca Tarpeya y lo arrojaran desde el acantilado. Así lo hicieron. Al diablo con Carbón.

»Pero Cálido escapó del látigo del verdugo. El hombre era más rico que Midas y logró salir de la *carcer* a base de sobornos, aunque probablemente desearía no haberlo hecho. El joven Rufo sabía que lo intentaría, así que le siguió junto con algunos hombres a caballo. Lo capturaron y lo crucificaron en la Via Appia. La historia cuenta que Cálido tardó dos días completos en perecer y que Rufo y sus hombres estuvieron bebiendo y celebrándolo todo el tiempo. Dejaron su cuerpo colgado a merced de los cuervos.

»La gente estuvo viniendo a arrodillarse al templo durante meses para pedir perdón, no solo a la diosa, sino también a las sacerdotisas. El Pontifex pidió a Tullia que hiciera una declaración pública de perdón en la Rostra, pero ella se negó.

»Flavia dejó la orden menos de un mes después de haber cumplido sus treinta años de servicio. Se casó con un excónsul al año y si no recuerdo mal, tuvieron una hija que más tarde se casó con un joven pariente de Sulla. Compró una casa de campo en las afueras de Pompeya y juró no volver nunca a Roma, ni siquiera para la boda de su hija. Todos tuvieron que ir a Pompeya para la ceremonia».

Fabiana suspiró pesadamente y posó las manos en los reposabrazos de la silla.

—Lucrecia, ayúdame a levantarme.

—Sí, Fabiana. —La joven vestal levantó a Perseo del regazo de Fabiana y dejó al perrito en el suelo mientras ayudaba a Fabiana a ponerse en pie.

—Estoy cansada —dijo la vieja sacerdotisa—. Dejo el asunto en tus manos, Pomponia. Pero te diré algo: esa fosa negra del Campus Sceleratus ya tiene bastantes huesos. Y aunque sirvamos a la diosa, no puedes confiar en su intervención divina. La vida de Tuccia depende de ti. —Se golpeó la pierna para indicar a Perseo que la siguiera, y salió del templo.

Las vestales permanecieron sentadas en silencio durante un buen rato. Solo se oía el crepitar del fuego sagrado. Finalmente, Pomponia habló:

—Nuestra querida hermana Tuccia ha sido menospreciada por una arpía intrigante. Pero Plutón tendrá que pasar por encima de nosotras para llegar hasta ella. Dejadme pensar sobre ello esta noche. Hablaremos por la mañana.

Se puso en pie, cogió un puñado de harina salada de una cazuela de terracota, y roció con ella el fuego sagrado en forma de uve. La llama se elevó mientras Vesta aceptaba la ofrenda.

Dejó a Nona y Cecilia cuidando del lar, y condujo a las otras sacerdotisas de regreso a la Casa de las Vestales, donde cada una regresó a la privacidad de sus habitaciones y sus pensamientos.

Pomponia no regresó a su dormitorio. Continuó a lo largo del peristilo y luego se deslizó en el espacio privado del jardín amurallado, únicamente destinado al uso y disfrute de la Vestalis Maxima. No solía ir allí. De algún modo, sentía que aquel lugar todavía pertenecía a Fabiana. Un altar de mármol rojo con gruesas vetas blancas se erigía contra la pared. Tenía un cuenco con la llama de Vesta, y alrededor. Había otros recipientes de barro alrededor con granos de cereal, laurel fresco, piñas fragantes y varios trozos de fruta dulce.

Pomponia seleccionó un albaricoque maduro y lo colocó en un pequeño cuenco de barro. Colocó una piña al lado, lo roció con un puñado de granos y luego dispuso un manto de hojas de laurel por encima. Selló el cuenco y, seguidamente, con una oración a Vesta entre sus labios, lo puso sobre las llamas bajas del cuenco de bronce.

Una vez que el cuenco de barro se carbonizó, lo envolvió en su palla para no quemarse las manos, y lo llevó a la puerta de madera opuesta al altar. La abrió y salió al bosquecillo de Vesta. Cuando sus ojos se ajustaron a la oscuridad de la noche, caminó a través del huerto hasta llegar a un árbol en particular, aquel bajo el cual había enterrado Valeria la tablilla de maldición. Pomponia se arrodilló y levantó la losa que había en la base. Sin importarle que la hierba y la tierra le mancharan la túnica blanca, cavó un agujero en la tierra con sus propias manos, yendo más y más profundo, hasta sentir la punta de los dedos en carne viva.

—Hago esta ofrenda, madre Vesta, para que perdones mis deseos. No permitas que mi hermana Tuccia, tu inmaculada sacerdotisa, sea el sacrificio de mis faltas. Hago esta ofrenda para que quites la maldición interpuesta sobre este templo, y esta casa que es la tuya.

Pomponia bajó el cuenco de barro de las ofrendas quemadas en el agujero y después lo rellenó con la tierra negra, colocando la piedra encima. Se sentó sobre sus talones y trató de no pensar en lo mucho que se parecía a una lápida. Se puso en pie y volvió a entrar en la casa. Estaba exhausta, y sabía que no iba a poder dormir. Subió las escaleras en dirección al segundo piso, y prosiguió hasta su oficina, dejándose caer en la silla frente al escritorio. Se sacudió la tierra de las manos sobre el suelo.

A través de la ventana abierta del despacho, podía oír a los barrenderos limpiando la calle, en dirección al Forum, trabajando bajo la luz de las antorchas en la quietud de la noche.

El sonido siempre le recordaba a Quinto en la noche de la víspera de su partida a Egipto.

Aquella misma noche en la que colocó la mano sangrienta en su mejilla, y juró ante el altar de Marte que estarían juntos, y ella se quedó en la Regia todavía unos instantes, viéndole marchar, escuchando el sonido de sus pisadas alejándose y el rasguño de las escobas sobre los adoquines.

El recuerdo de aquel momento, el anhelo de volver a ver su rostro se quedó atrapado como un sollozo en su garganta. Miró el cuenco plateado de cenizas que había sobre el escritorio y luego llevó sus ojos hacia algunos de los regalos que él le había ido enviando durante los dos años que llevaba fuera: una pequeña pintura de las pirámides y la esfinge, un anillo *shen,* algunas piedras preciosas, un frasco de extracto de plantas exóticas usado para la magia del templo.

Y entonces Pomponia, la santa sacerdotisa de Vesta, tuvo una idea muy profana.

Capítulo XVI

Mus Uni Non Fidit Antro

(El ratón tiene más de un agujero - Plauto)

Roma. Febrero – marzo, 31 a. C.

(al día siguiente)

Era una cálida mañana de febrero; sin embargo, Galo Gratio Januario no tenía forma de saberlo. Estaba encorvado en una esquina de un frío agujero de la *carcer,* a tres metros por debajo del mundo viviente.

Galo no estaba acostumbrado a aquella soledad silenciosa. Su mundo era ruidoso, lleno de cascos retumbando en la arena, carros rugiendo por la pista y frenéticos aplausos de decenas de miles de espectadores.

Los soldados habían irrumpido en su casa en mitad de la noche. Los golpes en la puerta parecían arietes. Galo se había echado una túnica por encima y se había detenido frente a su esposa, con su hijo pequeño en brazos, muerta de miedo, mientras el esclavo acudía a abrir la puerta. Todavía podía ver la expresión de asombro en la cara de ella cuando leyeron la acusación: incesto con la virgen vestal Tuccia.

Se cubrió la cara con las manos. «Esto no puede estar pasando», pensó. A pesar de las historias para no dormir sobre vestales enterradas vivas, apenas había habido acusaciones de incesto a lo largo de la larga historia de su orden, e incluso aquellas estaban rodeadas de duda.

Incluso si hubiera una vestal enamorada, le sería difícil encontrar una pareja para cometer semejante crimen. Había muchas mujeres en el mundo. No tenía sentido perder la piel de la espalda y la cabeza sobre los hombros por una que Roma y los dioses habían vetado.

Galo se mordió las uñas. Claudia Drusilla. ¡Por el Hades! ¿Quién era esa mujer? ¿En qué la había ofendido? ¿Una fanática enfermiza de un equipo de carreras contrario? Fuera de la pista, no tenía enemigos, que él supiera. Ni deudas.

Se arañó ansiosamente la cabeza cuando se acordó de algo… No… ¿Acaso…? Se quitó un insecto que se le había pegado al cuero cabelludo de un manotazo, maldiciéndose a sí mismo.

Durante los últimos juegos, pidieron a la sacerdotisa Tuccia que presentara la palma de la victoria al auriga ganador. Él, por supuesto. El amor de la vestal por las carreras y por un caballo en particular de su equipo, Ajax, era bien conocido por todos. Incluso había acudido a los establos en varias ocasiones para adular al animal.

Como él se había sentido tan congraciado con la palma de la victoria, decidió sorprenderla regalándole a ella la brida dorada de Ajax. La multitud se había vuelto loca con el gesto. Ahora, Galo se preguntaba si aquel inocente gesto podría haber sido malinterpretado por otros como lo que no era.

Se oyó un ruido, algo raspando. La reja de hierro de la entrada del agujero se había abierto. Al instante, entró una oscura figura cayendo a sus pies, y la reja se cerró de nuevo.

El hombre gimió, y a continuación se quedó en silencio. Por la escasa luz que la única antorcha que ardía en el agujero arrojaba, Galo alcanzó a ver un oscuro charco de sangre emergiendo del cráneo del hombre y un hueso blanco sobresaliendo de una pierna. Galo se incorporó y se alejó de él. Se inclinó contra la pared y esperó, como un animal encerrado en un foso de la arena, a la expectativa de ver cuál sería su destino.

No tenía forma de saber si el Destino estaba haciendo girar uno de los hilos en aquel preciso momento.

* * *

El Forum Boarium se extendía a lo largo del Tíber. En un día como otro cualquiera, el mercado de ganado del foro era una masa bulliciosa de gente y animales de carga. Era el principal centro de actividad comercial y de negocios de Roma, donde cargaban los barcos y descargaban el inventario, donde los herreros golpeaban ruidosamente las hiposandalias y las herraduras, rompiéndose la espalda por sujetar con la cuerda los cascos de los caballos y a los musculosos bueyes de carga. Todos los días, carretas de madera abarrotadas de heno, paja, pienso o estiércol recorrían las calles haciendo retumbar los adoquines, y siempre salía algún niño harapiento por ahí corriendo en pos de una cabra, un cerdo o un pollo que se hubiera escapado.

Pero aquel día no. Aquel día, el Forum Boarium estaba cerrado al comercio. Estaba repleto de gente que, por otro lado, había acudido a presenciar uno de los espectáculos más inconcebibles que alguien hubiera podido imaginar.

Una virgen vestal, acusada de incesto, iba a pedir a la diosa que decidiera su destino, probando su inocencia o confirmar culpabilidad.

La agitada multitud se encontraba cerca de un templo circular situado junto al Tíber. Los soldados trataban de mantener a raya la excitación alborotada, con las armaduras lustrosas reflejando la luz del sol y las manos sobre la empuñadura de la espada, siempre a punto.

El templo hacía honor a Hércules, quien había conducido el ganado a través del área durante uno de sus trabajos. Más importante, también era el lugar donde el dios del río Tíber había guiado a los gemelos Rómulo y Remo hacia la orilla para que la loba los encontrase. Aunque la llama eterna no ardía en el interior del templo, las vestales todavía usaban el *sanctum* circular para consagrar el agua del Tíber. Como el dios que había salvado a los gemelos y rescatado a su madre del cautiverio, casándose después con ella, el padre Tíber era el dios de la razón especialmente honorificada por las vestales durante la Tibernalia.

Teniendo en cuenta el plan que tenía en mente, Pomponia esperaba que el dios del río fuera benevolente con la vestal Tuccia, como lo había sido con la vestal Rhea Silvia. El carruaje vestal tirado por caballos entró en el Forum Boarium. Abrió las cortinas para echar un vistazo.

De pie, más cerca del templo, había una multitud de senadores, magistrados y varios funcionarios, todos ellos visiblemente nerviosos. El noticiero de la ciudad también estaba allí, con su secretario.

Los senadores estaban hablando con los Flamines Maiores, los sumos sacerdotes de Júpiter y Marte, mientras los adivinos observaban con sobrio interés y preocupación. Los sacerdotes de Plutón también se hallaban presentes, con sus túnicas negras y cánticos sombríos, sonando como música de fondo en el escándalo de la conversación, añadiendo todavía más temor a la escena.

El carruaje vestal se aproximó al templo circular y se detuvo frente a él. El Pontifex Maximus Lépido alzó los brazos para sofocar la cháchara y llamar la atención.

Un silencio opresivo descendió sobre el Forum Boarium cuando la gran sacerdotisa Pomponia salió del carruaje, seguida por la anciana sacerdotisa Nona y, finalmente, la sacerdotisa Tuccia.

Las tres iban vestidas con las estolas blancas y los velos característicos de las vestales. La novicia de pelo negro Quintina, ataviada con un vestido y un velo sencillos, arrodillándose rápidamente ante ellas para enderezar los bajos de sus estolas. Posteriormente, volvió al carruaje, de donde sacó un cedazo de madera redondo que presentó a la Vestalis Maxima, y a continuación, sacó un ánfora de terracota que dio a la vestal Nona.

Pomponia se enfrentó a la multitud, lanzando una mirada altiva e indignada a todos los presentes, ya fuera un respetado sacerdote o un funcionario del Estado, un ciudadano rico o un esclavo común.

—Nosotras, las fieles sacerdotisas de Vesta Mater —comenzó—, que guardamos la llama eterna en el templo, que ofrecemos nuestra juventud a la diosa y a Roma, venimos hoy ante vosotros para responder a la sacrílega acusación de obsceno incesto contra la virtuosa Tuccia.

Cuando estuvo segura de que todos los ojos estaban puestos en ella, Pomponia sacó el cedazo con los brazos extendidos. Al hacerlo, Nona vertió el agua del ánfora sobre él. El líquido corría directamente a través del cedazo creando un charco en el suelo.

Pomponia avanzó dos pasos para colocarse junto a Tuccia.

—Solo la diosa puede juzgar la pureza de sus sacerdotisas —dijo, y luego pasó el cedazo a Tuccia.

Esta lo sostuvo sobre su cabeza.

—Santa Vesta —dijo ella—. Siempre he cuidado el fuego sagrado con manos puras. Haz que pueda sacar agua del Tíber y llevarla al templo. Deja que permanezca en el cedazo mientras mis votos permanezcan intactos.

En ese momento, Tuccia caminó hacia el templo, y posteriormente lo bordeó hasta la escalera de piedra que descendía a las orillas del Tíber. Bajó los escalones mientras el Pontifex Maximus y los sumos sacerdotes de Júpiter y Marte la seguían, todos los demás empujando para intentar ver algo.

El noticiero murmuró algo a su secretario, quien transcribió su relato de los acontecimientos. Independientemente de cómo terminara la cosa, sabía que estaría días declamando lo sucedido en el Forum.

Pomponia permaneció junto a Nona y Quintina frente al templo. Su cara tenía una expresión de fría certeza, pero el corazón le estaba taladrando el pecho de duda y temor.

Tuccia se detuvo en la parte inferior de los escalones, sobre una plataforma de mármol blanco que se extendía hacia el río y permitía a las vestales recoger agua limpia de la corriente del Tíber. Habían colocado una placa de oro en su centro en la que podía leerse: «En este lugar divino, las vestales recogen agua sagrada del Padre Tíber».

Sumergió suavemente el cedazo en el río, lo dejó bajo el agua por un instante, y luego lo levantó. A pesar de que no daban crédito a sus ojos, el Pontifex y los sacerdotes asintieron en confirmación: estaba lleno de agua. No drenaba, sino que permanecía en el cedazo, chisporroteando contra el borde circular, incluso mientras Tuccia volvía a subir los escalones.

Todavía con el cedazo lleno de agua, volvió al templo para detenerse ante la muchedumbre hipnotizada. No se había filtrado ni una gota.

El Pontifex Maximus se colocó a su lado y miró el cedazo. Ahuecó las manos, las llenó de agua y tomó un sorbo. La multitud estaba asombrada.

—Madre Vesta —dijo Tuccia—, tu sacerdotisa es tan pura y fiel como siempre. —Pasó el cedazo al Pontifex Maximus e, inmediatamente, el agua empezó a gotear a través del colador. Un momento después, un charco de agua brotó del fondo, filtrándose a través de él y empapando las sandalias del sumo sacerdote.

El Pontifex Maximus alzó el cedazo sobre su cabeza, con los últimos restos de agua chorreando sobre su cabeza.

—*Jure divino!* —exclamó—. ¡Por ley divina, la sacerdotisa es inocente!

La multitud estalló en un coro de vítores, aplausos y oraciones que desembocaron en una canción de júbilo. Lépido señaló a un centurión:

—Id inmediatamente a la *carcer* y liberad a Galo Gratio Januario.

Pomponia sintió una presión en la mano. Era Tuccia la que se la estaba agarrando, con los ojos húmedos y el pecho palpitando agitadamente. Tenía la cara de alguien que acaba de estar muy cerca de la muerte; alguien que ya casi tenía un pie en la barca de Caronte y que en el último momento había sido rescatada por una mano invisible.

Mientras agarraba la mano de Pomponia con alivio, la mirada de Tuccia no podía ocultar su curiosidad. Había seguido las instrucciones apresuradas y crípticas de Pomponia sin pararse a pensar en ellas. No tenía más opción que poner su vida y confianza en manos de su amiga, la Vestalis Maxima.

«Llena delicadamente el cedazo con agua del río y tráelo de nuevo. Camina rápido. La diosa no permitirá que se filtre y demostrará tu inocencia. No pienses en ello. Tú hazlo sin más».

Pero ¿cómo? ¿Había intervenido realmente Vesta? Lo dudaba mucho. Aún así, era impensable que Pomponia hubiese empleado algún tipo de engaño en nombre de la diosa.

Pomponia vio las preguntas reflejadas en su rostro y apretó la mano de su amiga.

—*De duobus malis, minus est semper eligendum* —susurró, entrando ya en la *lectica* junto a Nona y Quintina.

Entre dos males, escoge siempre el menor.

* * *

Tras el *miraculum* de Vesta a orillas del Tíber, la renovación de la llama eterna de Vesta por las calendas de marzo fue un ritual más significativo de lo que había sido en años anteriores.

A pesar de la hambruna y de las continuas hostilidades entre César en Italia, y Marco Antonio en Egipto, toda Roma había abrazado la ceremonia con particular celo. Al reavivarse la llama sagrada, se renovó la fe de la gente en los dioses, en la orden vestal y en la grandeza de Roma. La esperanza también había sido renovada.

Tras la ceremonia de renovación, tal y como era costumbre, dos vestales permanecieron en el templo, mientras que otras se fueron a participar en dedicaciones o celebraciones que tenían lugar en otras áreas de Roma. Aquel año, Lucrecia y Cecilia decidieron quedarse.

Por su parte, Fabiana sorprendió a Pomponia diciendo que quería ir. A Pomponia no le parecía bien que la antigua Vestalis Maxima saliera en su estado, pero no tenía sentido discutir. Se aseguró de que Nona y Tuccia fueran las vestales que la acompañaran a ese y otros eventos.

Quería que dieran imagen de solidaridad, tal y como habían hecho una semana antes a orillas del Tíber. Cuanto más vieran a las tres sacerdotisas juntas en público, orgullosas y seguras de sí mismas, antes se borraría la acusación de incesto de sus memorias.

Las carreras de carros del Circus Maximus ofrecían la oportunidad perfecta para una exhibición de ese calibre. Tuccia estaba decidida a actuar como si nada hubiera pasado y animar a sus Azules como lo había hecho desde que era una niña. De hecho, fue incluso más allá, invitando a la esposa de Galo Gratio Januario a sentarse a su lado en el palco de César.

Tuccia y la esposa de Galo gritaban agitando cintas azules; Pomponia conversaba cómodamente con Medousa. A pesar de que se había negado a darle el testamento de Marco Antonio, Octavio estaba tan amigable y complaciente como siempre, y continuaba llevando a Medousa a los actos públicos a los que sabía que asistiría la Vestalis Maxima.

Pero el día también trajo sus tensiones. La mayor de ellas se llamaba Claudia Drusilla. Permanecía sentada junto a su hermana Livia, luchando por reclamar su estatus a base de socializar con una caterva de senadores, sacerdotes, nobles y, por supuesto, vestales. Ataviadas con llamativos vestidos de color púrpura y azul, chorreando oro y piedras preciosas, las hermanas contrastaban con las sacerdotisas vestidas de blanco que estaban sentadas unas cuantas filas delante de ellas.

Después de la asombrosa demostración de inocencia de Tuccia, Claudia había emitido una disculpa pública, tanto para ella como para la orden vestal. Se había retractado de la acusación, afirmando que solo su profundo amor por el pueblo romano, así como el dolor que le producía verlo pasar hambre, la habían empujado a buscar culpabilidades en las inocentes interacciones entre el auriga y la sacerdotisa, y a preocuparse de que la ruptura de la *pax deorum* hubiera hecho que Vesta abandonara Roma.

La disculpa llegó acompañada por una donación de una montaña de grano, salida directamente de su reserva personal, con destino a algunos de los distritos más pobres de Roma, todo en nombre de Vesta. Los rápidos gestos de contrición, junto con su condición de cuñada de César, parecían haberle salvado el pellejo.

Por supuesto, ninguna de esas sacerdotisas creía que su remordimiento fuera genuino. De haberlo sido, tampoco habría cambiado nada. El daño ya estaba hecho y el perdón de la vestal no llegaría nunca.

Claudia estaba empezando a sospechar lo mismo. Se inclinó hacia su hermana para susurrarle algo, pero tuvo que levantar la voz por culpa de la oleada de gritos de espectadores enfebrecidos.

—¿De cuánto grano debo deshacerme antes de volver al estado de gracia? —preguntó.

—Podrías transformarte en la sagrada Ceres y entregarle Egipto en bandeja de plata, y aun así no te perdonarían —dijo Livia—. Estas no son de las que cambian de chaqueta. —Frustrada, se golpeó el pecho con la pulsera de oro y rubí que llevaba puesta en la muñeca, mientras observaba cómo los carros tirados por caballos atronaban salvajemente alrededor de la pista circular—. Por el coño caliente de Medea, ¡qué desastre! Se suponía que la acusación de incesto haría que César viera a las vestales como impuras, y ahora resulta que ve su pureza más divina que nunca, y corroborada por la mismísima diosa. Claro que eso no le ha impedido que siga pidiéndome abiertamente que siga mandando vírgenes a su alcoba, y se pone hosco si no le envío una cada noche. Solo los dioses saben cuándo volverá a meterse entre mis piernas otra vez.

—¿Y qué hay de la guerra con Marco Antonio? ¿La va a declarar César?

—No puede. Todavía hay senadores que se niegan a creer que Marco Antonio está parando los envíos de grano.

—Pero Agripa destruyó a Sexto Pompeyo hace años —dijo Claudia—. ¿Quién más podría ser responsable, salvo Marco Antonio?

Livia miró a su hermana y se encogió de hombros.

—Marco Antonio tiene hombres en Roma extendiendo el rumor de que César ha estado escatimando los cargamentos en el puerto, y echándole las culpas a Marco Antonio. —Se cruzó de brazos—. Ojalá estuviera muerto, porque entonces yo sería la primera dama de Roma. Estoy harta de esperar a ver lo que hace, y hasta el moño de ser la segundona de esa mojigata llorona de Octavia.

—Hum. —Claudia tamborileó con los dedos sobre el reposabrazos de su silla—. Necesitas el testamento de Marco Antonio.

—César jamás lo cogerá por la fuerza —dijo—. No tras el espectáculo del Tíber. Sería un suicidio político violar el templo ahora. —Soltó uno de sus habituales suspiros de irritación, y enderezó la espalda, estirando el cuello en busca de algo—. ¿Dónde está el feo del esclavo del vino? No sé por qué nos molestamos en traer esclavos al Circo. Fingen estar ocupados cuando en realidad se escapan para ver las carreras. Veremos si todavía piensan que vale la pena cuando les arranque la piel a tiras esta noche. Da igual, yo misma iré a por el vino, si es que esos malditos adivinos no se lo han bebido todo ya.

Livia se levantó y dejó su asiento. Poco después, alguien lo ocupó. La antigua Vestalis Maxima Fabiana.

Claudia sonrió, forzada. .

—Sacerdotisa, me alegra ver que estáis tan bien.

Fabiana no dijo nada y Clauda se aclaró la voz y cruzó las manos sobre el regazo. No iba a permitir que aquella vieja la humillara, por muy jefa vestal que fuera.

—Espero que hayáis aceptado mis disculpas.

Fabiana le dio una palmadita reconfortante en la mano. Se inclinó hacia adelante y habló suavemente:

—Una mujer honorable se quitaría la vida.

Claudia se quedó con la boca abierta.

Pero entonces Fabiana alzó la vista con una sonrisa agradable.

—Oh, ahí llega vuestra hermana.

Con la ayuda de sus esclavas, la anciana vestal se levantó para dejar el asiento libre a Livia.

—Señora Livia, hay que ver lo que os parecéis a vuestra hermana. Como Helena y Clitemnestra. Ahora, con vuestro permiso, me parece que volveré a casa a descansar.

—Cuídese mucho, sacerdotisa —se despidió Livia. Cuando la vestal se marchó, se sentó al lado de Claudia y le dio una copa de vino—. Me ha costado una eternidad encontrar al esclavo del vino —refunfuñó—, escondido detrás de una columna viendo las carreras, tal y como pensaba.

—Hum. —Claudio tomó un sorbo de vino. Luego otro.

No importaba cuánto bebiera, seguía teniendo la boca seca.

Capítulo XVII

Aequitas Enim Lucet Ipsa Per Se

(La justicia brilla por sí misma - Cicerón)

Egipto y Roma. Abril, 31 a. C.

(un tiempo después, el mismo año)

Todavía faltaban unas horas para el amanecer, pero a Quinto no le importaba. Había pasado más de dos años en aquel páramo desértico de adoradores de bestias donde las mujeres gobernaban y los hombres llevaban maquillaje. Era hora de regresar a casa; a ella; a Pomponia. Pero primero, había una última maravilla egipcia que tendría que visitar: una que él sabía que fascinaría especialmente a la Pomponia, como suma sacerdotisa del fuego sagrado.

El monumental faro de Alejandría dominaba la pequeña isla de Faros, en el puerto de Alejandría, extendiéndose a ciento treinta y nueve metros de altura hacia el cielo. No se conocía una estructura más alta en el mundo. Estaba anclado a una amplia plataforma de piedra, sobre la cual se erguía el faro, elevándose hacia los cielos, como nunca cualquier otra cosa hecha por manos mortales hubiera podido hacer jamás.

La enorme estructura de piedra estaba adornada y coronada con estatuas de los dioses del océano. Cada vez que su esclavo egipcio, Ankhu, zarpaba de Alejandría para llevar un mensaje a Pomponia, Quinto se detenía en el astillero y miraba el faro, orando silenciosamente a Neptuno y Tritón, pero especialmente a Tritón, mensajero de las aguas, con la esperanza de que tocara su cuerno y domara las corrientes para que el barco navegara velozmente.

Por el día, el faro usaba espejos para reflejar la luz del sol y hacer de guía diurno a los barcos. Se rumoreaba que aquellos espejos podían generar rayos de luz tan intensos que podían incendiar las naves enemigas mucho antes de que pudieran acercarse a las costas. «Delirios egipcios de grandeza», pensó Quinto. «Típico».

Un fuego ardía día y noche en la cima del faro. Durante el día, exhalaba humo negro que se liberaba a través de su cúspide formando una gruesa columna que podía ayudar a los barcos a navegar hacia el puerto con total seguridad. A Quinto le recordaba a la columna de humo que brotaba de la cúspide del Templo de Vesta.

Por la noche, y a lo largo de las horas de oscuridad que transcurrían hasta el amanecer, el fuego ardía con más intensidad, produciendo una llama de color naranja brillante que los barcos que navegaban por aquellas aguas e intentaban entrar en el puerto podían atisbar a gran distancia. Era aquel fuego lo que Quinto quería ver de cerca. Después de todo, era una especie de fuego eterno, ¿no? Y seguro que a su sacerdotisa vestal le interesaba. Sintió que una sonrisa se extendía por su rostro mientras imaginaba la expresión fascinada de Pomponia al describírselo, pero luego se obligó a dejar de sonreír. «No seas nenaza», se reprendió a sí mismo.

Era una noche sin luna, pero estrellada, y los astros seguían brillando en aquellas tranquilas horas, antes del amanecer. Quinto y Ankhu habían subido las sinuosas escaleras del faro hasta llegar a un mirador, a decenas de metros sobre el nivel del suelo. Se habían detenido allí para esperar a Mario, quien había sobornado vete tú a saber quién para poder subir a la cima del faro.

Quinto se inclinó sobre el borde del mirador y contempló la ciudad dormida de Alejandría. Desde allí veía perfectamente la Biblioteca Real, con sus pequeñas luces parpadeando a través de algunas de sus ventanas. Sin duda, aquellos molestos académicos y filósofos egipcios estarían debatiendo los misterios de los dioses y creando más pergaminos para agregarlos a los cientos de miles que llenaban la biblioteca.

Giró la cabeza para mirar hacia el astillero del puerto de Alejandría. La mayoría de las veces estaba tranquilo, especialmente a aquellas horas, aunque había algunos madrugadores trabajando con antorchas, cargando cajas y mercancías en los barcos prestos a iniciar cualquier viaje que les aguardara.

En pocas horas, estaría en uno de aquellos barcos de camino a Pomponia. Se permitió una sonrisa mientras los gritos estridentes de los pájaros marinos, el chapoteo de las olas negras contra las rocas y el rugido del gran fuego resonaban en sus oídos.

Quinto miró a Ankhu. Habían ascendido por lo que parecían mil escalones y casi podía sentir el calor empapado a través de su túnica, y aún así, el egipcio se encontraba tan fresco, con su cabeza afeitada, los ojos pintados de negro y la falda de lino blanco.

—¿Te has acordado de traer los trastos de pintar? —preguntó—. Quiero que dibujes el fuego y la vista desde arriba. Quiero que la sacerdotisa lo vea.

—Sí, *domine.*

—Bien. —Quinto metió la mano en su zurrón de piel de cabra, sacó un pergamino y se lo pasó.

—¿Qué es esto, *dominus?* —Ankhu desenrolló el pergamino y jadeó.

—Es tu manumisión —dijo Quinto—. Eres libre.

—*Domine…* —tartamudeó el esclavo—. Por todos los dioses de Roma y Egipto, no sabéis cómo os lo agradezco, no puedo expresaros mi…

—Anda, deja de balbucear, tonto. No tengo tiempo para venderte y sacar beneficio, así que mejor te dejo libre. Termina de pintar y luego vete a hacer lo que quieras con tu vida. Puedes venir a Roma y trabajar para mí, o quedarte en esta versión de arena soplada del Hades. A mí me da igual.

—¡Sí, *domine!* Claro, *domine.*

Quinto escupió en el suelo al ver las lágrimas que corrían por la cara del exesclavo, y luego hizo un gesto con la mano al ver a su amigo Mario salir del faro, para unirse a ellos en el mirador.

—*Salve,* Quinto —jadeó Mario—. Se me hace el corazón grande de alegría al saber que mañana te vas a Roma, pero no tanto como para perdonarte por hacerme subir estas escaleras antes de desayunar siquiera. Estoy sin aire. —Trató de recuperar el aliento—. Dijiste que te ibas temprano, pero no creí que fuera antes de que Ra se levantara.

—Tú y tus malditos dioses egipcios. —dijo Quinto. —Los dioses egipcios gobiernan esta tierra. —Sonrió Mario—. Lo prudente es honrarlos. Ahora, amigo mío, sigamos hacia arriba, porque como me quede mucho tiempo parado, no voy a poder seguir adelante.

El trío, dos romanos y un esclavo egipcio liberado, subió por la última escalera hasta la cima del faro. Durante el ascenso a la cámara superior, sintieron una especie de oleada de calor en sus rostros a causa del fuego que ardía en medio del espacio circular. El chasquido y crujido de sus llamas era sorprendentemente fuerte y resonaba en el interior de la cámara cilíndrica.

Pero lo más deslumbrante e inesperado para Quinto fue la forma en la que las vibrantes llamas naranjas se reflejaban en la multitud de espejos que rodeaban la cámara. El efecto era espectacular y no tenían parangón con nada que hubiera visto jamás. Enarcó las cejas y asintió ante Ankhu, indicándole que podía empezar a pintar. Sí, había merecido la pena subir los mil escalones. Aquello, definitivamente, impresionaría a Pomponia.

Quinto admiró el fuego durante un buen rato, y posteriormente caminó cautelosamente sobre el suelo de espejos para asomarse a una de las anchas aberturas horadadas, a través de las cuales la ardiente baliza naranja se hacía visible para los barcos que surcaban el mar. Con el calor del fuego en la nuca, y el aire fresco del océano en su cara, sintió de nuevo el aumento de la emoción en sus entrañas. Se iba a casa.

Se giró para decirle algo a Ankhu, pero frunció el ceño al captar la expresión de repentina conmoción dibujada en la cara del exesclavo. Al instante, las entrañas de Quinto ardían con un calor abrasador inimaginable. Agarró el instrumento sólido que lo había empalado, un atizador de hierro candente, e intentó sacárselo del cuerpo, pero luego el dolor lo paralizó por completo y se desplomó sobre el suelo de espejos. La vista se le emborronó hasta casi rozar la ceguera, pero sintió el movimiento.

Alguien estaba levantando su cuerpo. ¿Era Mario? Y luego una sensación de caída.

O tal vez no estaba cayendo. ¿Se trataba de Mario? ¿Ankhu? Un intenso sentimiento de caída, rápida, le envolvió.. O a lo mejor no estaba cayendo. No estaba seguro. Le estaban moviendo. «Bien, ya estoy en el barco», pensó, el barco egipcio rumbo a Italia». Pero luego se dio cuenta del error.

Aquella era la barca de Caronte. La silenciosa figura de capa negra estaba en la proa, hincando el remo en el río negro para para mover el barco hacia delante. Había alguien más en la barca. Una mujer estaba frente a él, el pelo castaño visible tras el velo blanco. Puso una moneda de oro en la mano del barquero y luego miró a Quinto. El barco avanzó. Rápido. Y cuanto más rápido iba, más claro podía ver hacia dónde.

Atisbó las orillas de Italia, las torres de cipreses bordeando el camino a Roma, el suelo empedrado de la Via Sacra y el humo que salía de la cúpula del templo del Foro. Podía ver su vestido blanco, su sonrisa cuando se encontraban, su cuerpo cuando hacían el amor y su pequeña mano sobre la suya caminando por los verdes campos de su villa en Tívoli.

Podía ver el brillo anaranjado del fuego del lar ardiendo en su hogar, y se quedó mirándolo hasta que la luz de sus ojos se apagó.

* * *

Pomponia estaba trabajando en su escritorio cuando una esclava acompañó al mensajero Ankhu a su despacho. La despidió y se levantó para saludarlo, como siempre hacía, extendiendo la mano a la espera de recibir la carta de Quinto.

—Por favor, tomad asiento, sacerdotisa —dijo—. Su cara estaba desdibujada. Su vestimenta, normalmente impecable, lucía arrugado, y tenía barba de varios días.

Se sentó, súbitamente incapaz de respirar profundamente. La voz de Ankhu sonaba apagada y distante, como si le estuviese escuchando hablar a través de una gruesa pared.

Quinto estaba muerto. Uno de los hombres de Marco Antonio le había apuñalado en el faro de Alejandría. Su cuerpo había sido arrojado desde lo alto de la torre, precipitándose desde el cielo como un ave marina atravesada por una flecha. Ankhu también había estado a punto de morir, y únicamente se había librado de ser asesinado porque salió corriendo.

El egipcio dejó que Pomponia absorbiera el impacto de sus palabras. Tenía que asegurarse de que entendía lo que estaba diciendo. Ella no dijo nada, pero asintió ligeramente con la cabeza.

Prosiguió, delicadamente.

—Mi amo me dio instrucciones precisas en caso de que llegara a morir en Egipto —dijo—. Pude recuperar su cuerpo y seguí sus órdenes al pie de la letra. Primero, incinerar su cuerpo y traeros sus cenizas. —Colocó una urna funeraria sobre el escritorio de Pomponia.

La vestal se quedó mirando la urna, pero seguía sin decir nada.

—También os presento este anillo que llevaréis como esposa de Quinto Vedio Tácito. —Dejó el anillo de plata de Quinto con el sello de cornalina de Vesta sobre el escritorio.

La vestal lo cogió, temblorosa.

Ankhu juntó sus manos. Siempre había sospechado que la relación entre la vestal y Quinto era íntima. Había aprendido lo suficiente sobre ley y religión romana como para saber que también estaba prohibida. Pero su deber era para con su amo, no con los dioses extranjeros de Roma.

—Finalmente, voy a pintar imágenes del fuego de la cúspide del faro de Alejandría, así como de las vistas. No tuve ocasión de acabar la tarea, y quiero hacerlo.

La vestal no dijo nada. Tardó en reaccionar. Finalmente, cogió un bolso del que extrajo varias monedas y las depositó en la mano de Ankhu, todavía temblando.

—¿Hay algo más que deba saber? —Su voz se había quedado sin aliento.

Ankhu bajó la cabeza.

—Mi amo me liberó poco antes de su muerte. El papel de manumisión se perdió cuando salté al agua.

Ella asintió.

—Tendrás tu libertad, Ankhu. Te lo has ganado. Vuelve en unos días.

Ankhu hizo una profunda reverencia y luego salió del despacho, dejando a Pomponia mirando fijamente el anillo entallado que tenía en la mano. «Os presento este anillo que llevaréis como esposa de Quinto Vedio Tácito».

Muy Quinto. Ensartó el anillo en una de las cadenas de oro que él le había enviado desde Egipto y se lo puso alrededor del cuello. De una forma u otra, siempre terminaba obedeciéndole.

Cuando la conmoción inicial disminuyó, Pomponia sintió que la pena crecía en su interior, y supo que las lágrimas no tardarían en brotar. Serían tan insistentes e imparables como las aguas del Nilo, esa gran inundación que Quinto había descrito en sus cartas. Obligándose a respirar calmadamente, abrió la tapa de la urna.

Sobre la mezcla de cenizas grises y astillas de hueso, había un mechón de pelo de Quinto. Sospechaba que había sido idea de Ankhu. Parecía un gesto demasiado sentimental como para que hubiera sido idea de Quinto.

Cogió el mechón y lo guardó en el cajón de su escritorio. Vertió las cenizas en el cuenco de plata que había sobre la mesa, el mismo donde solía quemar sus cartas. Ya descansaban juntos, él y sus palabras. Los llevaría al templo y los depositaría en la *favissa*, el depositario sagrado que había bajo el suelo del *sanctum*, donde se guardaban las cenizas del fuego eterno.

A la diosa no le importaría. Después de todo, había respondido a sus oraciones: le había devuelto a Quinto, aunque no de la manera que a ella le habría gustado. Pero los dioses tenían su propia manera de hacer las cosas.

Se acordó de Quinto en la Regia, la última vez que se habían visto: su palma ensangrentada presionando contra la mejilla, tan cerca el uno del otro, la voz profunda acariciándole los oídos. «Marte os protegerá cuando yo no pueda hacerlo».

«Que Vesta os traiga de regreso a casa».

El dolor la inundó por completo. Sintió una opresión en la garganta, y las lágrimas salieron de sus ojos mientras escuchaba el sonido apagado de las voces en el pasillo. ¿Cómo iba a explicarle a las sacerdotisas un dolor tan incontrolado?

Pero entonces la diosa le dio un camino. Quintina abrió la puerta de su oficina y corrió hacia dentro, con las mejillas mojadas de llanto.

—Debéis venir de inmediato, Pomponia —dijo la joven—. Fabiana está muerta.

Capítulo XVIII

Multa Ciciderunt Ut Altius Surgerent

(Algunas cosas caen solo para resurgir más alto)

Roma. Julio, 31 – 30 a. C.

(al día siguiente)

La antigua suma sacerdotisa Fabiana yacía en el patio de la Casa de las Vestales. Su cuerpo había sido lavado y preparado por las sacerdotisas, y posteriormente vestido con la estola blanca formal, el tocado y el velo de Vestalis. Maxima. Le habían puesto una moneda de oro en la boca, y una oblea sagrada en la mano derecha.

Innumerables amigos, familiares, aristócratas, senadores y colegas religiosos habían venido a presentar sus respetos. Cada uno de los presentes conocía a Fabiana de toda la vida, ya fuera en persona o por su reputación. De hecho, casi todos los que vivían en Roma la conocían. Había servido a la orden vestal durante un número de años sin precedentes.

Octavio ya había anunciado sus planes para encargar un nuevo mausoleo para la orden vestal en nombre de Fabiana, junto a los pontífices Lépido y Pomponia, y era él quien iba a pronunciar el discurso desde la Rostra más tarde, aquel mismo día. Otra muerte de alto perfil, otra oportunidad de autopromoción.

Después del servicio, el cuerpo de Fabiana sería colocado en la pira funeraria y le prenderían fuego. Usarían vino para empapar las brasas. Familia y pontífices recogerían sus cenizas. Fabiana había pedido que las depositaran en la favela del templo. Pomponia supo que cada vez que fuera al fuego sagrado a depositar cenizas, se acordaría de Quinto y Fabiana.

La noticia de la muerte de Quinto todavía no había llegado a oídos de Octavio, pero acabaría haciéndolo, en cuestión de un día o dos. Se ofendería mucho, claro, ¿cómo se atrevía Marco Antonio a ordenar el asesinato de un delegado de César?, pero poco más. La muerte de Quinto no era lo suficientemente importante como para iniciar una guerra. Nadie daría un discurso por él desde la Rostra.

Quintina y su hermana tampoco lo sabían aún. Mejor, de momento. El retraso proporcionaba a Pomponia algo de ventaja a la hora de lidiar con su propio dolor y ayudaría a Quintina a aliviar la pena de sufrir dos pérdidas en tan poco tiempo.

Perseo arañó la pierna de Pomponia y ella se agachó para recoger al perrito. Olía mejor de lo normal. Una de las esclavas de la casa lo había bañado y perfumado. «Pequeños consuelos», pensó Pomponia.

A pesar de la gente y el trasiego del patio, el espacio parecía extrañamente vacío a ojos de Pomponia. Las dos personas con las que había construido recuerdos importantes se habían ido, y su ausencia era dolosamente palpable. Todas las cosas que siempre le habían sido familiares, las estatuas del peristilo, los estanques, la estatua de Vesta en el agua, los árboles y las rosas bancas, le parecían ajenas, cambiadas, en un mundo donde Quinto y Fabiana ya no existían.

Pero entonces llegó la silueta familiar de Medousa, siguiendo respetuosamente al majestuoso César y su deslumbrante esposa Livia, y Pomponia se sintió más arraigada.

Livia habló en primer lugar, corriendo para abrazar a Pomponia como si fueran amigas de toda la vida.

—Sacerdotisa Pomponia —dijo—. Me rompió el corazón saber que nuestra gran sacerdotisa había cruzado el río negro. Qué pérdida tan irreparable ha debido ser para vos. Que Vesta y Juno os den fuerza.

—Gracias, señora Livia.

Octavio tomó de la mano a Pomponia.

—Roma ha perdido a una gran guardiana —dijo—, y vos y yo a una amiga muy querida. Os acompaño en el sentimiento.

—Lo sé, César. Gracias a los dos. —Señaló el cuerpo de Fabiana—. Podéis despediros si queréis.

—Lo haremos.

—Si no os importa, me gustaría tomar prestada a Medousa un momento.

Livia parpadeó para forzar una lágrima estratégica y luego tocó el brazo de Pomponia con sinceridad afectada.

—Por supuesto, querida. Sé que es un gran consuelo para vos. Os dejaremos llorar en privado. —Tomó la mano de Octavio y se abrieron paso por el patio hacia el cuerpo de Fabiana y la sombría comitiva que lo rodeaba.

Cuando se quedaron a solas, Medousa emitió un suspiró exasperado.

—Las lágrimas de esa mujer son puro veneno. Me sorprende que no le quemen las mejillas. —Miró a Livia desde el otro lado del patio—. Y ¿quién se viste de rosa para asistir a un funeral?

—Ven conmigo, Medousa. —Pomponia la guio a través del peristilo y la condujo al interior de la casa, imprimiendo pisadas cansadas sobre las escaleras de mármol hasta llegar a la intimidad de su despacho. Cerró la puerta, se sentó en un diván que había apoyado contra una pared de frescos azules, y rompió a llorar.

—Siento lo de Fabiana —dijo Medousa—. Se sentó junto a Pomponia y le apartó el pelo de la cara con suma delicadeza.

—No lloro solo por Fabiana.

—¿Por quién más, entonces?

—Quinto Vedio Tácito.

Medousa se puso rígida.

—¿Y por qué ibais a llorar por él, sacerdotisa?

—Está muerto. Asesinado en Alejandría por uno de los hombres de Marco Antonio.

—Yo no he oído nada de esto…

—César aún no lo sabe. Nadie lo sabe, ni siquiera Quintina. Las noticias llegarán en un día o dos.

—Entonces, *domina*, ¿cómo es que os habéis enterado tan pronto? —Agitó la cabeza—. Aunque creo que ya sé la respuesta.

Pomponia se levantó rápidamente y se enfrentó a Medousa.

—No respondo ante una eslava —dijo en un estallido de ira súbitamente mezclada con tristeza.

Medousa se levantó y la abrazó.

—Perdóname. —Se obligó a que las palabras salieran de su boca—. Si hubo afecto entre él y vos… Lamento que esté muerto.

—Le han asesinado, y ha sido Marco Antonio. —Pomponia se enjugó las lágrimas y se dirigió al escritorio, donde extrajo de un cajón un tubo de pergaminos plateado. Dejó que sus ojos descansaran sobre el mechón de pelo que yacía dentro del cajón abierto antes de volver a cerrarlo enérgicamente y mostrarle el tubo a Medousa—. Dale esto a César tan pronto como puedas tener un momento a solas con él.

Medousa se escondió el tubo de pergaminos bajo la *palla*.

—¿Qué estáis haciendo, *domina*?

—Voy a soltar un lobo. Uno que espero que desgarre la garganta de Marco Antonio.

* * *

—¿Cómo va la guerra contra Marco Antonio y Cleopatra, hermana? ¿Ha ganado tu marido ya? —Claudia se reclinó en el diván junto a Livia en el triclinio de frescos brillantes de César.

—El general Agripa acaba de ganar una gran batalla naval en Actium —dijo Livia—. Octavia dice que es el principio del fin para Marco Antonio y Cleopatra. No cree que puedan aguantar más de un par de meses, a lo sumo. —Miró su copa de vino—. ¡Medousa! Trae más vino. Y algo de comer.

La esclava de pelo cobrizo apareció con una bandeja de comida y bebida que depositó ante Livia y Claudia. Apenas dio un paso atrás, Tiberio y Druso, los hijos de la señora, echaron sus manos sucias sobre los trozos de ave cocida y melones, y corrieron hacia el patio, derramando ligeramente las copas de vino que acababa de servir a las hermanas. Medousa limpió el desastre.

—¿Eso es todo, *domina?*

—Sí, puedes irte. —Livia dejó que su cabeza colgara sobre el borde del diván color escarlata y sonrió a su hermana—. Gracias a Fortuna, parece que pronto seré la primera dama en Roma y Egipto, Claudia.

—Tu marido tenía razón —dijo Claudia—. El testamento de Marco Antonio era su sentencia de muerte. Está clavado en las puertas del Senado. El noticiero lo lee tres veces al día en la Rostra. Lo leen a las puertas de cada ciudad también. Toda Roma podría recitarlo de principio a fin de memoria. Pero no lo entiendo, Livia. ¿Cómo lo ha conseguido? Pensé que la vestal se había negado a dárselo.

—Se lo dio y no se lo dio —contestó Livia—. No exactamente. Le dio una copia. Ella misma lo transcribió todo. La versión oficial es que los soldados de César encontraron una copia en casa de Marco Antonio, en Capua, y como era tan sedicioso, la alta sacerdotisa permitió que César cogiera el auténtico testamento del templo. —Livia agitó la cabeza—. Sinceramente, ¿en qué estaba pensando Marco Antonio? Pensé que solo estaba jugando a hacerse el enfadado, pero no, el hombre ha perdido el juicio. En su testamento, renuncia a Roma y abraza Egipto, se divorcia de Octavia y se casa con Cleopatra, y repudia a sus hijos romanos para poder legar las provincias orientales a sus herederos egipcios, los hijos que tiene con ella. El documento es una lista de razones para que Roma le declara la guerra a Egipto. El Senado y la gente quieren ver la cabeza de Marco Antonio clavada en una estaca.

—Y sin duda tu marido les dará lo que quieren, hermana. Ha sido un notable giro de los acontecimientos —dijo Claudia frunciendo el ceño ante una mancha de vino en su vestido púrpura—. Jamás imaginé que la gente pudiera odiar así al general que en otro tiempo amaban tanto.

—Odiar es fácil cuando tienes hambre. —Livia hincó el diente a faisán al horno—. O eso he oído. —Se limpió la boca con el dorso de la mano—. Pero la peor parte del testamento fue la declaración de Marco Antonio asegurando que Cesarión es el verdadero heredero de Julio César. Ese chico está condenado. César no lo dejará con vida.

—Tu estatus y fortuna se elevan como nunca —dijo Claudia—. Roma ama ahora a tu esposo César con tanta pasión como odia a Marco Antonio. —Se lamió el glaseado de los dedos—. Espero que estés atenta y compartas tu fortuna con aquellos que te han ayudado a conseguirla.

Livia dejó de masticar.

—Habla claro, hermana.

—Quiero una finca en Capua. —Los pensamientos de Claudia se desplazaron hacia Fabiana, en la palmadita condescendiente que la vestal le había dado en la mano. Necesitaba salir de Roma. Pronto.

—Claudia, Roma está en guerra —dijo Livia—. César está vadeando Grecia y Egipto con sus ejércitos. Las arcas del tesoro están más vacías que los graneros. Ahora no se me puede ver otorgando a mi hermana una extravagante propiedad en Capua. La gente se levantaría contra mí, y mi marido se enfadaría conmigo. Ten paciencia.

—La paciencia no es una de mis virtudes, Livia.

—Tendrás que aprender a serlo, entonces.

—Aprenderé a ser paciente cuando tú aprendas a ser agradecida. —Claudia tiró el trozo de carne sobre la bandeja—. Si no fuera por mí, no solo estarías fuera de la cama de César, sino fuera de su casa. Estarías en la calle, limosneando sobras en la puerta de tu exmarido el cabeza de chorlito, o prostituyéndote de nuevo con ese cerdo griego peludo que tanto odias.

—Hermana, cálmate.

Claudia se levantó y se golpeó el pecho.

—La suerte me la tienes que agradecer a mí, no a Fortuna. Fui yo quien te ayudó a convencer a César de que su esposa Escribonia le estaba siendo infiel para que se divorciara de ella. Fui yo quien descubrió cómo podías ayudarle. Fui yo quien lo arriesgó todo acusando a la vestal.

—El intento valió la pena —dijo Livia. Dio otro mordisco al faisán asado.

—Me lo debes —dijo Claudia—. Fui yo quien te aconsejó que sobornaras al hombre de Marco Antonio en Egipto para que matara al tal Quinto Vedio Tácito. Esa es la única razón por la que la suma sacerdotisa reveló el contenido del testamento de Marco Antonio. Quiero una finca fuera de Roma.

—Sé qué te gustaría llevarte el crédito por ello, pero no lo hizo por un hombre. La mujer no tiene sexo. Fue un quid pro quo entre ella y César. Ella le daba el testamento de Marco Antonio y él aceptaba que cualquier acusación de incesto contra una vestal tuviera un proceso más justo por parte del Pontifex Maximus y el *quaestio*. Probablemente piensa que es mejor que confiar en los milagros. Personalmente, yo preferiría dejar mi destino a los dioses que a los hombres.

—Hermana —dijo Claudia—. He corrido muchos riesgos por ti, y eso me ha hecho granjearme enemigos. Esas vestales con un nido vengativo de víboras. Quiero una propiedad a las afueras de Roma. Es por mi seguridad.

Livia parecía impasible.

Claudia respiró profunda y tranquilamente.

—Te hará quedar bien con César —dijo—. Pensará que estás mandando a tu hermana fuera de Roma por respeto a las vestales. La gente del Senado lo verá así también.

Livia enarcó las cejas.

—En eso tienes razón. Te encontraré una bonita villa en Capua. No malinterpretes mis palabras, hermana, pero sería mejor que te fueras de Roma lo antes posible. Podrás volver en dos o tres años, cuando las heridas de la falsa acusación de incesto se hayan cerrado. Te echaré muchísimo de menos, ya lo sabes.

Satisfecha, Claudia volvió a reclinarse en el diván cuando Medousa regresó con vino fresco y algunas delicias. Ambas hermanas se miraron a los ojos, pero permanecieron en silencio mientras la esclava se ocupaba en sus quehaceres. Solo cuando Medousa salió de la estancia, Claudia volvió a hablar.

—Acepta un último consejo de tu hermana mayor. Serás una tonta si sigues manteniendo a esa esclava por aquí. Apuesto lo que sea por la guardiana secreta Jana, que esa mujer tiene serpientes bajo el velo, y que se van arrastrando hasta el templo al caer la noche para silbar tus secretos al oído de la sacerdotisa Pomponia.

* * *

La zafa de vómitos que yacía junto a la cama de Medousa volvía a estar llena. La esclava Despina se apresuró a reemplazarla por otra, solo para que Medousa se inclinara a arrojar más cuajo estomacal.

Despina miró la zafa y frunció el ceño. Miró a una esclava subordinada.

—Ve a buscar al médico. Está empezando a tirar sangre y las arcadas van a peor. Ya debería estar mejorando.

—No necesita ningún médico, Despina —dijo Livia entrando casualmente en la habitación, con la boca llena de higos secos—. Solo necesita descansar. El médico solo conseguirá afligirla con un remedio peor que la enfermedad. —Arrugó la nariz—. Sanguijuelas, sangrías… ¿Por qué íbamos a someter a nuestra pobre Medousa a tanto tormento?

Despina se volvió hacia la esclava de pelo cobrizo y le limpió la frente con un paño.

—Dímelo otra vez, Medousa. ¿Qué has comido?

—Lo mismo que los demás —dijo Livia—. Pan, vino e higos del jardín.

Medousa rodó sobre su espalda y la visión de su cara pálida y hundida hizo que Despina se sobresaltara. La parte blanca de sus ojos se había tornado de color amarillo y las sábanas estaban empapadas de un sudor profuso y maloliente.

—Comí pescado en la cocina —gimió Medousa—. Pero solo uno o dos bocados. —No había comenzado siquiera a hablar, cuando empezó a vomitar de nuevo, y luego se desmayó de cansancio.

Despina miró la zafa fijamente.

—Ha tenido que ser el pescado. Solo la comida rancia es capaz de hacer algo así, pero ha dicho que solo dio un par de bocados.

Livia se encogió de hombros.

—Ya sabes lo que dicen, Despina. El pescado y la compañía se estropean después de tres días. —Se giró hacia otra esclava—. Ve a la cocina y asegúrate de que la cocinera tire todo el pescado. Estará fregando el suelo durante una semana si lo sirve para cenar.

—Sí, *domina*.

Medousa emitió un gemido y recuperó la consciencia, con los ojos bien abiertos, buscando la zafa de vómitos.

Despina se la llevó a la boca y Medousa volvió a eyectarse sobre ella. Esputó marrón, sangre roja brillante y bilis amarilla. Suspiró, rodó sobre su espalda y cayó en un sueño tranquilo.

«Gracias, Juno», pensó Despina. «Necesita un momento de alivio».

Pero entonces los dedos de Medousa empezaron a retorcerse de la manera más perturbadora. Lo mismo pasó con los brazos y las piernas. Momentos después, todo su cuerpo estalló en una convulsión violenta, haciéndola saltar de un lado a otro de la cama. El colgante de Medusa alrededor del cuello tintineaba con el feroz movimiento y los ojos se quedaron en blanco.

El espasmo se detuvo tan súbitamente como había comenzado. El cuerpo de Medousa se quedó inmóvil. Una extraña exhalación salió de sus labios.

Despina puso la oreja en el pecho de Medousa y llevó la mano a su boca, intentando captar la respiración.

—Está muerta.

Livia escupió un higo a medio comer en la zafa de vómitos.

—¿No te alegras de que no hayamos llamado al médico? —preguntó—. Un sacerdote es lo que necesitamos.

Capítulo XIX

Damnatio Memoriae

(Condena de la memoria – Expresión latina)

Egipto. Agosto, 30 a. C.

(Un tiempo después, el mismo año)

Cleopatra Filopátor, reina y faraón de Egipto, oteaba desde el balcón de su palacio fortificado. Sintió una punzada de pánico en las costillas. Otra vez. El miedo se había convertido en un sentimiento crónico en los últimos días.

Las fuerzas de César habían rodeado el palacio real. Habían estado golpeando las puertas reforzadas a base de arietes. Habían intentado escalar las paredes para entrar por las ventanas. Y estaban haciendo progresos. Se giró para dirigirse a Carmión e Iras.

—Ya es hora —dijo ella—. Dile a Apolonio que mande a Cesarión lejos de aquí. A través de los túneles.

Iras asintió.

—Así se hará, majestad. —Se escabulló velozmente.

Carmión posó la mano sobre la espalda de Cleopatra.

—¿Estáis segura de que no queréis saber adónde lo llevarán?

—Es por su propia seguridad. Si César me tortura… —Se llevó las manos al rostro.

—César jamás violaría a la reina de Egipto.

—César destriparía a la reina de Egipto con sus propias manos por encontrar a Cesarión —espetó Cleopatra—, y después se chuparía la sangre de los dedos.

Un momento después, Iras regresó y asintió con la cabeza. Cesarión estaba a salvo. Detrás de la esclava, sin embargo, había un centurión romano. Iba ataviado con la misma pesada armadura y la misma capa de color sangre que todos ellos, pero llevaba el yelmo de cresta roja en las manos. Cleopatra sonrió con suficiencia. Una rara muestra de humildad romana.

—Majestad —dijo Iras—. Este hombre trae un mensaje de César.

Cleopatra se puso tan derecha como pudo.

—¿Qué pasa, muchacho?

El centurión la miró a los ojos. Al cuerno con la humildad romana.

—César dice que, si entregáis al general Marco Antonio os perdonará, y a vuestros hijos también. Os promete personalmente que conservaréis el trono, aunque las tropas romanas permanecerán en Alejandría para asegurar el cumplimiento de sus deberes hacia Roma. César no desea más problemas con Egipto. Tenéis hasta mañana para acatar.

Sin esperar a que la reina lo despidiera, el centurión volvió sobre sus pasos y se fue.

Cleopatra se derrumbó sobre los mosaicos verdes como las hojas de los árboles del suelo de mármol. Carmión se arrodilló junto a ella.

—¿Veis? Al que quiere es a Marco Antonio, no a vos.

—No —interrumpió Iras—. César jamás la dejará vivir.

Lo que pasa es que no quiere que el pueblo egipcio le vea matando a la reina. —También se arrodilló junto a Cleopatra—. Majestad, sabe que deseáis vivir; sabe que deseáis que vuestros hijos vivan. Da falsas esperanzas para que le entreguéis a Marco Antonio y hagáis el trabajo sucio por él.

La reina tomó la cara de Iras entre sus manos.

—Pero ¿y si no es una falsa esperanza, Iras? ¿Y si es verdad? ¿Qué pasaría si pudiera salvar la vida de mis hijos? ¿Y si pudiera conservar mi trono, aunque fuera como marioneta de César? ¿No es eso mejor que la muerte?

Carmión asintió con la cabeza y miró a Iras.

—César odia a Antonio. Si puede matarlo, será el hombre más importante de Roma y eso es lo único que le importa. No tiene nada que perder manteniendo viva a Cleopatra, especialmente si deja un destacamento aquí. Lo mejor para él es que ella siga siendo un testaferro en el trono. El pueblo egipcio apoya su reinado. Le daría estabilidad y evitaría más derramamiento de sangre.

Iras negó con la cabeza.

—Ya sabes lo que va diciendo de ella —replicó—. Que practica la magia negra y hechiza a los hombres romanos; que si quiere gobernar Egipto y Roma, esclavizar a los romanos y verlos morir de hambre. Eso es lo que su gente piensa de ella. No puede dejarla en el trono. Si lo hiciera, lo verían como una debilidad. —Acarició el cabello de Cleopatra—. ¿Y qué hay de Cesarión? Su majestad sabe que jamás le dejará vivir. Es el verdadero hijo de Julio César, sangre de su sangre, mientras que él no es más que un adoptado. Pensadlo, majestad. Sabéis que digo la verdad.

Cleopatra se tiró al suelo, sollozando abiertamente.

—Lo sé, Iras —lloró—, pero aun así quiero vivir. Quiero que mis hijos vivan. Si hubiera alguna posibilidad…

—Entonces lo intentaremos —dijo Iras. Miró a Carmión—. Dile a Marco Antonio que la reina se ha suicidado —dijo—. Él la seguirá.

—Pero querrá verla —replicó Carmión.

—Dile que está prohibido; que el cuerpo de la reina no puede ser visto por nadie excepto por los sacerdotes.

Carmión se puso en pie y estaba a punto de irse, cuando Cleopatra la agarró del tobillo.

—Espera —dijo—. No mandes noticia.

—Majestad, sé que le quiere, pero…

—No mandes noticia —repitió Cleopatra—. Que no mandes noticia. Entrega el mensaje tú misma.

Carmión asintió gravemente.

—Sí, majestad. —Salió de la habitación de la reina sin mirar atrás.

* * *

El general Marco Antonio estaba en la sala secreta de operaciones, su sala de guerra. Estaba sentado en la base rectangular de una estatua colosal: un león rojo de bronce y oro con la pata delantera apoyada en un globo de color turquesa, el amo real del mundo. Llevaba una túnica egipcia con sandalias romanas.

Un mapa gigante de Italia, Grecia, Egipto y África colgaba de la pared. Lo estaba mirando fijamente, golpeando rítmicamente la base de la estatua con los talones.

—General Marco Antonio —dijo Carmión—. La diosa Isis envía un mensaje. Cleopatra está con ella.

Marco Antonio la miró de reojo.

—¿De qué estás hablando, mujer? —Pero entonces la luz de la comprensión se encendió en sus ojos. Tragó con fuerza—. Llévame con ella.

—No está permitido. Solo los sacerdotes pueden ver el cuerpo de la reina.

—Me importan una mierda los sacerdotes —dijo—. Llévame con ella.

—Ya se la han llevado —dijo Carmión—. No sé adónde. El lugar debe mantenerse en secreto para que César no la encuentre. Su cuerpo debe ser preparado para la otra vida. Hay que hacerlo bien, ya sabéis.

Marco Antonio se deslizó por el borde de la base de la estatua y bajó lentamente hasta el suelo, conmocionado. Carmión se acercó y él envolvió los brazos alrededor de las piernas de ella. Sus hombros se movían al compás de los sollozos pesados y fuertes; tenía la cara enterrada en la tela de su vestido, agarrándose a él con tanta fuerza que tuvo que arrancarle las manos para evitar que se lo quitara.

La esclava se agachó y sacó la daga de la vaina de oro que colgaba del costado izquierdo del general caído. Agarró la espada con tanta fuerza que la sangre corría por ella, y luego la sostuvo frente a su cara.

—La reina de Egipto te ordena que la sigas —dijo—. Ahora.

Marco Antonio le arrancó la daga de las manos y se puso de rodillas.

—*Futuo,* malditos dioses vengativos —dijo echando humo, empujando la daga hacia su pecho hasta perforar su corazón.

Solo que la hoja no perforó su corazón. La sangre se acumuló en el suelo y brotó de su nariz, pero no murió. Rodó, agonizando sobre los azulejos de color naranja y marrón, con los gruñidos y gemidos de dolor mezclándose con sollozos de desesperación.

En aquel momento, se abrió la puerta y Cleopatra irrumpió en la sala de guerra, con Iras detrás de ella.

—¡Marco Antonio, no! —chilló la reina—. Yo... Estaba asustada... Pero cambié de... —Dio unos pasos vacilantes y se arrodilló al ver el cuerpo retorcido y ensangrentado sobre el suelo. Se arrastró junto a él, hundiendo la nariz en su pelo.

Las piernas de Marco Antonio temblaban y se enderezaban mientras él luchaba por mirarla. ¿Viva? Sus manos temblorosas, empapadas de sangre rodearon el cuello de la reina.

—¡Puta egipcia conspiradora!

—¡Amor mío! —lloró—. Lo siento. Yo...

Apretó las manos alrededor del cuello, con urgencia contenida por la falta de aliento, mientras ella luchaba por zafarse de sus dedos. Carmión se arrodilló para ayudar a la reina a librarse del estrangulamiento, ambas resbalándose en el charco de sangre, pero la estaba apretando con demasiada fuerza.

Desesperada, Iras alcanzó la daga de Marco Antonio que yacía sobre el suelo ensangrentado y pasó la cuchilla por la garganta del general. El cuerpo cayó a un lado y Cleopatra se liberó y cayó hacia atrás.

Un grito en latín retumbó en las paredes.

—*Cleopatra regina!* —bramó el mismo centurión con el que había estado hablando antes—. Levantaos y alejaos del general. Ahora estáis bajo la autoridad de César y las leyes de Roma.

La reina giró la cabeza y vio lo que parecía ser una legión entera de soldados romanos llegando a la sala de guerra. Habían entrado en el palacio. De hecho, ya se había acabado todo. César había ganado.

Se levantó lentamente, para no resbalar con la sangre, la mirada fija en Marco Antonio. Su marido. Su cuerpo había dejado de moverse. Estaba muerto.

«Ha muerto odiándome. No se reunirá conmigo en la otra vida», pensó.

El centurión agarró del brazo a la reina, abandonando todas las pretensiones, y la arrastró hacia sus aposentos con Carmión e Iras detrás de ella. Empujó a Cleopatra hacia el interior. Sus consejeras la flaquearon y la condujeron al sofá. Ella se sentó, confundida.

—Esperaréis órdenes del César —dijo el centurión, y a continuación dio un portazo.

Al otro lado de las puertas de la reina, las mujeres temblorosas oyeron las voces graves de más soldados romanos. Estaban hablando y riéndose. Era un día feliz para ellos. Pronto volverían a casa con sus familias, como vencedores. Sin duda, ya estarían echándole el ojo a las riquezas del Palacio Real, aguardando el permiso de César para llenarse los bolsillos y los cascos con todo el oro, gemas y tesoros antiguos que pudieran rapiñar.

César llegaría en cualquier momento para ver el cuerpo de Marco Antonio con sus propios ojos; y para hablar con la reina.

Cleopatra se miró el vestido. Estaba manchado de hilillos rojos y pesaba más de lo normal, estando como estaba empapado con la sangre de Marco Antonio.

—César no puede verme así —dijo dirigiéndose a Iras y Carmión.

Las esclavas se apresuraron a desnudarla y lavarla. Vistieron a la reina de Egipto con su mejor atuendo, cubriéndole el cuello y los brazos con oro, oscureciendo el contorno negro de sus ojos y profundizando el rojo de sus labios.

Cleopatra se reclinó en el sofá, dispuesta de forma que transmitiera tanta realeza como feminidad, algo que había funcionado sumamente bien en el pasado con los varones de Roma. Iras y Carmión estaban tras ella. A pesar de que las esclavas estaban derramando gotas de sudor, parecían más tranquilas que nunca.

Las tres mujeres aguardaron.

Finalmente, las puertas se abrieron y un Octavio de armadura de cuero en relieve y una gruesa capa roja hizo acto de presencia en la estancia.

Su expresión era fría y confiada, incluso relajada. Como si conquistar una nación y llevar cautiva a su reina fuera algo cotidiano en su vida. Se detuvo frente a Cleopatra y le brindó una sonrisa tensa, de oficio.

—He confirmado que Marco Antonio está muerto —anunció—. Roma agradece vuestra cooperación.

Cleopatra le devolvió la sonrisa.

—Roma está agradecida… ¿Y qué hay de César?

—César y Roma son uno —dijo Octavio.

La reina amplificó su sonrisa y adoptó una posición más recta. Sus dedos se deslizaron sobre la piel desnuda de su cuello.

—Entonces tendréis que sentaros conmigo, César —le invitó—. Roma y Egipto tienen mucho que discutir.

La sonrisa de Octavio se desvaneció. En lo que a él se refería, no había nada que discutir. Y aunque lo hubiera, no le correspondía a una reina conquistada decirlo. Lo que había funcionado con Julio César y Marco Antonio no iba a funcionar con él.

—Ya le dirán lo que se requiere de vos —dijo.

Al girarse para marcharse, Cleopatra se puso todavía más recta.

—Mis hijos…

César volvió a enfrentarla.

—Los hijos de Marco Antonio no sufrirán ningún daño. Os lo aseguro.

—¿Y Cesarión?

—Mi hermanito —musitó Octavio—. ¿Por qué tendría que temerle?

El odio hacia Cleopatra se arremolinó en su estómago, mezclándose con la ácida ansiedad que llevaba dentro.

—Ahora tengo otros asuntos que atender sin más demora. Pero volveremos a vernos pronto. —Sus ojos se detuvieron en su cuello hasta fijarse en una huella de sangre. Miró a la reina con gesto cómplice—. Descansad, Cleopatra.

Abandonó sus aposentos y los guardias cerraron las puertas detrás de él, cayendo de nuevo en un parloteo amortiguado. Cleopatra luchó por recuperar el control de su respiración. Habló tan bien como pudo.

—¿Y ahora qué? —preguntó a sus consejeras.

Iras se sentó a su lado.

—Os llevarán a Roma y marcharéis ante el pueblo romano durante el *triumphus* de César. Y luego os ejecutarán públicamente, estrangulada o decapitada.

Cleopatra miró a Carmión, esperando una opinión contraria, como siempre solían hacer. La reina se había pasado toda la vida dependiendo de los consejos contrapuestos, una estrategia eficaz de ida y vuelta.

Carmión se dedicó a asentir.

—Así será —dijo.

La cara de la reina se desfiguró en un gran sollozo.

—¿Y qué hay de los niños?

Fue Iras quien volvió a hablar.

—Probablemente dejará que vivan. El pueblo lo verá como un acto de misericordia y respeto hacia los hijos de quien en su día fue un gran romano.

—¿Y Cesarión?

—Vivirá si César no da con él. Pero destrozará Egipto para encontrarlo, si hace falta.

Carmión asintió en sobrio acuerdo.

—Isis me tiende la mano —dijo Cleopatra—. Se acabó de verdad. —Se puso en pie y caminó lentamente por sus aposentos, pasando por una columnata de palmeras, para acostarse en la cama. El cansancio de las últimas semanas, el horror de la culpabilidad por la muerte de Marco Antonio, la amenaza de muerte sobre Cesarión, y su desesperada situación se combinaron para sumir a la reina en un repentino y extraño sueño.

* * *

Se despertó de un sobresalto. El mismo centurión descarado de antes estaba en sus aposentos. Estaba frente a ella, con una bandeja de comida y bebida en las manos, en medio de una acalorada discusión con la indomable Carmión.

Dejó la bandeja sobre la cama cuando vio a Cleopatra abrir los ojos.

—No habéis comido nada desde ayer —dijo—. Necesitáis comer y beber.

Cleopatra lo ignoró.

—¿Ya es mañana? —preguntó a Carmión.

—Sí, majestad.

—¿Qué ha ocurrido? ¿Dónde están mis hijos?

—Trajeron a Alejandro Helios y Cleopatra Selene esta mañana, pero no pudimos despertaros. Están vivos e ilesos. Iras y yo los vimos.

Cleopatra miró a las dos mujeres. Quería más. Quería noticias de Cesarión.

—No hay más noticias —dijo Idas.

El centurión colocó la bandeja junto a ella.

—Come.

—No tengo hambre —dijo Cleopatra.

El centurión acercó los labios a la oreja de ella.

—Os vais a comer este pan —dijo—. O César se comerá a vuestros hijos. —Sonrió, estudiando su cara.

Por un momento, ella creyó que el muy impúdico le iba a plantar un beso insolente. ¿Qué mejor que presumir frente a sus compañeros de haberle robado un beso a la reina de Egipto? Pero luego pareció pensarlo dos veces, bajó la cabeza con falso respeto y se retiró, esperando a que comiera.

—¿Qué le importa a César si como o dejo de comer? —murmuró.

—Os necesita fuerte —dijo Carmión. Miró con ira al soldado romano—. No puede exhibir vuestra ejecución pública si ya estáis muerta de hambre. Os necesita para el triunfo.

—A César solo le preocupa vuestra salud y bienestar —dijo el centurión de manera poco convincente.

Cleopatra se deslizó por la cama. Mientras se incorporaba, Carmión e Iras acudieron instintivamente a arreglarle el vestido y los cabellos, asegurándose de que estuviera perfecta. La reina se puso frente al soldado romano y lo estudió, tal y como él había hecho con ella.

—Dile a César que haré todo lo que me pida —dijo—. Soy su triunfo egipcio y brillaré donde él mande. Pero primero quiero ungir el cuerpo de Marco Antonio en el mausoleo.

—Informaré a César —dijo—. Estoy seguro de que algo se podrá hacer.

Dio media vuelta con brío, sin importarle que su pesado manto rozara indecorosamente a la gran reina de Egipto, y abandonó la estancia dando un portazo. Iras fue la primera en hablar.

—Majestad, deberían ser los sacerdotes y embalsamadores los que unjan el cuerpo de Marco Antonio —dijo con cautela—. El aceite de linaza puede quemar y carbonizar la piel si no se aplica correctamente y…

—Ya lo sé, tonta —dijo Cleopatra en voz baja, denotando urgencia—. ¿No te acuerdas de lo que tenemos en el mausoleo? Tú misma lo pusiste ahí, Iras.

La gravedad de lo que las palabras de la reina significaban cayó sobre ella.

—Por supuesto, majestad.

Momentos después, las puertas se abrieron de nuevo. El centurión estaba fuera. Ladeó la cabeza indicándole que debía seguirle.

—Debo llevaros al mausoleo —dijo—. César confía en que actuéis conforme a lo prometido después.

Actuar. La palabra golpeó a Cleopatra. «De hecho, eso es lo que voy a hacer. Actuar para él», pensó, «pero no seré triunfante». Sonrió al soldado romano.

—La reina hará todo lo que César quiera.

El centurión y lo que parecía una cohorte completa de romanos escoltaron a Cleopatra y a sus dos consejeras al exterior del palacio, donde la deslumbrante luz del día les cegó los ojos. Caminaron por un sendero de piedra caliza cubierto de arena bajo el calor abrasador del sol de verano egipcio hasta llegar al portón de siete metros de altura del mausoleo. Estaba hecha de granito puro, e hizo falta un pequeño ejército de soldados romanos para poder abrirla. Después de todo, se suponía que estaba hecha para cerrarse una vez, y no volver a abrirse nunca.

Rayos de luz iluminaron el interior de la lujosa tumba. Cleopatra entró sin esperar el permiso de sus captores romanos. Se llevó la mano a la boca, sorprendida. El cuerpo de Marco Antonio yacía desnudo sobre sobre una amplia mesa. La carne brillaba por el aceite que los embalsamadores le habían aplicado.

A pesar de que Cleopatra sabía que su cuerpo estaría allí, no esperaba que César hubiera permitido que lo sometieran a los ritos funerarios egipcios, tal y como había pedido en su testamento. La visión del cuerpo, listo para su viaje al más allá, le recordó el dolor de su muerte.

Caminó lentamente hacia el cadáver mientras la puerta de la tumba se cerraba, sellando el mausoleo, aislándolo del mundo exterior, de la luz, el sol y el ruido. El aceite en el pecho, los brazos y las piernas de Marco Antonio reflejaba la luz titilante de las lamparillas fijadas a las paredes. Tocó su piel. Él no se despertó ni la abrazó como siempre hacía cuando ella lo tocaba.

Se inclinó para besarle la boca.

—Ya voy, mi amor —susurró—.

Cleopatra miró por encima del hombro a Carmión e Iras, quienes estaban temblando obedientemente, tras su ama. Seguirían a su reina hasta la muerte.

—Estoy lista —les dijo—. Debemos actuar rápido.

Carmión asintió con la cabeza y fue a abrir un armario decorado de lapislázuli, de donde extrajo una diadema con joyas y una túnica de oro. Colocó la corona en la cabeza de Cleopatra mientras Iras la vestía con el atuendo real.

Cleopatra se sentó en un diván dorado a la espera de que Iras cogiera el gran cuenco de cerámica en el interior del cual yacía una cobra enroscada. La piel de su cuerpo alargado se contrajo cuando le quitaron la tapa perforada, pero por lo demás, parecía imperturbable, incluso cuando Iras envolvió su mano alrededor de ella y la sacó con cautela. Bostezó y se movió perezosamente entre sus dedos.

—Dámela —dijo Cleopatra—. Debe morderme a mí primero.

La reina tenía ahora la cobra entre sus manos. La criatura se estaba despertando y empezando a interesarse por el entorno. Se deslizó entre los dedos de Cleopatra y se enroscó alrededor de la muñeca y el antebrazo.

Se oyó un ruido en la puerta de la tumba. Los soldados estaban regresando. No iban a arriesgarse a dejar a la reina, el triunfo egipcio de su señor, desatendida durante demasiado tiempo.

Cleopatra pellizcó la boca de la cobra y al instante la mordió en la muñeca, hundiendo los colmillos curvos en una vena azul. Fue tan rápido que ni siquiera lo vio. Sintió la mordedura cálida y afilada, sí, pero nada más. Se le cayó la cobra en el regazo.

De inmediato comenzó. Sintió una repentina falta de aliento. La reina inhaló profundamente, pero sentía los pulmones vacíos. Intentó respirar de nuevo, en busca de una ráfaga de aire, pero no hubo nada que hacer. Extendió las manos. Carmión e Iras entrelazaron sus dedos con los de su reina.

Cleopatra se recostó en el diván con la levedad de su respiración, hasta que ya no hubo más aliento.

Iras pegó su cara a los labios de la reina.

—Ya está —dijo Carmión—. Isis se la ha llevado rápido.

Más sonidos en la puerta. La abrirían en cualquier momento, la luz del día entraría en la tumba, y con ella, el descubrimiento de lo que habían hecho.

Iras cogió la cobra y le pellizcó la boca, igual que había Cleopatra. Le mordió en el codo.

En silencio, pasó la serpiente a Carmión, quien dudó por un segundo antes de ver cómo un rayo de luz diurna atravesaba la oscuridad. Forzó a la cobra para que la atacara.

Le mordió en el dorso de la mano, pero los colmillos se quedaron atascados en la piel y hubo de sacársela de encima. La tiró al suelo, buscado un lugar tranquilo para dormir, y el animal reptó con total indiferencia ante el drama que se estaba desarrollando a su alrededor.

La luz del sol brillaba ya en la tumba cuando una docena de soldados romanos entró corriendo. El mismo centurión que había llevado a Cleopatra y sus consejeras al mausoleo fue el primero en ver el espectáculo: Cleopatra yacía muerta en un diván dorado, vestida con el atuendo real, Iras y Carmión a sus pies.

—¡La polla marchita de Plutón! —gritó. Se quitó el casco, lo arrojó con fuerza contra la pared de la tumba y luego dio una patada a una gran ánfora que se cayó haciéndose añicos y derramando aceite. Se acercó un paso más, y vio que Carmión todavía se aferraba al último soplo de vida.

—¿Ya estás contenta, Carmión?

—Más que tú, romano —dijo ella—. He cumplido con mi deber. —Apoyó la cabeza en el vientre de Iras y se unió a su amiga y a su reina.

El centurión ignoró la burla de despedida, pero justo cuando pensaba que la situación no podía empeorar, se oyó una oleada de gritos y pisadas detrás de él. Murmuró una obscenidad a los dioses del inframundo y, a regañadientes, se volvió hacia el César, que ahora era el único líder indiscutible del mundo, para darle explicaciones del aquel desastroso fracaso de su deber.

—César —comenzó—. Solo la hemos dejado unos minutos a solas, según las instrucciones. No lo…

Octavio levantó la mano para exigir silencio. Caminó lenta y gravemente hacia el cuerpo de Cleopatra y lo miró detenidamente durante un buen rato. «Menuda ramera egipcia mentirosa», pensó.

El general Agripa apareció a su lado.

—Vaya —dijo evaluando la situación. Sabía exactamente lo que César estaba pensando: su paseo triunfal ya no iba a ser lo mismo—. Qué desperdicio —admitió—, pero tengo noticias de esas que levantan el ánimo.

—¿Y eso?

—Hemos encontrado al chico, a Cesarión. Yo mismo lo he decapitado.

—¡Gracias a Júpiter y a todos los dioses! ¿Qué has hecho con su cuerpo?

—Lo enterré en el desierto. Se puede enterrar cualquier cosa en la arena.

Octavio agarró el hombro de Agripa.

—Buen trabajo —dijo—. Dime, ¿es verdad lo que dicen? —añadió con gesto grave—. ¿Tanto se parecía a César?

—¡Ni en el blanco de los ojos! —dijo Agripa. «La honestidad no me iba a servir de mucho en esta situación», pensó.

—Eso pensaba yo —dijo Octavio guiñándole un ojo, con una sonrisa de suficiencia, señalando a la reina muerta en el diván dorado—. Maecenas aconseja que nuestros hombres pasen por la Biblioteca Real y destruyan todo lo que escribió esta mujer. Me han dicho que hay un ala llena con libros suyos sobre matemáticas, astronomía, filosofía, dioses y yo qué sé qué más. Quemadlos. Era una bruja y una puta.

—Sí, César. —El general convocó a un puñado de soldados para que le siguieran y se dirigió a la Biblioteca Real.

—Dejadme solo —pidió César.

Sus soldados salieron del mausoleo, siendo el centurión deshonrado el último en salir.

Octavio clavó sus ojos en el cuerpo de Cleopatra y agitó la cabeza con rabia contenida.

«Gracias a los dioses que a las mujeres romanas no les da por todas estas tonterías», pensó.

Capítulo XX

Ecce Caesar Nunc Triumphat

(Contemplad al triunfante César - Suetonio, cantado durante el triunfo de Julio César)

Roma. 29 a. C.

(un año después)

Pomponia se había pasado la mañana pensando en Vircengetórix el galo. Había estado reflexionando en el triunfo de Julio César, hacía ya unos años, cuando el rey de los galos desfiló por todo el óvalo del Circus Maximus y luego por las calles empedradas del Forum ante una masa de romanos burlones. Los hombres y las mujeres le escupían e insultaban; los niños le tiraban comida e inmundicias. Le arrastraron hasta la Rostra y le obligaron a esperar el momento en el que un César triunfal diera la orden: ¡Matadle!

Ahora era el turno del nuevo César. La suma sacerdotisa vestal miraba a su alrededor, figurándose que el triunfo de Octavio estaba saliendo a pedir de boca para él. Ostentoso, colorido, espectacular e indulgente. Solo faltaba una cosa. Bueno, en realidad dos: Marco Antonio y Cleopatra. Ya estaban muertos. Ni el César tenía el poder de hacer que murieran dos veces.

Pomponia permanecía sentada cerca en la Rostra cerca de Livia, Octavia, Julia y Marcelo. César, vestido con la toga púrpura y una corona brillante de laureles, se encontraba a un brazo de distancia de ella. Parecía la estatua de Júpiter del Capitolio, solo le faltaba el rayo. El general Agripa estaba detrás de él. César levantó un brazo en señal de reconocimiento ante la turba romana, desparramada en cada calle, a lo largo de las columnatas, el peristilo y el pórtico del Forum, sentada en la cima de las basílicas y los monumentos para poder ver mejor.

Las banderas rojas con letras doradas, SPQR, ondeaban con el viento; los cuernos sonaban, aunque los gritos de victoria de la multitud ahogaban su sonido.

El botín saqueado en los palacios y templos del lejano Egipto desfilaba frente a ellos. La gente se apiñaba por echar un vistazo. Había estatuas gigantes pintadas de dioses extranjeros con cabezas de animales: un halcón, un chacal, un carnero. Una particularmente extraña, con cabeza de escarabajo negro y cuerpo de hombre, recibió más burlas y acusaciones que el resto.

Pero entonces llegó una procesión de momias expuestas en sarcófagos de joyas y todos se olvidaron del dios de cabeza de escarabajo.

Otra ronda de aplausos eclosionó cuando las momias dieron paso a un diván de oro, sobre el que yacía reclinada la reina Cleopatra en efigie. La habían adornado con joyas y una túnica dorada de reina. Tenía los brazos cruzados sobre el pecho, el faraón egipcio muerto.

Detrás de la efigie de la reina iban los hijos que la habían sobrevivido, obra de Marco Antonio. Alejandro Helios y Cleopatra Selene. Caminaban lentamente, con la cabeza gacha. No tenían nada que ver: delante de ellos, la efigie de su madre muerta; a su alrededor, los rostros de los conquistadores.

Sin embargo, César había cumplido su palabra y les había permitido vivir. De hecho, los había dejado a cargo de su hermana Octavia, quien seguía soportando los dictados del Destino y de su poderoso hermano con real compostura. Pomponia nunca había conocido a nadie que aceptara su deber y destino tan voluntariamente.

Octavio alzó el brazo y la multitud rugió con más bravura. Primero Octavio. Luego César. Ahora Augustus.

Tras la derrota de Marco Antonio y Cleopatra, el Senado le había otorgado el elevado nombre de Augustus. Significa «majestuoso», y estaba por encima del banal título de *princeps* o primer hombre que solía usar. Pomponia sonrió para sus adentros. Al hombre le habían salido más nombres que cabezas a Hidra.

El mes de Sextilius también había sido rebautizado: ahora se llamaba agosto en honor al salvador de Roma y era muy apropiado que siguiera al mes de Julio, en honor a su padre. El hijo siguiendo al padre.

—¡Ciudadanos! —gritó César—. Este es mi regalo para Roma. ¡La muerte de Marco Antonio y Cleopatra!

En aquel momento, la atracción principal rodaba ante la Rostra en forma de carreta de cárcel decorada a imitación del palacio de Alejandría.

Dentro del carro, un hombre vestido al estilo egipcio, con maquillaje de tonos chillones en la cara, y una mujer vestida de reina de Egipto, con diademas y túnica real. Marco Antonio y Cleopatra.

Para ser más exactos, se trataba de dos esclavos cuya mayor desgracia en la vida era el asombroso parecido que tenían con la reina egipcia y su amante romano. Estaban sentados el uno frente al otro, atados a los sendos tronos dorados desde los que Marco Antonio y Cleopatra habían gobernado Alejandría.

César hizo un gesto a los verdugos y la representación que todos habían ido a ver dio comienzo.

Cuatro hombres vestidos de encantadores de serpientes con pesadas canastas se acercaron al carro y volcaron el contenido a través de los barrotes llevando cuidado de retroceder al máximo, mientras cientos de serpientes inundaban el receptáculo.

La muchedumbre se agitaba y trepaba todo lo que podía o sobre quien podía para tener una mejor vista del espectáculo.

Dentro del carro, atados a los tronos, el hombre y la mujer comenzaron a acurrucarse en sus asientos y a gritar conforme serpientes de todas clases, tamaños y colores se arremolinaban alrededor de sus pies amordazados. Para añadir más drama, los encantadores usaron palos largos con ganchos en la punta, con los que azuzaban a las serpientes arrastrándolas al fondo del receptáculo y colocándolas sobre los cuerpos de la desgraciada pareja: en el regazo, los hombros y la cabeza, e incluso debajo de la ropa.

Pomponia hizo una mueca de dolor y miró hacia otro lado. Sus pensamientos deambulaban de un lado a otro, yendo de Vircengetórix a la *carcer,* de la *carcer* a Quinto.

Pomponia giró la cabeza y sonrió amablemente a Livia. La esposa de César llevaba un vestido verde con un velo de color verde azulado, el cabello reverberando por el brillo de las piedras preciosas, los dientes mostrando una amplia sonrisa regalada a su poderoso esposo, extasiada con su nuevo estatus como primera dama de Roma.

La vestal le habló tranquilamente.

—Decidme, señora Livia, ¿qué le parece a vuestra hermana su nueva villa en Capua?

—Le gusta mucho, suma sacerdotisa. Demasiado, diría yo, porque no ha respondido a ninguna de las tres últimas cartas que le he enviado. Creo que la vida en el campo la tiene absorta.

—A lo mejor ha comido pescado en mal estado —dijo Pomponia.

Livia se puso roja, pero resistió a la tentación de hacer contacto visual con la vestal.

—Es un día tan importante para vuestro gran marido… Y para vos también.

—Los dioses nos bendicen.

—No todos los dioses.

—¿Ah no?

—Vesta no —dijo Pomponia—. Ni Juno. Las divinas hermanas todavía no han bendecido vuestro hogar dándoos hijos con César; ni han bendecido vuestro lecho. Me han dicho que las esclavas más ordinarias, así como las esposas de otros hombres pasan más tiempo con vuestro marido del que pasáis vos, sin importar el empeño que ponéis cuando recibís una invitación.

Livia se enfureció.

—Sacerdotisa… Esos asuntos son privados…

—Entre amigas no hay secretos —dijo Pomponia—. Por eso me he propuesto conocerlos todos, aunque no todos son tan inocuos. Algunos de ellos podrían hacer que fuerais pasto para los leones en la arena. A vuestro marido le vale cualquier traficante de esclavos para llenarse la cama.

—César nunca…

—Oh, cerrad la boca de una vez —dijo Pomponia—. César os tiraría por la Roca Tarpeya si supiera que habéis difamado la orden Vestal. Él reverencia a la diosa. Nuestra orden es un instrumento político que le beneficia. De eso ya se encargó él mismo. Vos y vuestro vientre sin hijos os estáis convirtiendo en una carga.

—César sabe lo que valgo.

Las palabras sonaron más débiles de lo que ella hubiera preferido. Exhaló por la nariz. No se esperaba aquello. Le empezó a hervir la sangre de ira. No importaba cuántas bestias apestosas sacrificara a Fortuna, ni cuántas puñaladas por la espalda diera para trepar, siempre había alguien en su camino. Desafortunadamente, aquella vestal tenía autoridad moral. Y ahí estaba de nuevo, entre Escila y Caribdis, sin escapatoria, sin opción. No con una barriga estéril.

—¿Cómo podríamos estrechar nuestra amistad, sacerdotisa?

—Siendo amiga de la orden vestal —dijo Pomponia—. Habéis intentado destruirnos para satisfacer vuestras propias inseguridades. Ahora quiero que hagáis lo contrario. Quiero que nos patrocinéis y nos elevéis, más incluso que vuestro marido.

—Y lo haré encantadísima.

—Bien. —Pomponia enarcó una ceja desaprobando el colorido vestido de Livia—. Empezaréis vistiendo una estola blanca en todos los actos sociales. Y menos maquillaje. Sois lo suficientemente guapa, ¿no? —Le puso las manos alrededor del cuello para ponerle el colgante de Medousa—. Y podéis llevar esto también, si os parece. He hecho que le engasten unas esmeraldas en los ojos de la Gorgona, solo para vos. Los egipcios creen que las piedras preciosas aportan fertilidad, ya sabéis.

César se tomó un descanso de su baño de adoración y se giró para sonreír a su esposa, sentada junto a la vestal. Ambas mujeres parecían llevarse de maravilla. La suma sacerdotisa incluso le estaba dando un regalo a Livia. Fantástico. Le hizo un gesto con la cabeza y ella le devolvió la sonrisa.

Pomponia continuó.

—Acuñaréis a Vesta en vuestra moneda y adoptaréis el modesto atuendo de una vestal en toda vuestra estatuaria. Ensalzaréis nuestra orden en todas las ofrendas y fiestas públicas, y haréis donaciones regulares en la cantidad que yo os especifique. Me gastaré el dinero de vuestro primer donativo encargando una estatua de Tuccia para los jardines exteriores del Circus Maximus.

Pomponia aceptó un vaso de agua helada de un esclavo que pasaba, tomó un sorbo, y prosiguió hablando.

—Debo admitir que va a ser divertido ver al público ridiculizando vuestros intentos de pureza. Después de todo, los rumores acerca de vuestras compritas en el mercado de esclavos ya son el tema de conversación más jugoso de toda cena que se precie en Roma. —Giró el hielo del vaso hasta hacerlo tintinear—. Por no hablar de vuestro historial matrimonial. Una mujer divorciada con hijos de otro hombre. ¿O debería decir de dos hombres? No hay duda de que el mayor es del tarugo de Tiberio, pero Druso... —Agitó la cabeza y se mordió el labio con fingida preocupación por el bienestar del Livia—. Si César supiera la de veces que ese hombre se servía de vos, se echaría atrás... Especialmente si tuviera la certeza de que paristeis un bastardo griego.

Las fosas nasales de Livia se dilataron, abrió la boca para decir algo, pero Pomponia se adelantó:

—Anda, mirad, Livia. El general está huyendo. Veamos cómo acaba esto.

La multitud volvía a rugir. El esclavo que hacía de Marco Antonio había logrado soltarse dramáticamente las mordazas y estaba tratando de subirse a los barrotes de madera del carro para escapar del mar de serpientes que había a sus pies, resbalándose a cada intento.

En un acto de pura desesperación, volcó el trono sobre el que estaba atada la esclava que ejercía de Cleopatra y se subió encima.

La cara de la esclava quedó enterrada en el mar de serpientes. Estuvo agitándose y contorsionándose durante un rato, hasta sucumbir, quien sabe si por pura asfixia o por las incontables mordeduras de serpiente.

La masa disfrutaba de cada momento.

Pomponia miró fijamente el cuerpo inmóvil de la esclava Cleopatra. Su rostro adquirió una expresión pensativa y sincera.

—¿Sabéis qué es lo más raro, Livia?

—¿Qué, sacerdotisa?

—Que vos y yo tenemos más en común con Cleopatra de lo que pensamos. Tuve la oportunidad de conocerla personalmente, como ya sabéis. El día en que me iba a convertir en vestal fue la última vez que la vi.

—¿En serio? ¿Y cómo era?

Pomponia pensó en ello.

—Arrogante.

Livia no dijo nada y Pomponia se apoyó en su asiento. «Hecho. Ya tengo a la loba cogida por las orejas», pensó. La vestal tomó otro sorbo de agua de pepino, esperando que la ayudara a calmarse, tras la discreta confrontación. Livia había claudicado, pero no tardaría mucho en volver a coger ventaja. Ambas lo sabían. Pomponia apartó aquel pensamiento de su mente y se obligó a disfrutar del espectáculo de victoria de César. ¿Acaso no había contribuido ella a hacerlo posible?

En el interior del carro, frente a la Rostra, el esclavo con el desafortunado papel de Marco Antonio todavía estaba haciendo equilibrios sobre el trono de la reina. Ni importaba cuántas serpientes se enrollasen y arrastrasen hacia él, siempre lograba esquivarlas o deshacerse de ellas. Si seguía así, la multitud acabaría aburriéndose.

César hizo una señal con la cabeza a un centurión que estaba junto al carro. El soldado desenvainó la daga que le colgaba del cinto y atravesó los barrotes con el brazo, apuñalando al esclavo en el pecho. El hombre gritó de dolor, y cayó fulminado en el nido de serpientes que se movía debajo de él.

El espectáculo había terminado. Pero el triunfo de César todavía perduraría.

Y lo que era más importante para Pomponia: también era el triunfo de la orden vestal. Lo había visto a través de la caída de la República y el ascenso el Imperio. Desde los tiempos de

Rómulo y Numa no había un líder en Roma tan dedicado a la orden vestal como César Augusto, el primer emperador de Roma.

Tras la derrota militar de Marco Antonio y Cleopatra, y la legendaria historia del milagro de Tuccia, la devoción de la gente por Vesta también se había hecho más fuerte que nunca. Roma estaba en paz.

La llama viviente de la diosa siempre había ardido en el corazón y el hogar de los romanos, qué duda cabía.

Pero ahora, esa llama, la *viva flamma,* se estaba propagando, incendiando las tierras más allá de Italia: en Macedonia, Grecia, Galia, África, Asia, Siria y Egipto. Pomponia sabía que continuaría expandiéndose: a Judea, Britania, Arabia, Germania e incluso a lugares que todavía no habían sido descubiertos, nuevas tierras que los geógrafos aseguraban que existían más allá del océano de Atlas. Después de todo, la naturaleza del fuego era propagarse.

Capítulo XXI

Triginta Anni

(treinta años)

Tívoli. 25 a. C.

(cuatro años después)

Al final no pudo acabar sus días paseando por los verdes campos de Tívoli con Medousa. Ni con Quinto.

Pero al menos los sacaba a pasear en sus recuerdos. Algo es algo.

Pomponia se sentó en un banco de mármol y disfrutó de la vista del bellísimo Templo de Vesta en Tívoli.

Rodeado de jardines, exuberantes colinas verdes y flores de colores vivos, con un viñedo muy apropiado para las libaciones a la diosa, el templo de planta circular se alzaba al borde de un acantilado de hierba, desde donde contemplaba las rugientes cataratas del río Aniene.

Una sacerdotisa vestal llamada Casia se acercó a sentarse junto a ella. A Pomponia le gustaba. Le recordaba a Tuccia.

—¿Alguna decisión, Pomponia?

—Creo que permaneceré en la orden —dijo Pomponia—. Pero me quedaré aquí en Tívoli. Cada vez me cuesta más renunciar a la tranquilidad de mi villa por el ruido de la ciudad. Este templo es encantador y las cataratas una excelente fuente de agua sagrada que me gustaría poder enviar a Roma. —Cogió un trozo de hierba y la enroscó en su dedo—. Aquí seré más útil, especialmente si Quintina se queda conmigo. Tuccia tiene en Roma a Nona y sacerdotisas y novicias más que suficientes.

Casia pasó el brazo alrededor de Pomponia.

—Ya me lo imaginaba, pero me alegra haber escuchado las palabras saliendo de tu boca. Será una gran noticia para nuestro pequeño pueblo. ¿Puedo decírselo a Cossinia y a las otras sacerdotisas?

—Por supuesto.

Casia regresó al templo. Pomponia la observó marcharse y se tocó el anillo con el sello de Vesta que colgaba de la cadena que llevaba alrededor del cuello.

Ni su amor ni la pérdida de Quinto lograron cegarla ante la verdad. Si se hubieran casado, habrían sido un matrimonio infeliz. Al principio no, pero al final sí. Él tenía muy mal carácter y ella se habría acabado cansando de tolerarlo.

Era mejor seguir siendo novia de Roma. Podría casarse con Quinto en otra vida, una en la que Plutón le hiciera el favor de hacer que Quinto fuera un marido agradable.

Se puso en pie y caminó hasta el borde del precipicio. La avalancha y el chorro de agua era vigorizante, pero los recuerdos del pasado, de Medousa, de Quinto, siempre la ponían melancólica.

Era bueno estar allí. Un templo nuevo, más que el del viejo Forum Romanum, y era el primer templo que Fabiana había ordenado construir tras ser nombrada Vestalis Maxima.

El ladrido lejano de un perro se coló en su oído. Por un instante, deseó ver al pequeño Perseo corriendo a ella, rascando el suelo de mármol con sus uñas y la lengua colgando.

Había enterrado su cuerpecillo blanco en el sembrado de flores alrededor de la estatua de Fabiana. ¿Cómo podía echar de menos tanto a un animal que la sacaba de sus casillas?

Oyó murmullos y regresó al jardín que había junto al templo, en cuya entrada estaba Quintina, apoyada en el tronco de un alto ciprés. Estaba hablando con un joven sacerdote del Templo de Marte. ¿Cómo se llamaba? Ah, sí, Séptimo.

Le estaba diciendo algo a Quintina que Pomponia no acertó a oír, pero hizo que la joven pusiera los brazos en jarras y se alejara de él, subiendo las escaleras de mármol y atravesando la puerta del templo.

Sepitmus la vio marcharse con una sonrisa de suficiencia en el rostro. Pero en vez de irse cuando Quintina se marchó de regreso al interior del santuario, se quedó plantado donde estaba, mirando las puertas cerradas del templo.

La visión hizo que Pomponia se acordarse de las palabras de Horacio, uno de los poetas favoritos de César: *Mutate nomine, de te fabula narratur*. Cambia el nombre, y la historia va sobre ti. Pero luego el sentimiento poético se disipó. Oyó la voz de Medusa, maleducada, admonitoria, devolviéndola a la realidad con uno de sus dichos preferidos: *Nec amor nec tussis celatur.* El amor y la tos no se pueden ocultar. Caminó hacia el templo y habló con Séptimo desde lo alto de la escalera, enarcando las cejas.

—He oído que la piel de la espalda de un hombre se desprende como el yeso de la pared.

—Sí, sacerdotisa —asintió deferencialmente y se fue.

Entonces Pomponia abrió las puertas y entró en el *sanctum* para unirse a sus hermanas vestales alrededor del fuego eterno.

EPÍLOGO

VOLENTEM FATA, NOLENTEM TRAHUNT

(EL DESTINO CONDUCE AL QUE SE SOMETE, Y ARRASTRA AL QUE SE RESISTE - SÉNECA)

SIRIA. 24 A. C.

(UN AÑO DESPUÉS)

TODAVÍA LLEVABA PUESTO EL MISMO VESTIDO PÚRPURA que había usado aquella noche: la noche en la que los hombres irrumpieron en su villa, la arrastraron del pelo por el suelo, y la sacaron a la calle para meterla en el carro apestoso. La noche en la que las esclavas sucias y desdentadas con las que compartía jaula se burlaban de ella mientras gritaba: «¡No soy una esclava, idiotas! ¡Llevadme a casa ahora mismo! ¡Soy familia de César!».

Sus demandas no tardaron en tornarse en súplicas: «¡Por favor! Mi hermana es una mujer poderosa. ¡Pagará una fortuna por mi libertad!».

Hubo un tiempo en el que aquel vestido era lo mejor que uno pudiera comprar. Ahora no era más que un conjunto de harapos y rotos que tenía que ir anudando.

Estaba sentada en el suelo con las piernas cruzadas, comiéndose una corteza de pan tan dura que le sangraban las encías. El siguiente mordisco fue más prudente, pero la boca le dolía demasiado como para masticar. Tiró el pan a un lado.

Sintió un repentino tirón en el tobillo y se estremeció de dolor. La piel ardía con el roce de los grilletes de hierro. Su captor, un sucio gordinflón llamado Hosto, tiró de la cadena con más fuerza y ella se levantó. Si no lo hacía, él la arrastraba. Le encantaba hacerlo. Ella frunció el ceño ante el odioso pecho desnudo lleno de pelos negros. Ya podía llover o tronar, que aquel ogro jamás se ponía una túnica, siempre iba con un taparrabos caído, unas sandalias raídas y un látigo.

Hosto entregó la cadena a otro hombre. Este iba bien vestido y sereno, pero no era romano. Reconoció el estilo egipcio. Colocó una moneda de oro en la palma de la mano del comerciante de esclavos y se apoderó de la cadena. Ella le siguió obedientemente.

No era que le importaba, porque en los últimos años, ya no le importaba, pero se encontró haciéndose una pregunta que hacía tiempo que no se hacía: ¿cómo había llegado hasta allí? El convoy de carros de esclavos había estado viajando durante semanas. Lo único que sabía era que la arena le picaba en los ojos y que el paisaje era más árido que en cualquier otro lugar que hubiera visto.

Pero allí, en mitad del desierto árido, en medio de la nada, había otra clase de arena, unos mástiles astillados, y unas cuerdas desgastadas… A través del alboroto de vítores y burlas, gritos y algarabías, del chasquido del látigo contra la carne, oyó un sonido que había escuchado muchas veces en la arena del circo romano: el rugido de un león hambriento.

Se arrodilló, aferró los dedos alrededor de la cadena y tiró:

—¡No!

Pero su voz áspera se perdió en la arena que soplaba en el aire, conforme el egipcio la arrastraba hacia la muerte.

FIN

DRAMATIS PERSONAE

Agripa (Marcus Vipsanius Agrippa) – General y amigo de Octavio
Alejandro Helios – Hijo de Cleopatra y Marco Antonio
Ankhu – Mensajero egipcio propiedad de Quinto
Apolonio – Consejero y esclavo de Cleopatra
Bruto – Senador y asesino de Julio César
Caecilia Scantia – Sacerdotisa vestal
Caeso – Guarda de la vestal Pomponia.
Cálido – Rico propietario que conspiró contra Licinia
Calpurnia – Esposa de Julio César
Carmión – Consejera y esclava de Cleopatra
Casia – Nombre de una difunta vestal; también el nombre de una de las sacerdotisas de Tívoli.
Casio – Senador y asesino de Julio César
Cneo Carbón – Romano cuyas legiones fueron derrotadas por los cimbros y que conspiró contra Licinia
Cicerón (Marco Tullius Cicero) – Orador romano y hombre de Estado
Claudia Drusilla – Hermana de Livia Drusilla

Cleopatra VII Filópator – Reina de Egipto
Cleopatra Selene – Hija de Cleopatra y Marco Antonio
Cosinia – Sacerdotisa vestal de Tívoli
Despina – Esclava de la casa de Octavio y Livia
Diodoro – Amigo griego de Tiberio
Druso – Hijo pequeño de Livia Drusilla y Tiberio
Escribonia – Aristócrata romana, madre de Julia
Fabiana – Vestalis Maxima o suma sacerdotisa de la orden vestal
Flamma – Nombre de un famoso gladiador
Flavia – Sacerdotisa vestal del prólogo
Galo Gratio Januario – Auriga
Iras – Consejera y esclava de Cleopatra
Julia Caesaris filia – Hija de Octavio.
Julio César (Caius Julius Caesar) – General romano
Laenas – Centurión de las legiones de Carbón
Lépido – Pontifex Maximus o sumo sacerdote de Roma
Licinia – Sacerdotisa vestal del prólogo
Livia Drusilla – Aristócata romana
Lucrecia Manlia – Sacerdotisa vestal
Maecenas (Caius Maecenas) – Consejero político de confianza de Octavio
Marco Antonio – General romano, mano derecha de Julio César
Marcelo – Sobrino de Octavio, hijo del primer matrimonio de Octavia
Mario – Amigo de Quinto
Medousa – Esclava griega propiedad de la vestal Pomponia
Nona Fonteia – Sacerdotisa vestal
Octavia – Hermana de Octavio
Octavio – Sobrino nieto de Julio César, posteriormente César Augusto

Perseo – Perro de Fabiana (bautizado con el nombre del héroe que el cortó la cabeza a Medusa)
Pomponia Occia – Sacerdotisa vestal
Publio – guarda de la vestal Pomponía
Quintina Vedia – Hija mayor de Quinto y Valeria
Quinto Vedio Tácito – Sacerdote de Marte, exsoldado de César Cicerón
Rufo (Marco Sergio) – Soldado acusado de estar con Licinia
Rufo – Hijo de Rufo
Sabina – Novicia vestal
Sexto Pompeyo – Hijo de Pompeyo el Grande
Séptimo – Joven sacerdote de Marte en Tívoli
Tácita Vedia – Hija pequeña de Quinto y Valeria
Tauro – Senador y patrón del anfiteatro
Tiberio (Tiberius Claudius Nero) – Primer marido de Livia Drusilla (y nombre de su primer hijo)
Tuccia – Sacerdotisa vestal
Tullia – Sacerdotisa vestal
Valeria – Esposa de Quinto Vedio Tácito

DIOSES ROMANOS Y PERSONAJES MITOLÓGICOS

Apolo – Dios del sol y las artes
Arpía – Criatura mitológica terrorífica, mitad pájaro, mitad mujer
Atenea – Diosa griega (Palladium)
Atlas – Titán que ayuda a sostener los cielos sobre sus espaldas
Baco – Dios del vino
Basilisco – Monstruo con aspecto de serpiente
Caballo de Troya – Caballo de madera gigante que los griegos presentaron como regalo a la infranqueable ciudad de Troya. En realidad, era un artefacto en cuyo interior se habían escondido los soldados griegos, de manera que una vez que atravesaron las puertas de Troya, se lanzaron a destruirla
Caronte – Barquero del Hades, transporta a las almas a través del río Estigia
Cerbero – Perro de tres cabezas guardián del Hades
Ceres – Diosa del grano
Cíclope – Monstruo de un solo ojo de la *Odisea* de Homero

Clementia – Diosa de la compasión
Clitemnestra – Hermana de Helena de Troya
Concordia – Diosa de la armonía y la concordia
Gorgonas – Tres hermanas que tenían serpientes por melena. Su mirada hacía que la gente se convirtiera en piedra
Fortuna – Diosa de la suerte y la fortuna
Medusa – Una de las gorgonas de Juturna tenia propiedades curativas: se encuentra cerca del Templo de Vesta
Diana – Diosa de la caza
Discordia – Diosa de la discordia
Dis Pater – Dios del inframundo
Edesia – Diosa de los banquetes
Eris – Diosa de la discordia
Escila y Caribdis – Monstruos marinos de la *Odisea* de Homero
Europa – Mujer que se enamoró de Zeus en forma de toro
Juturna (fuente de) – Diosa de las fuentes. Se creía que la fuente de Juturna tenia propiedades curativas: se encuentra cerca del Templo de Vesta
Hades – Inframundo, y otro de los nombres del dios de la muerte
Fortuna – Diosa de la fortuna y la suerte
Helena de Troya – Mujer de gran belleza que vivió en Troya junto a su amante Paris, provocando el disgusto de su marido griego: conocida como «el rostro que lanzó mil barcos al mar» iniciando la Guerra de Troya
Hera – Diosa griega equivalente a Juno
Hércules – Héroe legendario famoso por su fuerza
Isis – Diosa egipcia
Jano – Dios de los principios y finales: el dios de las dos caras
Juno – Esposa de Júpiter, diosa del matrimonio
Júpiter – Rey de los dioses, dios del cielo y el trueno

Laocoonte – Sacerdote troyano que intentó en vano advertir a la gente sobre los peligros del Caballo de Troya
Luna – Diosa de la luna
Lupa – La loba que amamantó a Rómulo y Remo
León de Nemea – León gigante que Hércules mató
Marte – Dios de la guerra
Medea – Maga que ayuda a Jasón y los Argonautas a encontrar el Vellocino de Oro
Medusa – Gorgona con melena de serpientes. Mirarla hacía que la gente se convirtiera en piedra
Mercurio – Dios mensajero
Midas – Rey griego: todo lo que tocaba se convertía en oro
Minerva – Diosa de la sabiduría
Minotauro – Monstruo con cabeza de toro y cuerpo de hombre
Gorgonas – Tres hermanas con serpientes por cabellos: su mirada tiene el poder de convertir en piedra
Neptuno – Dios del mar
Palladium – Estatua de madera de Atenea salvada de Troya
Pegaso – Caballo blanco alado propiedad de Zeus
Perseo – Héroe legendario que degolló a Medusa
Proserpina – Reina del inframundo
Plutón – Dios del Hades, el inframundo
Rea Silvia – Virgen vestal, madre de Rómulo, fruto de su unión con el dios Marte
Remo – Hermano de Rómulo, fundador de Roma
Rómulo – Fundador legendario de Roma
Spes – Diosa de la esperanza
Tiberinus – Dios del río Tíber, a menudo llamado Padre Tíber
Venus – Diosa del amor
Veritas – Diosa de la verdad

Vesta – Diosa del fuego y el hogar
Vulcano – Dios del fuego, herrero de los dioses
Zeus – Dios griego equivalente a Júpiter

Glosario de términos y lugares latinos importantes

Aedes Vestae – Edificio sagrado que acogía la llama sagrada. El Templo de Vesta

Aeterna flamma – Llama sagrada (de Vesta)

Aquila – El águila de Roma

Atrium – Atrio

Attat – Expresión latina para expresar sorpresa, temor

Augur – Adivino

Ave, Caesar – Ave, César

Bona Dea – Expresión equivalente a «¡Por la diosa!»

Caesaris Forum – Construido por Julio César, incluía un templo a Venus

Calendas – El primer día del mes

Campos Elíseos – El Más Allá, un espacio hermoso reservado a los buenos

Campus Martius – El campo de Marte. Región en la que se encontraba el Circus Maximus, el anfiteatro y otros edificios importantes

Campus Sceleratus – El Campo de los Desalmados, a las afueras de las puertas de Roma, donde enterraban vivas a las vestales que rompían sus votos

Captio – Ceremonia en la que una chica era tomada como vestal
Caput mundi – Capital del mundo, referido a Roma
Carcer – Cárcel de Roma
Catamite – Niño o adolescente para propósitos homosexuales
Causarius – Soldado licenciado tras ser herido en batalla
Circus Maximus – Gran estadio de Roma, usado para carreras de carros y varios espectáculos y batallas teatrales, así como combates de gladiadores
Curia – Casa del Senado romano, situada en el Forum Romanum
Divus Julius – El divino Julio César
Divi Filius – Hijo del divino Julio César (Octavio)
Domina – Nombre con el que los esclavos se dirigen a su ama
Domine – Nombre con el que los esclavos se dirigen a su amo
Dormice – Lirón, exquisitez gastronómica de la Antigua Roma
Equus October – Caballo de octubre, sacrificio a Marte
Fatale Monstrum – Monstruo mortal
Favissa – Cavidad o depósito bajo el Templo de Vesta donde se almacenaban las cenizas del fuego sagrado
Fibula – Broche o alfiler usado para abrocharse la ropa o la capa. Las vestales lo usaban para sujetarse el sufíbulo.
Flamen Dialis – Sumo sacerdote de Júpiter
Flamen Martialis – Sumo sacerdote de Marte
Fordicidia – Festival de fertilidad celebrado a mediados de abril
Forum Boarium – Foro ganadero en las proximidades del río Tíber
Forum Imperial – Área cercana al Forum que rebautizada bajo el mandato de Octavio como Forum Augustus y en la que se construyó el Templo de Marte Ultor (Marte el vengador)
Forum Romanum – Explanada donde estaban los edificios y templos más importantes de Roma, como el Templo de Vesta y la Curia

Futuo – Expresión obscena, equivalente a «joder»
Gladius – Tipo de espada corta o daga
Gratias vobis ago, divine Jane, divina Vesta – Un «gracias» a los dioses Janus y Vesta, usado al final de una ceremonia
Haruspices – Persona entrenada en la práctica de leer las entrañas de los animales sacrificados con fines oraculares
Ides – Mitad de mes
Ignis Inextinctus – Fuego eterno (de Vesta)
Imperator – Título dado a un magistrado que tiene gran autoridad o un general victorioso; más tarde, sinónimo de emperador.
Impluvium – Estanque rectangular del atrio donde se recogía el agua de lluvia
Incestum – cargo contra una vestal en la que se la acusaba de haber roto sus votos de castidad
Infula – Diadema tradicional que las vestales llevaban en la cabeza, bajo el velo
Insanios Deos – Expresión equivalente a «¡Por todos los dioses locos!»
Insulae – Bloques de pisos
Ista quidem vis est – La frase que al parecer gritó Julio César cuando intentaron asesinarlo. Significa: ¿Qué violencia es esta?
Iuppiter – Júpiter, Padre Júpiter o Padre Cielo
Jure divino – Por ley divina *Lacus Curtius* – Lago Curcio, estanque profundo y misterioso, lugar sagrado del Forum
Lanista – Propietario o entrenador de un gladiador o de una escuela de gladiadores
Lapis Niger – Piedra negra, antiguo y misterioso santuario del Forum Romanum
Lararium – Altar casero dedicado a dioses y antepasados
Lectica – Litera transportada por esclavos

Lecticarii – Nombres de los hombres (normalmente esclavos) que portaban las *lecticas.*
Liberalia – Fiesta del vino y la fertilidad
Lictor – Funcionario público que acompaña a los magistrados y otras personalidades
Litera – Otro modo de aludir a una *lectica,* aunque la litera también podía ser tirada por caballos, en vez de por porteadores esclavos, como en el caso de la *lectica.*
Lupercalia – Fiesta para espantar a los malos espíritus y promover la fertilidad
Lustrationes – Ceremonias de purificación
Mala Fortuna – Expresión para maldecir la suerte, equivalente a «¡Mala suerte!»
Manumisión – Libertad: cuando un esclavo se convierte en un hombre libre
Mare Nostrum – Mar Mediterráneo para los romanos
Mea dea – Expresión equivalente a «¡Diosa mía!»
Mehercule! – Expresión equivalente a «¡Por Hércules!»
Mola Salsa — Un preparado ritual a base de harina salada hecho por las vestales
Palla – Prenda femenina, manto o chal
Patera – Cazo de libaciones
Patria Potestas – Poder legal que los hombres ejercían sobre su esposa y sus hijas
Pax Deorum – Acuerdo pacífico entre los hombres y los dioses
Pontifex Maximus – Sumo sacerdote de Roma
Penus – Cámara secreta del Templo de Vesta donde se guardaban los objetos importantes
Pontifex Maximus – Jefe sacerdotal de Roma
Quaestio – Tribunal secular
Quaestor– Cuestor, magistrado de la Antigua Roma
Regia – Antiguo edificio del Forum, hogar originario de los reyes

Retiarius – Tipo de gladiador que luchaba con un tridente y una red
Rex Sacrorum – Sacerdote de alto rango
Roca Tarpeya – Acantilado con vistas al Forum y que era usado como lugar de ejecución por donde arrojaban a los criminales
Rostra – Gran plataforma oratoria del Forum
Rudis – Espada de madera que le daban a los gladiadores cuando les concedían la manumisión
Salve – Saludo típico romano equivalente a «Hola»
Scutum – Escudo romano
Secutor – Clase de gladiador
Seni-crines – Peinado vestal
SPQR – Iniciales Latinas correspondientes a *Senatus Populusque Romanus*, que significa «el Senado y el pueblo romano»
Stola – Vestido típico de las mujeres casadas romanas. También era el atuendo vestal
Stultus – Loco
Suffibulum – Velo que las vestales usaban durante los rituales o sacrificios; sufíbulo
Tablinum – Despacho de una casa donde llevar a cabo los negocios
Tabularium – Edificio público del Forum
Tiberinalia – Fiesta del dios del río Tíber
Toga – Toga tradicional de los ciudadanos romanos adultos. Los colores de sus rayas o bordes denotaban el estatus de un hombre (ej.: rojo o granate para los hombres de estatus más elevado; púrpura oscuro únicamente para el emperador; la toga negra era para los funerales)
Toga virilis – Toga común de color blanco que usaban los hombres

Triclinium – Comedor con sofás para socializar

Tunica – Túnica vestida por hombres y mujeres

Veneralia – Fiesta religiosa en honor a Venus

Vesta Aeterna – Vestae eterna

Vestalia – Fiesta religiosa en honor a Vesta

Vestalis Maxima – Suma sacerdotisa de la orden vestal dedicada a Vesta

Vestam laudo – Alabo a Vesta

Virgo Vestalis o virgen vestal – Una de las seis vírgenes que tenían el deber de mantener encendida la llama sagrada del Templo de Vesta. Las vestales debían guardar castidad durante treinta años, el tiempo que duraba su servicio a la diosa.

Vittae – Tipo de lazo o banda para el pelo; trenzas vestales.

Viva Flamma – Llama ardiente (de Vesta)

Antigua moneda romana mostrando a Vesta con los instrumentos de sacrificio en el fuego sagrado.

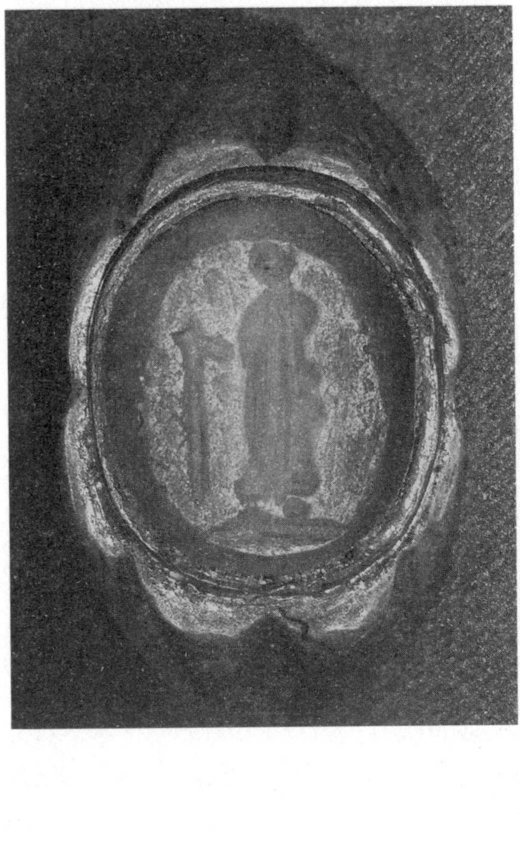

Antiguo sello romano con la imagen de Vesta, como el que llevaba Quinto.

La vestal Tuccia portando el cedazo.

Antigua moneda romana mostrando el Templo de Vesta y la urna de voto. La AC significa «Absolución» o «Condena», en el caso de que una virgen vestal fuera acusada de incesto y fuera preciso el voto para determinar su inocencia o culpa.

EPÍLOGO DE LA AUTORA

En 1989, cuando tenía veinte años, visité el Foro Romano por primera vez. Desde entonces me he sentido profundamente fascinada por la historia y la religión romana antigua, particularmente en lo que al culto a Vesta se refiere. He estado en Roma varias veces, incluso mientras escribía esta serie de libros. Quisiera no perder jamás esa fascinación y espero sinceramente haberla sabido transmitir, aunque sea parcialmente.

En *Esposas de Roma,* el primer libro de la serie *Las sombras de Vesta,* he querido dar vida a la hermosa orden y religión vestal, y he querido hacerlo de forma atractiva, pero también informativa y respetuosa. Quería posicionar a las vestales en el amplio mundo de la Antigua Roma, particularmente durante la época augusta, tiempo en el que gozaron de gran importancia. Para hacerlo, y poder dramatizar los rituales y creencias vestales, he usado todas las referencias antiguas a mi disposición, así como los dibujos de las monedas en excavaciones recientes.

Aún así, esta novela es una obra de ficción histórica. He mezclado los personajes, eventos y hechos bien documentados en una gran variedad de fuentes académicas, con mis propias interpretaciones, y puesto que la historia está llena de lagunas, también con mis propias suposiciones. Para crear una historia original orientada al público general, he tenido que ajustar o simplificar ideas complejas, tiempos y genealogías, y ocasionalmente, adaptar los escritos de los antiguos autores tales como Plinio, Tácito, Livio, Dion, Ovidio, Plutarco, Gelio, Suetonio, etc.

A diferencia de las figuras históricas como Julio César, Octavio y Livia —sobre los que podemos averiguar un montón de cosas a partir de las fuentes antiguas, incluyendo sus propias palabras—, sabemos poco o más bien nada de las personalidades, motivaciones, afectos, preocupaciones o vidas íntimas de la mayoría de vestales históricas. A pesar de ello, he usado todo lo que estaba a mi alcance, permitiéndome alguna licencia artística, para dar vida a Pomponia. Su nombre completo en el libro, Pomponia Occia, es un compuesto de dos vestales reales: Occia, la Vestalis Maxima que sirvió durante el último periodo de la República y los inicios del Impero Romano, y Pomponia, que sirvió durante el Imperio.

Algo similar he hecho con los otros personajes vestales, mujeres de las que, de nuevo, apenas sabemos nada. Los segundos nombres de Nona Fonteia y Cecilia Scantia hacen honor a dos vestales que vivieron en la misma época. En cuando a Tuccia y el cedazo, la historia es cierta, aunque sucedió antes. Eso sí, el modo en el que se obró el milagro, sigue siendo un misterio. También es cierto que una vestal llamada Licinia fue condenada alrededor del año 113 a.C., pero he inventado algunos cargos contra ella a partir de otros casos. Lo mismo sucede con otros personajes y circunstancias.

No hay constancia de que Livia tuviera una hermana, pero la convención de los nombres romanos sugiere que ella fue la segunda hija. Livia se alineó públicamente con las vestales y su estatuaria la muestra vestida como una vestal, con la sencilla estola blanca. Sin duda, todo lo que ella daba a la orden vestal repercutía no solo en beneficio de la orden, sino también en su imagen política, ya que anteriormente había estado casada y tenía dos hijos de su anterior marido También se rumoreaba que le gustaba envenenar a sus adversarios y solía llevarle a su marido vírgenes a las que desflorar sexualmente.

En cuanto a Octavio, las vírgenes vestales intercedieron por su «divino padre» Julio César durante las proscripciones de Sila. Octavio recibió el título honorífico de Augusto, aunque fue un par de años después de lo que dice el libro. El emperador César Augusto fue un potente benefactor de las vestales. Vesta y sus sacerdotisas están representadas en dos grandes monumentos de su época: *La Eneida*, obra literaria épica, y el *Ara Pacis Augustae*, un altar de mármol. También las menciona en su autobiografía *Res Gestae Divi Augusti.*

Octavio sí llegó a entrar realmente en el santuario de Vesta para coger el testamento de Marco Antonio, posiblemente sin demasiada oposición por parte de las vestales, y el documento acusaba al general. El suceso es algo que fui tramando al crear la dinámica entre Octavio y Pomponia. La idea de que Pomponia diera a César una copia, corriendo el riesgo de que al final no mereciera la pena, pertenece al ámbito de mi imaginación. Desafortunadamente para Octavio, Marco Antonio y Cleopatra lograron suicidarse antes de que pudiera ejecutarlos durante el desfile triunfal.

Es importante destacar que jamás hubo una sola Antigua Roma. Como en cualquier nación o cultura, siempre estaba cambiando. El Foro Romano es un ejemplo perfecto. En este lugar se estaban añadiendo o mejorando monumentos y estructuras constantemente; otras veces se quitaban, ya fuera intencionadamente, ya fuera por un desastre. El Templo de Vesta y la Casa de las Vestales no son una excepción. He pasado horas vagando por lo que queda de ello, y he tomado elementos de ellos en sus formas más grandiosas para usarlos en esta serie de libros. Si bien es cierto que existen innumerables recursos y libros sobre la Antigua Roma, hay bibliografía específica y maravillosa que yo, particularmente, he considerado relevante por múltiples motivos: *Las vírgenes vestales de Roma*, de Robin Lorsch Wildfang; *Excavaciones en el Area Sacra de Vesta* (1987-1996), editado por Russell T. Scott; *Mitología*, de Edith Hamilton; *Augusto*, de Pat Southern; y *Cleopatra*, de Stacy Schiff. Cualquier desviación de los hechos en esta historia es cosa mía, por razones artísticas, y no de ellos. Como ya he mencionado anteriormente, también me he inspirado en la irresistible *La vida de los doce césares* de Suetonio.

Historiadores y arqueólogos del mundo clásico, así como ávidos lectores de novela histórica sabrán dónde me he tomado alguna que otra libertad. Si resulta que ese lector eres tú, espero que te haya parecido una perspectiva refrescante y hayas disfrutado de un mundo que ambos amamos.

Si eres profano en el mundo de la Antigua Roma, espero que hayas disfrutado aprendiendo algo acerca de aquella era tan importante, así como de las personalidades, lugares y sucesos que llevan siglos fascinándonos.

También espero que te animes a leer el segundo libro de esta serie, una secuela todavía más audaz, *Ser lobos*.

Si quieres saber más sobre la religión de Vesta y su sacerdocio, te invito a visitar DebraMayMacleod.com, donde encontrarás recursos adicionales, incluyendo una galería de imágenes de colección personal, blogs, videos y más.

Gracias por leer. Te deseo lo mejor.